DIE MENSCHHEIT BETET

Malayin in Meditation

WLADIMIR LINDENBERG

DIE MENSCHHEIT BETET

Praktiken der Meditation in der Welt

ERNST REINHARDT VERLAG MÜNCHEN BASEL

CIP-Kurztitelaufnahme der Deutschen Bibliothek

Lindenberg, Wladimir:
Die Menschheit betet: Praktiken d. Meditation in d. Welt /
Wladimir Lindenberg. – 31.–35. Tsd. –
München; Basel: E. Reinhardt, 1983.

ISBN 3-497-00434-0
31.–35. Tsd.

Gesamtherstellung: Franz Spiegel Buch GmbH., Ulm
Printed in Germany

In meines Vaters Hause sind viele Wohnungen

Jesus von Nazareth

„Adieu" — sagte der Fuchs. „Hier ist mein Geheimnis. Es ist ganz einfach: man sieht nur mit dem Herzen gut. Das Wesentliche ist für die Augen unsichtbar."

Antoine de Saint-Exupéry, Der kleine Prinz.

INHALT

Vorwort 9

Besinnung auf uns selbst 11
Das vegetative System — Spannung und Entspannung . . . 23
Gebet und Meditation 27

Der weise Mensch — altchinesische Lebensphilosophie 36
Buddhismus — Satipatthana, Pfad der Achtsamkeit 47
Zen-Buddhismus — Japan 57
Die Yoga-Lehre 73
Leben und Lehren der Chassiden 104
Der Islam 120
Die geistige Welt der Indianer 131
Urchristentum 140
Gebet und Meditation in der christlichen Ostkirche 149
Gebet und Meditation im Katholizismus 171
Die Reformation — Im Anfang war das Wort 205
Das innere Licht — Die Quäker 227

Abschied vom Leser 238

Literatur 240

VERZEICHNIS DER ABBILDUNGEN

Malayin in Meditation. Plastik von Dolina Gräfin von Roedern-Lindenberg (Photo Otto Uekerus) . . . . Titelbild

Federzeichnung von Wladimir Lindenberg 29

Kuan Yin (Göttin der Barmherzigkeit), auf dem Tiger thronend. China. Bronze. Im Besitz des Verfassers. (Photo Goetze) 41

Buddha Amida. Japan. 18. Jahrhundert. Holz. Im Besitz des Verfassers. (Photo Goetze) 49

Meister des Bogenschießens. Zen. Japan. 17. Jahrhundert. Holz 12 cm. Im Besitz des Verfassers. (Photo Goetze) 59

Junger Reis. Okyo, Japan, 1733—1795. Farben auf Seide. Osaka, Okahashi 69

Siddhâsana, eine wichtige Yoga-Positur. (Photo: Yoga-Akademie, Lonavla) 83

Christusantlitz vom Turiner Grabtuch 141

Wundertätige Mutter Gottes von Wladimir. 12. Jh., Moskau . . . 159

Heiliger Dominikus. Fresco von Fra Angelico (1387—1455) . . . 185

Meditierender. Plastik von Dolina Gräfin von Roedern-Lindenberg. (Photo Otto Uekerus) 225

VORWORT

Dieses kleine Buch über das Gebet und die Praktiken der Meditation in der Welt ist weder eine theologische, noch eine philosophische, noch eine kulturgeschichtliche Abhandlung.

Es will nichts anderes sein, als eine allgemein verständliche Sammlung von Praktiken des Gebets und der Meditation, wie sie nahezu in der ganzen Welt in verschiedener und doch sehr ähnlicher Form geübt werden. Sie sollen auch keine Rezepte zur Gesundung, Vergeistigung oder Selbstverwirklichung darstellen. Ebensowenig sollen sie den Leser zum Christentum, Judentum, Islam, Hinduismus oder Buddhismus bekehren.

Vielleicht sollten sie ihn aber aus der Engigkeit, aus der Ausschließlichkeit und der Intoleranz seiner religiösen Bindung, seines Dogmas oder seiner parteipolitischen Prägung für einige Minuten herausführen und ihm zeigen, wie wunderbar immer der gleiche Gott unter verschiedenen Antlitzen vor Seinen Völkern erscheint, geliebt, angebetet und verehrt wird.

Und er wird erleben, wie versöhnlich und wunderbar ähnlich der in Schweigen verharrende Indio, der gegen Mekka kniende Moslem, der in Reglosigkeit verweilende Zen-Meister, der das heilige Mantram summende Hindu, der mit gesenktem Haupte das Herzensgebet verrichtende Ostchrist, der den Rosenkranz abtastende Katholik, der andächtig das Ave Maria flüstert, und der Quäker, der schweigend seine Andacht hält, einander sind. Sie ruhen alle im Schoße des Allmächtigen, wenn sie ihn auch mit verschiedenen Namen anrufen, und sie fühlen Seine schirmende Hand über sich.

Der religiöse und der säkularisierte Mensch werden mit Verwunderung vernehmen, daß es Religionen gibt, die keinen persönlichen Gott kennen, die ihn Kosmos oder Himmel nennen, und die darum doch weder Materialisten, noch Nihilisten, noch Gottlose sind. Sie beugen sich unter die geistigen Gesetze des Kosmos.

Als Arzt einer Großstadt, mit ihrer Hast, ihrer entmenschlichenden Kontaktarmut, ihrer im Verborgenen nistenden körperlichen und seelischen Not, erlebt man, wie viele Menschen mit und ohne Glauben den wichtigsten Weg nicht mehr finden oder verlieren — den Weg zu sich selbst, und da dieses Selbst ein Kind Gottes ist — den Weg zu Gott. Da können keine Pillen und keine Kurzwellen, auch keine Sekten oder Reformbewegungen helfen. Da gibt es nur eines, schrittweise den verschütteten Weg zum Geist suchen, behutsam,. geduldig, durch das Dunkle tastend.

Dieser Weg kann nur über eine bewußte Selbstbesinnung führen. Der Mensch muß lernen sich zu beruhigen, sich zu verinnerlichen, stille und schweigsam zu werden, aus seiner selbstgerechten Überheblichkeit zurückzuspringen in kindliche Demut und Gelassenheit. Er muß es lernen, sich wieder an erhabenen Vorbildern zu orientieren, aus ihrem Leben, ihren Lehren und ihren Haltungen Kraft und Antrieb zu schöpfen. Er hat die Wahl, sich zum Heiligen, zum Liebenden und Dienenden, zum Weisen, zum Helden emporzuentwickeln, oder Kommis, Manager, der er ist, zu bleiben.

Der Autor beabsichtigt mit diesem Buch nichts anderes, als dem suchenden Menschen einen Spiegel vor sein verarmtes oder leergefegtes Inneres zu halten und ihm zu zeigen, wie viele erhabene Beispiele einer Heiligung durch den Geist es gibt, und daß sie jedem Fragenden offen stehen.

Es ist gleich, von welcher Tafel er die heilige Nahrung nimmt, nur, daß er sich zum Nehmen bereit macht und mit Ehrfurcht das Heilige, das ihn umgibt, empfängt.

Martin Buber erzählt von dem Rabbi von Kobryn, der da lehrte: „Gott spricht zum Menschen, wie er zu Moses sprach: »Tue die Gewohnheit von deinen Füßen!« Tue die Gewöhnung ab, die deinen Fuß umschließt, und du wirst erkennen, daß der Ort, auf dem du eben jetzt stehst, heiliger Boden ist. Denn es gibt keine Wesensstufe, auf der man nicht, überall und allzeit, Gottes Herrlichkeit finden könnte."

BESINNUNG AUF UNS SELBST

Wir sind es gewöhnt, den Menschen unter dem Aspekt der Einheitlichkeit der Person und des Charakters zu betrachten, und realisieren nicht, daß er in seinem Durchgang durch Kindheits-, Reifungs-, Auf- und Abbaustufen sowie durch körperliche, seelische Krankheiten oder unter dem Einfluß von erschütternden oder langanhaltenden bedrängenden Erlebnissen oder Notzeiten eine stetige Wandlung seines äußeren und inneren Bildes erfährt.

Wie sehr wird dieses Bild vom Organischen her durch eine Gehirnverletzung, durch eine Hirngeschwulst, durch Erkrankungen der Schilddrüse, der Keimdrüsen, durch Geisteskrankheiten, durch Arteriosklerose der Hirngefäße verändert und verzerrt! Aber auch eine infolge schwerster innerer Konflikte oder langandauernder Störungen von seiten der Umwelt sich entwickelnde Neurose führt zu weitgreifenden Persönlichkeitsveränderungen.

Es können auch zahlreiche chemische Substanzen und Drogen eine solche Veränderung herbeiführen, sie können, wie die Phantastika (Haschisch, Marihuana, Opium, Meskalin, Muskarin, Cocain, Hyosciamin) die Phantasie bis zu Halluzinationen mit Wirklichkeitserlebnis steigern, sie können, wie Alkohol, die Persönlichkeit enthemmen oder, wie die Wahrheitsspritze (Amytal Natrium), sie zur Mitteilsamkeit anregen, sie können, wie die Weckamine (Pervitin), die geistige Spannkraft erhöhen und die natürliche Ermüdung hinausschieben, oder, wie die vegetativen Dämpfungsmittel, die bei seelischen Erregungen und Geistesstörungen angewandt werden (Megaphen, Pacatal), einen dauerschlafähnlichen Dämmerzustand hervorrufen.

Daß der Mensch in seiner Charakterfestigkeit durch starke physikalische Reize, Licht, Geräusche, Kälte, Hitze, Anstrengung, zerbrochen werden kann, ist eine Erfahrungstatsache, die nicht nur aus dem Mittelalter, den Fehme- und Hexenprozessen bekannt ist, die leider in heutiger Zeit in noch bestialischerer Form von zahlreichen Diktaturen geübt wird.

Ebenso wie das Bild des Menschen innerhalb der Historie des Einzelnen Wandlungen unterliegt, unterliegen ihnen die Völker in ihrer geschichtlichen Entwicklung. So mag der abendländische Mensch seit jener Zeit, da er aus dem geschichtslosen Dunkel herausgetreten ist, manche Züge seines Wesens konstant hindurchgetragen haben — in sehr entscheidenden Haltungen hat sich sein Bild jedoch recht erheblich verändert.

Der geschichtslose, „primitive“ Mensch ist noch wie das Tier eingebettet in den Rhythmus des Kosmos, sein Weltbild ist ein animistisches, ein magisch mythisches. Alle Natur, Himmel, Erde, Gestein und Fluß, Donner und Blitz, Tiere und Pflanzen, Geister, Dämonen und Engel sind ihm lebendige, einander durchdringende Wesenheiten, die Einfluß auf sein Schicksal haben. Die Faktoren des Intellekts und des Willens spielen angesichts der mächtigen Naturgewalten eine zunächst nur untergeordnete Rolle.

In der Polarität seines vegetativen Systems dominiert der verlangsamende, beruhigende Vagus über den Sympathikus.

Im Mittelalter begegnen wir dem Menschen, der beginnt sich durch die Erweckung des Intellekts und des Willens aus dem mythischen Urzustand herauszuentwickeln. Er ist ganz eingesponnen in das Weltbild seines religiösen Glaubens, noch ist er ein Schauender. Sein Alltagsdasein pulst im Einklang mit den Geschehnissen der Ereignisse des Lebens Christi und der Heiligenlegenden. Wir nennen heute, aus einer Entfremdung zu dieser Zeit, jenen Menschen „esoterisch“. Er war es vielleicht ebensowenig, wie wir es heute sind. Gott, die Engel und Heiligen, die großen liebenden und dienenden Vorbilder, die Mutter Gottes und Christus, die Teufel und die Dämonen waren dem mittelalterlichen Menschen Realitäten, er erlebte und schaute sie wirklich.

Die materielle Wirklichkeit hatte dagegen keinen Realitätswert für ihn, seine Kausalität war eine andere, er fragte nicht nach der Differenzierung der Dinge in chemische, physikalische und atomare Substanzen und es lag ihm fern, den Menschen organologisch oder psychologisch zu erforschen; für ihn war das Dasein und die Daseienden Geschöpfe Gottes, denen er entsprechend den biblischen Geboten Ehrfurcht zu erweisen hatte. Seine spirituelle Haltung ging so weit, daß nicht nur eine schlechte Tat, die heute allein juristisch geahndet wird, sondern jede böse Absicht, jeder böse Gedanke und sogar jeder böse Traum als eine Sünde, ein Vergehen gegen die Gebote Gottes gewertet wurden. Die Angst des mittelalterlichen Menschen war substanziell, es war die Angst vor den bösen, teuflischen Mächten, die ihm in suggestiver Einflößung die bösen Gedanken und Antriebe induzierten.

Die großen Betenden (der Heilige Stephanus, Johannes Chrysostomos, Gregor von Nazianz, Augustinus, Basilius), die großen

Lehrenden (Thomas von Aquino, Thomas a Kempis, Ambrosius, Benendikt, Bonaventura, Albertus Magnus, Johannes Duns Scotus, Abélard) und die großen Liebenden (Franziskus, Elisabeth, Julian der Gastfreie, Clara, Nicolaus, Spiridion) waren seine Vorbilder. Das franziskanische Ideal der Demut, der Armut, der Liebe, des Dienstes und des Gehorsams wurde, wenn es auch nicht verwirklicht wurde, jedem von Kindheit an eingeprägt.

Gebet, auf Gott und das ewige Leben gerichtete Gedanken, meditative Schau durchdrangen jedes Tun und jede Absicht. Der Morgen begann mit dem Gebet und mit der Meditation in der Kirche oder der Hauskapelle, oder vor dem häuslichen Altar. Vor und nach jeder Speisung und vor jedem Handeln war das Gebet, die Besinnung, das Bitten und der Dank, und die Bitte um die Hilfe zu einer reinen und klaren Gesinnung. Und es war die stets gegenwärtige Gewißheit da, daß Jemand immer alles sah und hörte und wußte, und nichts vergaß. Und das gab dem gläubigen Menschen die Sicherheit, unter einer lenkenden Hand zu wandeln und, im Falle eines eigenmütigen Abirrens, jederzeit unter den Schutz dieser lenkenden und verzeihenden Hand zurückkehren zu können.

Mögen die sozialen Unterschiede zwischen König, Ritter, Bürger, Bauer, Bettler, groß gewesen sein, in ihrer seelischen Struktur, in der Hinwendung auf Gott, Seine Engel und Heilige waren sie alle gleich.

Erst in der Renaissance sehen wir eine weitere Entwicklung des Intellekts mit seiner Suche nach Kausalität. Unmerkbar noch wenden sich die Sinne und Gedanken von der bisher realen „jenseitigen" Welt dem Diesseits zu. Der Mensch beginnt die Welt zu erkennen, sie zu erobern (Marco Polo, Magellan, Vasco da Gama, Columbus, Cortez, Hernandez, Amerigo Vespucci) und sie sich nutzbar zu machen.

Der Mensch erhebt sich aus seiner Geborgenheit und Verborgenheit in Gottes Schoß und macht sich groß; das Portrait entsteht, das Genrebild, Familienbilder, und verdrängen oder verbürgerlichen die Kunst des Heiligenbildes, die Darstellung der Heiligenlegende, der die Kunst bisher allein diente. Der Raum für Gott wird kleiner, der Raum für die Erfüllung der Sinneslust größer.

Die Reformation löst den sich zu ihr bekennenden Menschen aus dem ihn ganz umfangenden Gehäuse der katholischen Kirche mit ihrer magisch-mythischen Kraft, die das Endothyme in ihm anspricht. Es kommt dadurch nicht, wie erwartet, zu einer Erweckung der frühchristlichen persönlichen Beziehungen und Bindungen zu Christus und seinen Jüngern und Heiligen und durch ihn zu einer Heiligung des mitmenschlichen Umgangs. Vielmehr entwickelt sich mit der Zeit ein Intellektualismus mit einer höchst persönlichen individuellen Einstellung zu Gott. Die für das religiöse Leben notwendigen Bindungen an die Gemeinschaft werden aufgelockert, der Mensch verarmt in seinem gefühlsmäßigen, dem endothymen Grund.

Das achtzehnte Jahrhundert bringt uns die Philosophie der Aufklärung. Aufklärung wozu? Der Mensch wird um ein Weiteres erhöht. Der Intellekt, dieses in der Pubertätszeit sich befindende Erzeugnis des menschlichen Gehirns, wird nun als Ratio, als Vernunft vergöttlicht. Mit der Vernunft wird die sichtbare und tastbare Welt erforscht, doch, da sich der Intellekt immer mehr vom endothymen Grund heraushebt, verliert er an erdhafter Substanz und erklärt alles, was er nicht sehen, tasten, schmecken kann, als nicht existent. Noch ist er spirituell, wenn er auch Gott nicht mehr sieht und über die Kirche spottet, noch versucht er den Menschen und den Kosmos als eine spirituelle Einheit zu sehen.

Zunächst erfaßte der Rausch der Aufklärung nur die gebildeten Schichten, von ihnen wurden die Revolutionen des ausgehenden achtzehnten Jahrhunderts angefacht. Sie waren Anlaß zu der Proklamation der Menschenrechte in Amerika und Frankreich (die zwar ursprünglich hundert Jahre vorher durch den Quäker William Penn in Pennsylvanien bei der Staatsgründung postuliert wurden), durch sie wurden die Gesetze verbessert und gleiches Recht für jeden Menschen gefordert; die Anfänge der sozialen Sicherung, der Verbesserung der Erziehung, der menschlicheren Behandlung der Gefangenen, der Strafgefangenen und der Geisteskranken, haben hier ihren Quell.

Der Materialismus der Mitte des neunzehnten Jahrhunderts ist das legitime Kind der Aufklärung. Hier vollzieht sich durch die Lehre von *Karl Marx* eine absolute Abwendung von jeglicher „Metaphysik", von jedem Glauben an Dinge, die nicht mit den fünf Sinnen oder mit Laboratoriumsmethoden faßbar sind. „Religion ist Opium für das Volk". Das, was also früher und heute noch für Milliarden von Menschen in allen Ländern unantastbare Wirklichkeit ist: Gott und Seine Gebote, das moralische Gesetz über uns — wird nur noch mit der sinnenbetäubenden Wirkung einer Droge verglichen.

Scheinbar völlig unabhängig von Karl Marx gerät die gesamte

„exakte“ Wissenschaft in den Bann materialistischer Anschauungsweisen. *Charles Darwin* setzt durch seine Forschungen und Konzeptionen den Menschen an das Ende einer Entwicklungsreihe von niederen Tieren; über den Affen zum Homo sapiens.

Freud, der große Begründer der Psychoanalyse, sagt: Religion ist ein verdrängter Ödipuskomplex, also eine versteckte und verdrängte Vater-Sohn-Beziehung.

Rudolf Virchow, der große Zellularpathologe, meint sarkastisch, daß ihm in seiner langen ärztlichen Tätigkeit weder auf dem Operationstisch noch auf dem Sektionstisch jemals die Seele begegnet sei, und der große russische Physiologe *Pawlow* kommt auf Grund seiner sehr interessanten Versuche zu dem Ergebnis, daß die sogenannten seelischen Tätigkeiten auf gekoppelten wiederholten Erlebnissen, die, gedächtnismäßig verarbeitet, zu bestimmten Reaktionen auf die Umwelt führen, beruhen; er nennt diesen Vorgang „bedingte Reflexe“.

Der Materialismus, der allein auf Grund der modernen Kernphysik als überholt angesehen werden darf, hat inzwischen das ganze Abendland und vielleicht auch die gesamte Erdbevölkerung erfaßt. Im gewissen Sinne ist er vielfach nicht nur Staatsform, sondern auch Religion geworden; Religion ohne Gott und ohne Geist.

Die fortschreitende Entwicklung des Intellekts hat die Aufklärung und den Materialismus im Gefolge gehabt, sie hat aber auch zu einem nahezu unvorstellbaren Aufschwung der Wissenschaften und der Technik geführt, die die Lebensbedingungen des Menschen gegenüber allen vorhergehenden Zeitaltern in vieler Hinsicht verändert haben.

Durch die Hygiene, die Erkenntnisse der Medizin und die Erzeugnisse der chemischen Pharmakologie ist es gelungen, viele Infektions- und andere Krankheiten einzudämmen, die Sterblichkeit der Gebärenden und der Kinder zu vermindern und das Leben des einzelnen Menschen erheblich zu verlängern. Das führte wiederum in kurzer Zeit zu einer sehr starken Massierung von Menschen auf verhältnismäßig kleinen Lebensräumen. Die Bevölkerung der Erde hat sich nämlich in 300 Jahren um das fünffache vermehrt und weist eine weiterhin steigende Tendenz auf. Heute wird die Zahl der Menschen auf der Erde auf zweieinhalb Milliarden beziffert.

Im Zusammenhang mit dieser Massierung entstanden Probleme der sozialen Sicherung. Jeder Mensch hat das Recht auf Gesundheit, Ernährung, Erziehung, Bekleidung, Bedachung, Arbeit und Sicherung des Lebensabends. Während in früheren Zeiten die Kirchen und die Caritas des Einzelnen dem sozial Ungesicherten oder Kranken, Gebrechlichen oder Alten eine mehr oder minder angemessene Hilfe aus brüderlichem Gefühl zuteil werden ließen, hat jetzt der Staat alle Funktionen der Nächstenliebe in eigene Regie übernommen.

Jetzt sind es die Sozialämter, die Jugendämter, die Schulämter, die Gesundheitsämter, die Wohnungsämter, die Versorgungsämter, die Invaliden- und Krankenversicherungen und die Unfallversicherungen, die mit mehr oder weniger Liebe, immer aber mit bürokratischer Umsicht den Menschen betreuen. Die Qualität der Betreuung hängt allerdings von der Güte der Gesetze ab und noch vielmehr von der menschlichen Qualität und dem Verantwortungsbewußtsein der Beamten, denen diese edle und schwere Aufgabe des Dienstes an dem Menschen aufgetragen worden ist.

Das Schädliche daran ist, daß sich aus dieser Situation eine zwiefache und verhängnisvolle Hybris entwickelt. Der mit der Funktion des Helfens betraute Beamte tut diesen Dienst nicht kraft einer religiösen oder humanen Berufung, er wird eingesetzt. Aus der Situation des Gesicherten dem Ungesicherten gegenüber entwickelt sich allzuleicht eine unangebrachte Selbstüberheblichkeit und ein Machtkomplex, über andere Schicksale selbstherrlich entscheiden zu können. Auch macht sich, wie wir es leider allzuhäufig erleben, eine Menschenverachtung breit, die erschütternd ist.

Auf der anderen Seite wird heute jeder Mensch zu der Überzeugung erzogen, daß die staatlichen Institutionen dazu daseien, sein Leben von der Wiege bis zur Bahre zu sichern. Er oder seine Eltern zahlen ja für ihn Steuern, Versicherungen. Er muß in den Genuß der angemessenen Arbeit, der Erziehung, der Gesundheit, der Kriegs- oder Unfallrente, der Invalidenrente, der Krankenhausbehandlung und all der anderen Dinge kommen. Er hat ein Recht dazu. Diese Gesinnung führt dazu, daß der abendländische Mensch ein Fordernder geworden ist. Er will alles haben und ist nur wenig bereit, an sich selber Ansprüche zu stellen.

Der weitere und noch viel schlimmere Schaden erwächst ihm daraus, daß, da der Staat sich aller Funktionen des Helfens bemächtigt hat, er selbst davon völlig frei geworden ist. Wenn man früher einen armen, hungernden, kranken, gebrechlichen Menschen sah, schlug einem das Gewissen, daß man die christliche Pflicht habe, hier und sofort zu helfen. Dieses mitmenschliche

Gewissen ist atrophiert. Wir sind überzeugt, daß heute, bei der exzellenten sozialen Sicherung, keiner mehr zu hungern und zu frieren braucht, es sei denn, daß er ein Asozialer oder Schwachsinniger oder Psychopath ist. Wir brauchen also heute nicht mehr uns mit unserer Persönlichkeit irgendwo einzusetzen, dafür gibt es genügend Institutionen. Damit entfernen wir uns, ob wir noch einer Kirche angehören oder nicht, so weit als möglich von Gott, denn wir sehen unsere Mitmenschen nicht mehr als unsere Brüder und Gottes Kinder an.

Nur durch diese Entwicklung, durch den Verlust der echten liebenden und dienenden Verantwortlichkeit ist es möglich geworden, daß in einem Zeitalter des „Humanismus", der „Ratio", der „sozialen Sicherung", des „Sozialismus" die unerhörtesten Verbrechen an dem Menschen und an der Menschheit begangen worden sind. Es liegt daran, daß es einem Staat oder einer Institution möglich ist zu dekretieren, daß diese oder jene Menschen oder Menschengruppen minderwertig, oder kriminell, oder rassisch nicht erwünscht, oder politisch nicht zuverlässig, oder als Lebende nicht mehr produktiv, und daher einzeln oder in Massen mit den vom Staat gewählten Methoden zu vernichten seien; oder, daß man zum Zwecke wissenschaftlicher Erforschung an Gefangenen ohne ihre ausdrückliche Genehmigung Versuche anstellen dürfe.

Oder es werden Menschen in Massen deportiert, ohne daß ihre Angehörigen jemals wieder etwas von ihnen erfahren, oder es werden zur Erzeugung erwünschter Geständnisse bestialische, die Persönlichkeit vernichtende Methoden angewandt.

Und es finden sich immer wieder Bürger, die sich zu Vollstreckern solcher Maßnahmen hergeben, geachtete Bürger, und die anderen schweigen, weil ihr Gewissen nicht unmittelbar betroffen wurde; sie sind an dem, was vorgeht, nicht schuldig. Sie wissen nichts und sie tun alles, um auch nichts zu erfahren. Wir glauben sogar, daß jeder von uns ausgeführte verbrecherische Befehl uns von einer persönlichen Stellungnahme und von dem eigenen Gewissen befreie. So weit haben wir uns zu Befehlsvollziehern und Sklaven des Staates gemacht, weil wir unser Gewissen, das von Gott kommt und ein Metaphysisches ist, erdrosselt haben. Solange der Mensch in sich dieses Gewissen nicht wieder wachrüttelt und für ein Unrecht leidet, kämpft und schreit, das seinem geringsten oder fernsten und farbigsten Bruder angetan wird, ist er nicht wert, daß bessere Gesellschaftsformen entstehen.

Das Wort Christi: „Was ihr dem geringsten meiner Brüder antut, das tut ihr mir an", muß wieder in die Mitte der Herzen eingeritzt werden.

So wie der Materialismus jeglicher Prägung keinen Zugang zum Gewissen hat, hat er auch keinen Zugang zum Leid. Auch Leid ist etwas Metaphysisches und Irrationales. Es entsteht nicht nur durch Armut, Not, Hunger und Krankheit. Der moderne Mensch tut alles, um sich vom Leid zu befreien oder dessen Eingang in sein Leben zu verhindern. Er begreift nicht mehr, daß Leid ein Katalysator ist, ein Weg zur Selbstgestaltung, zur Selbstüberwindung, zur Vergeistigung. Wie Angelus Silesius sagt: „Leid ist der schnellste Kutscher zur Vollkommenheit".

Der Leidende geht je nach der Kategorie seines Leids zum entsprechenden Arzt, zum Psychiater oder zum Psychotherapeuten und fordert Heilung oder Linderung, am besten und am ehesten durch Pillen von der chemischen Industrie. Es kommt ihm weder in den Sinn, zu seinem Leid „ja" zu sagen, noch zu versuchen, es in sich zu transformieren, noch an sich selbst zu arbeiten. Weder vom Arzt noch vom Psychotherapeuten wird ihm echte Hilfe zuteil, solange beide mit den Werkzeugen der Wissenschaft an ihm arbeiten. Allein aus einer brüderlichen Liebe und der Bereitschaft mitzutragen, aber auch nur aus der Bereitschaft des Leidenden die Gabe in Ehrfurcht zu empfangen, kann das Leid transformiert werden. Wenn man es lernt, das Leid des anderen an seiner Wurzel zu erfühlen, kann man es ihm auch begreiflich und erlebbar machen.

Martin Buber erzählt von dem chassidischen Rabbi von Sasow, daß dieser, wenn er einen Menschen leiden sah, so stark mitlitt, daß er sich dessen Leid zueigen machte. Danach gefragt, wie das möglich sei, antwortete er: „Wie denn mitleiden? Das ist doch mein eigenes Leid, wie kann ich denn anders, als es leiden?!"

Und Fedor Dostojewski spricht in allen seinen Werken von diesem Mit-leiden an dem Leid des anderen. Dieses Mit-leiden kann nur aus der Liebe zum anderen entspringen; wenn man in jenem die brüderliche Kreatur erlebt, wird man es nicht anders tun können.

Das erhabenste Bild vom Leid fand aber Rabbi Mosche. Nach dem Sinn des Leids gefragt, sagte er nur: „Es steht geschrieben: Öl von Oliven, lauteres, gestoßenes, gereinigtes, zum Leuchten."

Der moderne Mensch ist dem Genuß und dem Besitz verfallen, er ist erfüllt vom Streben nach Geltung, nach Macht, er ist im wesentlichen selbstbezogen. Die Welt liegt außerhalb von ihm. Er möchte sie zu sich, in sich hineinziehen. Doch ist seine Erlebnisfähigkeit unter dem Einfluß der Technik und des Lebenstempos verflacht. Seine Bindungen sind gering und entbehren der Tiefe. Echte, tiefe, langdauernde Freundschaften als Ausdruck eines reifen und reichen, einfühlbaren, zuverlässigen, stabilen und gebefreudigen Charakters sind äußerst selten geworden, sie sind sogar so weit aus der Erlebnissphäre herausprojiziert worden, daß man sich nicht mehr danach sehnt. Es gibt bestenfalls Geselligkeiten und Kameradschaften. Auch die familiären Bindungen sind flacher und brüchiger geworden, wofür die zahlreichen Ehescheidungen Zeugnis ablegen.

„Verlust der Mitte" nennt Sedlmayr das Symptom unserer Zeit. Tatsächlich füllt der Mensch heute sein Leben mit vielen für ihn scheinbar wichtigen Dingen an, bleibt aber in seiner Mitte leer und unerfüllt, weil er an den endothymen Ursubstanzen, und das sind: religiöse Bindung mit der damit verbundenen Geborgenheit, Liebe, Ehrfurcht, Verantwortungsgefühl, Demut, Gelassenheit, Bereitschaft zum Leid und zur Freude und Sich-Eins-Fühlen mit dem Kosmos und ihren Kreaturen verarmt ist.

Er strebt Genüssen nach und ist hastig und überspannt, er verweilt nicht mehr bei Erlebnissen, sie innerlich verarbeitend und auskostend, er kommt nicht einmal mehr dazu, das sehnlich Erstrebte, wenn er es erreicht, festzuhalten und sich daran zu freuen. Er hascht sogleich nach neuen Erlebnissen und Genüssen. So kommt es, daß er die Fähigkeit zum Genießen und zur Freude, die nur aus dem Erleben der Gegenwart kommen kann, nahezu verloren hat.

Bemerkenswert ist auch, daß er die Beziehung zum Tode eingebüßt hat. Für den gläubigen Menschen jeder Religion bedeutet dieses Dasein einen Durchgang, eine Vorbereitung für ein anderes, geistiges Sein. Diese Vorbereitung schließt eine gezielt vergeistigende Arbeit an sich selbst ein. Der Tod ist eine Wirklichkeit, auf die hin man lebt. Für den säkularisierten Menschen bedeutet der Tod das sinnlose Aufhören der Genüsse dieses Lebens, der Tod ist sinn- und nutzlos. Diese unbewußte Verdrängung des Gedankens an den Tod findet ihren Ausdruck darin, daß die meisten Menschen im Abendlande heute nicht mehr bewußt sterben, sondern in eine Agonie verfallen, ohne sich dazu vorzubereiten. Früher strebte der Mensch danach, vorbereitet und bewußt diesen Übergang zu erleben. Auch die Kirche unterstützte ihn darin, indem sie ihm die letzte Wegzehrung möglichst im bewußten Zustande verabreichte.

Schwere Kontaktstörungen hat der Abendländer infolge des Verlustes der Fähigkeit zur Ehrfurcht. Die materialistische Weltanschauung und die Erkenntnisse der Psychoanalyse haben den Menschen durchschaubar gemacht, durchschaubar in seinen Haltungen, Strebungen, Verhaltensformen und Motiven. Diese Durchschaubarkeit basiert jedoch auf wenigen dem Menschen zuzugestehenden Motivantrieben, die da sind: der Geltungsdrang, der Machtdrang, sexuell-erotische Motive, Verdrängungen, Übersteigerungen, Übertragungen. Alle Verhaltensformen lassen sich erklären und schnell auf einen Nenner bringen.

Da diese Erkenntnisse und Gesinnungen rein materialistisch sind, kann es keine anderen Deutungen geben. Aus der Freude am Deuten werden die Lebenden und die Toten einer kritischen Schau unterworfen. Die Diagnosen fallen grotesk aus, als ob Blinde ein Gutachten über Farben abgeben würden. Fangen wir mit Christus an: Wir haben von den Versuchen der Deutung seines Lebens durch Renan, Strauß, Blüher und von der Entmythologisierung gehört. Ein Psychiater, Binet Sanglé, stellt ihm jedoch folgende Diagnose: „Religiöser Irrsinn, Theomegalomanie, visuelle, exoauditive, verbale, kinästhetische, verbalautomatische und areoplanische Halluzinationen."

Es ist über die Schizophrenie der Propheten Jeremias und Jesaias geschrieben worden. Der Heilige Franziskus ist als geltungssüchtig bezeichnet worden. Bei den stigmatisierten Heiligen hat man Hysterie festgestellt; von einem modernen Mann, der völlig selbstlos anderen diente, wurde gesagt, daß es sich um einen pathologischen Altruismus handele. Man untersucht die Motive des Dienens und Helfens und stellt fest, daß sie aus Geltungsdrang oder aus sexuell erotischen Strebungen entstehen. So wird der Mensch mit wenigen psychologischen Handgriffen entkleidet und durchsucht. Es bleibt keine Spur von einem Geheimnis mehr an ihm, alles ist einfach, primitiv, erklärbar, er steht nackt und erbärmlich vor uns, beladen mit unausgegorenen sexuellen Drängen, Wünschen, Verdrängungen, und der letzte Rest einer Ehrfurcht schwindet vor so viel häßlicher Bloßstellung. Infolge dieser allgemeinen Durchschaubarkeit gibt es ein allgemeines Mißtrauen jedes gegen jeden. Es kommt zu der Haltung, die einen Menschen treffend kennzeichnet, wenn man sagt: „Ich kenne ihn zu genau."

Nichts macht den Menschen einsamer als das Gefühl, von anderen nicht geachtet und verkannt zu sein, weiß er doch, daß hinter dem scheinbar Durchschaubaren sich Geheimnisse und Feinheiten verbergen, die nur dem Einen eigen sind und die von dem Alleswisser nicht erfaßt werden können. So kommt es, daß in unserer Gesellschaft, und sogar in der Familie, keine echten Gespräche mehr geführt werden. Es gibt vielleicht noch Redende, aber keine Lauschenden mehr.

Eines der auffallendsten Symptome des modernen Menschen ist die Angst. Sicherlich hatte der primitive Mensch eine mythische Angst. Der mittelalterliche Mensch hatte eine substanzierte Angst vor den bösen Mächten, vor dem Teufel und vor der Hölle, und auch vor den bösen Gedanken und sündigen Handlungen. Heute glaubt kein Mensch mehr an den Teufel, aber die Angst ist dem Menschen geblieben. Sie hat viele Gesichter und Fratzen. Angst vor dem Feind in Ost und West, Angst vor dem Krieg, Angst vor Verlusten, vor Krankheit, vor dem Altern, vor dem Tode, und einfach Angst vor der inneren Leere. Die existenzialistischen Philosophen sprechen von der Hinausgeworfenheit des Menschen in die Leere des Nichts, von der Einsamkeit und dem „Auf-sich-selbst-gestellt-sein", aber sie stellen nur die Symptome fest, ohne zu heilen.

Der religiös gebundene Mensch lebt im geistigen Gehäuse seines Glaubens, er ist nicht allein, denn er ist verbunden mit seinem Gott, oder den Göttern, mit den Heiligen und den Engeln, die ihm Vorbilder als Wesen und für sein Verhalten und Handeln sind.

Der säkularisierte Mensch hat in der Abkehr von allem Geistigen und vom Geist selbst die Vorbilder und die Ehrfurcht vor dem Dasein verloren, er hat alles banalisiert, entmythologisiert und entgeheimnist, und er ist, nachdem er alle diese irrationalen Werte von sich geworfen hat, arm geworden.

Der Heilige des Christentums und der Weise des Ostens haben im modernen Abendlande an Wert und Aktualität eingebüßt. Sie haben in dem Bewußtsein des Menschen keine Entsprechung mehr; so strebt niemand mehr danach, sich diesen Bildern, diesen Vorbildern zu nähern. Und doch sind sie die Urvorbilder der Menschheit. Ein Leben ohne Heiligung und ein Altern ohne Weisheit sind leer und nutzlos, es wird angefüllt mit Surrogaten und läuft gesetzmäßig in Vereinsamung, innere Leere und Angst aus.

Hunderte von Reformbewegungen, Gymnastik und Entschlakkungskuren, Sport und physikalische Therapie sollen dem Menschen zur Gesundung und Harmonie verhelfen, doch betreffen sie bestenfalls die äußere Schicht der Haut oder die Wände des Darmkanals.

Paul Fechter sagt: „Die Menschheit war während des 19. Jahrhunderts in das Kindesalter des Fragens eingetreten und zerfragte alles, mit dem Ergebnis, daß sie heute hilflos auf ihrem inneren Trümmerhaufen sitzt und nach dem Helfer weint, der ihr die Schutzwände wieder schafft, über die die eisigen Winde des Nihilismus nicht hinüber können."

„Der Weg zu uns selbst ist der einzige Weg, den wir gehen können, wenn wir wahre Gemeinschaft mit den Menschen finden sollen. Das erste Wahrzeichen der inneren Freiheit ist die Stille, ihr letztes das Schweigen ... Alles Vergängliche lärmt. Alle Flucht in den Lärm hat Angst zur Ursache, jeder Weg in die Stille entstammt dem Mut", schreibt *Waldemar Bonsels.*

Es wird für den säkularisierten Menschen wohl schwerlich den Weg zurück in irgendeine Kirche geben, zumal er, wenn er auch die Sehnsucht danach in sich trägt, sich intellektuell mit der jeweiligen Dogmatik, die ihm fremd und konstruiert erscheinen mag, auseinandersetzen muß. Er kann, wenn er die Not begreift, jederzeit zu den großen Vorbildern, zu den Heiligen und den Weisen zurückkehren, die meist jenseits der Dogmatik standen. Und er kann vorsichtig tastend den Weg zu sich selbst, zu einer verödeten, aber unbewohnten Mitte zurück suchen und finden.

Wenn hier die seelisch-geistige Situation des modernen säkularisierten Menschen in grauen Farben geschildert worden ist, so gibt es dazu noch eine körperlich vegetative Entsprechung, die ihrerseits eine gestörte Symptomatik aufweist und ebenso einer Therapie bedarf.

DAS VEGETATIVE SYSTEM — SPANNUNG UND ENTSPANNUNG

Der Chinese betrachtet die Welt dualistisch, eingespannt in eine Polarität von einander ergänzenden und widerstrebenden Kräften. Er nennt sie Yang und Yin, das männliche und das weibliche Prinzip im Kosmos. Das Yang ist das kraftvolle, das lichte, das harte, das aktive, das gespannte, das feste, das zeugende, das Leben; Yin ist das weiche, das schmiegsame, das nachgebende, das dunkle, das feuchte, das zerfließende, das gebärende, das gelassene, das entspannte, es ist der Bereich des Ungeborenen und des Toten. Niemals gibt es nur die eine wirkende Einheit, immer sind sie aneinander gekoppelt. Sind beide im gleichen Maße vorhanden, so ergibt es die vollkommene Harmonie; überwiegt das eine von beiden, so gibt es mehr Aktivität und Spannung, oder mehr Weichheit, Schmiegsamkeit, Gelassenheit. Ist eines der beiden zu stark entwickelt, so gibt es Unordnung, Überspannung, Verkrampfung, zu viel Kraftanwendung und Vorbeischießen am Ziel, andererseits Weichheit, Formlosigkeit, Trägheit, Stumpfheit, Zerfall.

Jeder Mann hat ein Überwiegen an Yang-Kräften, ein Weib an Yin-Eigenschaften. Hat der Mann zu viel Yin-Eigenschaften, wird er weibisch, hat die Frau zu viel Yang-Kräfte, wird sie ein Mannweib.

In allen differenzierten Lebewesen gibt es zwei solcher uralter Lebensregler, die den Yang- und Yin-Kräften entsprechen — das ist das „autonome“ (selbsttätige) oder das „vegetative Nervensystem“. Es handelt sich eigentlich um ein doppeltes System, das ständig im Zusammen- oder Gegenspiel steht und die eigentliche Spannkraft des Lebens bedeutet. Es ist der Vagus und der Sympathikus. Beide haben ihren Ursprung im Gehirn, sie durchziehen aber jedes unserer Organe, jede Blutader, jede Drüse, es gibt nicht das kleinste Organ oder Zellengefüge, das nicht von diesem nervösen Netz umgeben wäre. Jede körperliche Tätigkeit, jeder Verdauungsakt, jede Durchblutung oder Tätigkeit der Drüsen mit innerer Sekretion wird von diesem System gereizt. Aber auch die seelische Regung und Erregung hat ihren Einfluß auf das Vegetativum, das seinerseits die Blutgefäße und die Drüsen in Tätigkeit setzt. Dabei entspricht der Vagus den Eigenschaften des Yin, er beruhigt, er verlangsamt, er ist der Herr des Schlafs, der Gelassenheit, der Ruhe, der verlangsamten Organ- und Herztätigkeit. Wird er zum Herrn im menschlichen Haushalt, so wird der Mensch ein ruhiger, etwas langsamer, behäbiger Typ, mit langsamerem Puls, getragenen Bewegungen, ruhigem Gesichtsausdruck, gutem Schlaf, langsamer Verdauung. Eine extreme Tätigkeit des Vagus macht uns stumpf, antriebsarm, träge und grobschlächtig.

Der Sympathikus ist der Yang, er ist aktiv, lebhaft, gespannt, beweglich, schnellebig, unruhig, er hat glänzende Augen, wird leicht rot oder blaß, ärgert sich schnell, sein Puls ist lebhaft, er stellt den Typ des schnell auffassenden, lebhaften, aktiven Großstadtmenschen dar. Ein übermäßiges Herrschen des Sympathikus führt zu Überspannung, Schlafstörungen, Gefäßerkrankungen, Schwitzen, Bewegungsunruhe, Rastlosigkeit, Verkrampfung. Durch chronische Überreizung, durch seelische oder körperliche Einflüsse kommt es zu dem, was wir heute die Managerkrankheit nennen: hohen Blutdruck, Herzgefäßverengung, Angstgefühle, Magengeschwüre, Gallensteine, Asthma.

Eines der beiden Nervensysteme hat bei dem Menschen meist die Oberhand. Sind beide Systeme in gleichmäßiger Verteilung aufeinander eingespielt, so ist der Mensch in körperlicher und seelischer Hinsicht harmonisch, er ist in Gleichklang mit den kosmischen Kräften. Aber dieser Zustand ist bei uns im Abendlande selten geworden. Je mehr der Mensch in die Hast eines Großstadtlebens eingespannt wird, desto mehr wird sein Sympathikus strapaziert, desto mehr entfernt er sich von einem naturgegebenen Leben. Durch die Errungenschaften der Technik, das elektrische Licht, durch die Arbeit in Schichten, durch die Benutzung und Führung von schnellen Verkehrsmitteln, durch intensive Arbeitsleistung muß er, um wach und leistungsfähig zu bleiben, seinen Sympathikus oft übermäßig spannen. Sympathikussteigernde Mittel wie Kaffee, Kola, Pervitin werden genommen, um in dem schweren Konkurrenzkampf bestehen zu können. Die sympathikusdämpfenden Gifte, Opium, Haschisch, Peyotl, die den Menschen in einen phantasievollen, der Wirklichkeit entfernten dämmerähnlichen Zustand versetzen, sind bei uns nie heimisch geworden, sie wurden in China und im Orient — in den Ländern, in denen Beschaulichkeit über alles galt, genossen.

Was uns an Tieren, Pferden, Kühen, Hunden, Katzen, Tigern, Affen immer so besonders entzückt, ist der wunderbare Wechsel ihres vegetativen Regulationsapparats. Dabei wird man aus dem

Vergleich leicht erraten können, daß der Affe, der Hund und das Pferd wache Tiere sind, deren Sympathikus sicherlich dominant ist. Die Kuh ist vagusbetont, ruhig, langsam, träge. Als Prototyp des Vagusbeherrschten mag der Büffel erscheinen, der von beispielloser Geduld, Langsamkeit, Unerschütterlichkeit, Fleiß und auch Sturheit ist. Der Siebenschläfer dagegen mit seinem Schlafbedürfnis dürfte bereits als pathologischer Fall der chronischen Vagusreizung gelten.

Wie wunderbar sind die Tiere im Ruhen, im Schlaf; am schönsten die Katzen mit ihren hundertfachen Posen der völligen Entspannung, das ist die vollkommenste Arbeit des Vagus. Wird das Tier wach, spielt es, kämpft es, sucht es die Nahrung, geht es auf Liebeswerbung, so tritt sprunghaft der Sympathikus in Tätigkeit. Der Mensch zeigt solch vollkommene Gelassenheit und Entspannung nur im Säuglingsalter und in früher Kindheit. Bei sogenannten primitiven Völkern bewundern wir die Harmonie ihrer Bewegungen.

Es ist eine Erfahrungstatsache: je komplizierter die Zivilisation (nicht die Kultur) wird, desto mehr Spannungen wird der Sympathikus ausgesetzt.

Der bäuerliche Mensch und der Mensch in der Kleinstadt lebt in einem gemäßigteren Tempo und ist der Natur näher, wir sehen bei ihm daher sehr viel seltener die Zivilisationskrankheiten, die durch die Überbeanspruchung des Sympathikus entstehen.

Die Dominanz der Sympathikotonen in den Großstädten wird natürlich zum Teil auch durch bestimmte Auslesen verursacht. Der Aktive, der Unruhige, der Ehrgeizige, der Abenteurer sucht ein lebendigeres Betätigungsfeld und drängt der Großstadt zu. Der ruhigere Vagotoniker trachtet nach der bergenden Stille und Gemütlichkeit, er wird sich auch nicht zu aktiven und besondere Spannung erfordernden Berufen drängen.

Es ist kein Zweifel, daß es in der Bevölkerung der Sympathikotone ist, der Geschichte macht, der in seinem Aktivitätsdrang das Gesicht der Erde verändert. Es ist aber ebenso nicht daran zu zweifeln, daß der abendländische Mensch, wie er aus der Geborgenheit, aus der Religion, aus der Tradition, aus festen, alten endothymen Lebensregeln ins Leere hinausgesprungen ist, — weil er ein Haus eingerissen hat, ohne sich eine andere bergende Behausung erbaut zu haben — durch den Willen zur Tat sein sympathisches System übermäßig strapaziert und Lebenskraft vergeudet hat.

Wir können uns fragen: besteht denn überhaupt die Möglichkeit, Einfluß auf das vegetative System zu nehmen, da wir doch wissen, daß es von unserem Willen unabhängig ist? Der abendländische Mensch hat sich um dieses lebenswichtige Regulativ niemals gekümmert, er kannte keine Methoden, die dieses feinste System von körperlich-seelischen Wechselwirkungen durch den bewußten Willen anspannten, lockerten oder harmonisierten.

Die materialistische Wissenschaft des letzten Jahrhunderts erklärte dieses System vollends für autonom, also selbsttätig und vom Willen unabhängig. So haben wir es in den Universitäten gelernt und lernen es heute noch.

Der Osten, der eine uralte und unerhört psychologisch verfeinerte Kultur der Persönlichkeitsgestaltung oder der Selbstverwirklichung besitzt, hatte bereits seit Jahrhunderten differenzierteste Methoden der willentlichen und gedanklichen Beeinflussung des Vegetativums ausgearbeitet. Im Gegensatz zum Abendländer brauchte der östliche Mensch seiner Religion nicht abzusagen, wenn er Wissenschaftler wurde, und er lernte es bereits in der Kindheit, durch die Kultur der Spannung und Entspannung, durch Verhalten in Stille und Schweigen, durch Reglosigkeit, Gebet und Meditation sein Vegetativum und seine Seele in Harmonie mit den inneren Gesetzen des Körpers, mit der Seele und dem Kosmos zu erhalten. Im Osten ist der Heilige und der Weise, der Meister (Yogi, Sadhu, Sannyasin, Bhakti, Starez), noch hoch im Kurs. Sie erfreuen sich einer für uns nahezu unvorstellbaren Ruhe von innen aus, die Abertausende befruchtet und begnadet.

Der harmonische oder harmonisierte Mensch lebt auch im Frieden mit der Zeit. Er wird weder von der Technik, noch von den Verkehrsmitteln, noch von seinem Beruf gehetzt und gejagt.

Eine kleine Anekdote versinnbildlicht die verschiedenen Haltungen des westlichen und des östlichen Menschen.

Ein chinesischer Professor kam nach Berlin. Sein deutscher Kollege erwartete ihn am Bahnhof. Als sie auf den großen Platz hinauskamen, sah der deutsche Professor die Straßenbahn. Der Schaffner klingelte gerade zur Abfahrt. Der Deutsche ergriff die Hand des Chinesen. „Kommen Sie, kommen Sie rasch!“ Und sie rannten, atemlos sprangen sie auf die anfahrende Bahn. Der deutsche Professor zog seine Taschenuhr und sagte aufatmend: „Gott sei Dank! Wir haben drei Minuten gewonnen!“ Da fragte ihn der Chinese mit sanfter Stimme: „Und was machen wir mit den drei Minuten?“

Was machen wir wirklich mit diesen und mit so vielen scheinbar eingesparten Minuten in unserem Leben?

GEBET UND MEDITATION

Gebet ist das Gespräch des Menschen mit Gott. Es ist die geheimnisvollste und intimste Verbindung, die der Mensch mit dem Herrn des Weltalls aufnimmt. Er redet ihn aus der Herzensnähe mit Du an, und er sagt ihm alles, was ihn drückt, ihn bewegt und beglückt. Er kann sein Gebet improvisieren, und er kann ein uraltes geheiligtes Gebetsklischee benutzen, das hundert Generationen gebetet haben und das für den Menschen als Gattung Gültigkeit gewonnen hat. Er kann es hinausschreien, es singen, es flüstern und es nur in Gedanken bewegen. Er kann es mit Gebärden begleiten. Der frühe Christ erhob die Arme zum Gebet, der Katholik und der Orthodoxe bekreuzigt sich, der Russe wirft sich auf die Erde, der Protestant faltet die Hände, der Moslem kniet gegen Mekka und verbeugt sich, der Hindu hebt im Pronam die gefalteten Hände gegen die Stirn. Immer ist es die Haltung der Demut, des Grußes, der Ehrfurcht.

Der eine bittet, der andere dankt, der dritte streitet und hadert, der vierte ringt verzweifelt und zweifelnd um Nähe und Hilfe, der fünfte führt ein Gespräch, der sechste ergreift den Zipfel seines Gewandes und ist einfach unaussprechlich glücklich. Dem Einen wird im Fragen die Antwort kund, ein anderer lauscht und hört nichts, und einer geht hinweg, ohne auf die Antwort zu warten.

Das Gebet ist selbst ein Fahrzeug zu Gott, es kann das Gebet leicht sein wie eine Feder und schwer wie ein Kahn, es kann den Menschen zu Gott hintragen, und es kann ihn herauskippen.

Rabbi Pinchas sagt: „Das Gebet, das der Mensch betet, das Gebet selber ist Gottheit. Der Beter, der wähnt, das Gebet sei ein ander Ding als Gott, ist wie ein Bittsteller, dem der König das Verlangte reichen läßt. Wer aber weiß, daß das Gebet selber Gottheit ist, gleicht dem Königssohn, der sich aus den Schätzen seines Vaters holt, was er begehrt."

Der in Gott Geborgene bedarf kaum der Worte, es genügt ein zu Gott gesandter Seufzer, und er wird erhört. So wird von Nachschon ben Aminadab erzählt, daß er, als Israel am Schilfmeer stand, noch ehe es gespalten war, hineinsprang, und als das Wasser ihm zum Halse reichte, sprach: „Hilf, Herr, die Wasser gehn ans Leben". Er schrie nicht, er sprach es mit sanfter Stimme, denn sein Glaube war groß, und alles, was geschah, war natürlich.

Der große Yogi Ramakrishna über Gott: „Zahlreich sind die Namen Gottes und unendlich die Gestalten, die uns zu seiner Erkenntnis führen. Mit welchem Namen immer und in welcher Gestalt du Ihn auch anzurufen begehrst; in eben dieser Gestalt und unter diesem Namen wirst du Ihn sehen.“

Gebet ist nicht nur eine Bitte, ein Flehen oder ein Danken, es ist oft auch eine Antwort. Der Gott in uns antwortet dem Fragenden in uns, und es wird uns Erleuchtung und Kraft.

Wie der Heilige Aurelius Augustinus betet: „Herr gib mir die Kraft, alles zu tun, was Du von mir verlangst. Dann verlange von mir, was Du willst.“

Der große Liebende betet für die ganze Welt und für alle Kreatur, sich in ihr eins wissend, wie es der russische Sämann tut: „Herrgott, gestalte und vermehre und laß gedeihen, daß es reiche für jedermann, — für den Hungernden und den Verwaisten, für den Begehrenden, für den Bittenden und für den Entwendenden, für den, der da segnet, und auch für den, der undankbar davongeht.“

Und Kirill von Turow im 12. Jahrhundert: „O Güte, O Einfalt, O Liebe, O Jesus, meine Freude! Siehe, ich eile zu Dir, wie Nikodemus des Nachts; komme mir entgegen, öffne die Tür! Laß mich Gott hören, den Wandelnden, den Redenden. Dein Gewand ist schon in meinen Händen, — zerschlage meine Lenden, aber ich lasse Dich nicht, Du segnest denn mit mir alle . . .!“

Mit diesem Alle meint er wirklich alle, die Guten und die Bösen, die Christen und die Andersgläubigen, die gesamte Kreatur.

Der sich in Gott und Gott in sich weiß, der schlesische Wandersmann Angelus Silesius:

Halt an, wo läufst du hin? Der Himmel ist in dir!
Suchst du Gott anderswo, du fehlst ihn für und für!

Und der große Leidende, der zu aller Erduldung dennoch ein frohes Ja sagt — Paul Gerhard, der alle Schrecken und Nöte des dreißigjährigen Kriegs erlebte:

Hoff, o du arme Seele, hoff, und sei unverzagt!
Gott wird dich aus der Höhle, da dich der Kummer plagt,
Mit großen Gnaden rücken. Erwarte nur die Zeit,
So wirst du schon erblicken die Sonn' der schönsten Freud!

Auf, auf gib deinem Schmerze und Sorgen gute Nacht!
Laß' fahren, was das Herz betrübt und traurig macht!

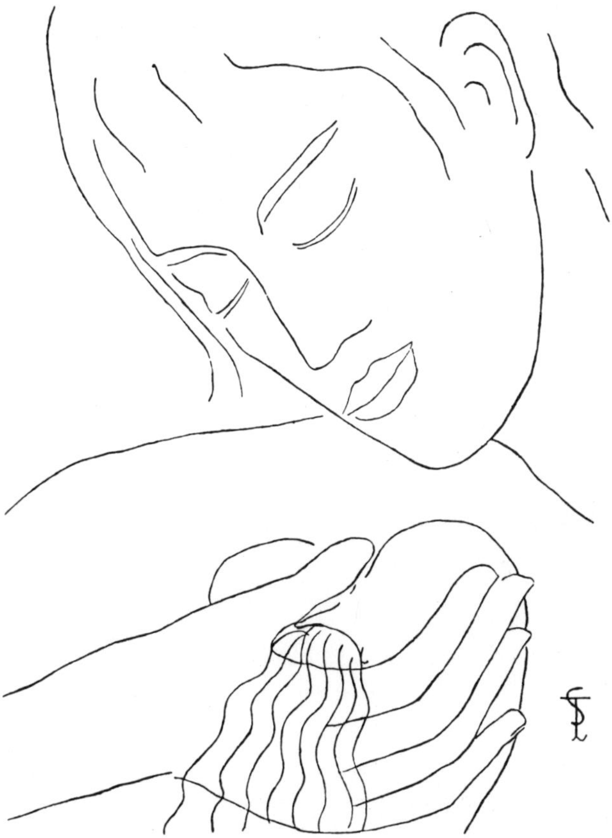

Ev. Joh. 7: Von des Leibe werden Ströme lebendigen Wassers fließen

Bist du doch nicht Regente, der alles führen soll,
Gott sitzt im Regimente und führet alles wohl.

Die schönste Bitte um die schönsten und edelsten Menschengaben der Liebe, des Dienstes, der Demut und des Verzeihens hat uns der christlichste aller Menschen, der Poverello, der heilige Franziskus von Assisi hinterlassen:

Herr, mein Gott, mach mich zum Werkzeug Deines Friedens.
Daß ich Liebe übe, wo man mich haßt,
Daß ich verzeihe, wo man mich beleidigt,
Daß ich verbinde, wo Streit ist,
Daß ich die Wahrheit sage, wo Irrtum herrscht,
Daß ich Glaube bringe, wo der Zweifel drückt,
Daß ich Freude mache, wo Kummer wohnt.
Ach Herr, laß Du mich trachten:

Nicht, daß ich getröstet werde, sondern daß ich andere tröste,
Nicht, daß ich verstanden werde, sondern daß ich andere verstehe,
Nicht, daß ich geliebt werde, sondern daß ich andere liebe.
Denn, wer da gibt, der empfängt,
Wer sich selbst vergißt, der findet,
Wer verzeiht, dem wird verziehen,
Und wer da stirbt, der erwacht zum ewigen Leben.

Dieses schönste Gebet ist eine Zwiesprache mit dem Gott in uns. Es bittet schon nicht mehr, es zeichnet in der Zwiesprache den Weg zur letzten Vollkommenheit und Heiligkeit.

Ähnliches sagt Vivekananda, der Schüler des Ramakrishna: „Wollt Ihr Gott finden, so dienet dem Menschen."

Mahatma Gandhi, der erhabene Erneuerer Indiens, betete jeden Tag:

Ich will bei der Wahrheit bleiben.
Ich will mich keiner Ungerechtigkeit beugen.
Ich will frei sein von Furcht.
Ich will keine Gewalt anwenden.
Ich will guten Willens sein gegen Jedermann.

Wenn der Betende durch das Gebet in Gott eingeht, mit ihm eins wird, was der letzte und tiefste Sinn des Gebets ist, so wird das Wort von Lao-Tse wahr: „Der Grund, warum ich große Übel erfahre, ist, daß ich ein Ich habe. Wenn ich kein Ich habe, welches Übel gibt es dann noch?"

Als die Schüler Paramhansa Yogananda fragten, ob sie niemals um irdische Güter bitten sollten, da er sie doch gelehrt habe, Gott zu bitten, Sich ihnen zu offenbaren, und nicht die Dinge des Alltags zu begehren, antwortete er: „Ihr habt natürlich das Recht, Gott um etwas zu bitten. Aber, Ihr könnt auch sagen: »Herr, Du weißt um mein Bedürfen, hilf mir nach Deinem Willen«. Wenn Ihr um die Gewährung eines Autos bittet und Euren Willen dahinter setzt, Ihr werdet es erhalten. Es mag aber sein, daß dies nicht das für Euch notwendige Ding ist. Manchmal beachtet Gott unsere kleinen Bitten nicht, weil Er Größeres mit uns vorhat. Vertraut Ihm mehr! Glaubt Ihr nicht, da er Euch erschaffen hat, daß er Euch nicht auch erhalten kann?"

Der große geistige Erneuerer Indiens, Swami Sivananda, sagt: „Laß all Dein Leben ein Gebet sein. Denn, Leben ist Dienen, Leben ist Geben, Leben ist Vergeben, Leben ist Beherrschung der Sinne, Leben ist Streben nach Vollkommenheit, Leben ist Lieben, Leben heißt, andere glücklich machen, Leben ist, seinen Besitz mit anderen teilen. Leben ist, immerdar an Gott denken und sich mit Ihm verbunden wissen, Leben heißt, mutig, rein und freundlich sein, Leben heißt gut sein und Gutes tun."

Und von Sören Kierkegaard wird gesagt: „Als sein Gebet immer andächtiger wurde, da hatte er immer weniger und weniger zu sagen. Zuletzt wurde er ganz still. Er wurde still — ja, was womöglich ein noch größerer Gegensatz zum Reden ist — er wurde ein Hörer. Er meinte erst, Beten sei Reden, er lernte aber, daß Beten nicht bloß Schweigen ist, sondern Hören. Und so ist es: Beten heißt nicht, sich selbst reden hören. Beten heißt stille werden und stille sein und harren, bis der Betende Gott hört."

Was von Kierkegaard hier geschildert wird, ist bereits der Zustand der Meditation. Gebet und Meditation sind keine unterschiedlichen Dinge. Ihr Unterschied ist lediglich ein quantitativer und ein qualitativer. Während das Gebet ein aktives, oft gewohnheitsmäßiges, kurzes Hinstreben, ein Sich-Besinnen auf Gott, ein Bitten, ein Danken, ein Stoßseufzer sein kann, ist Meditation das Verweilen bei oder in Gott, das Seligsein in Gott, das Stille-werden in Gott, die Schau Gottes.

Der Weg zur Meditation führt in der Regel über das Gebet, doch bedarf es dazu der Rede und der Worte nicht mehr, es kann in der Stille und in der Reglosigkeit geschehen. Es ist ein Zustand, in dem Mensch und Gott jeder den halben Weg zueinander gehen.

Auf dem Altarbild von Meister Berndt Notke in Lübeck, das das Wunder der Gregorsmesse darstellt, sehen wir es deutlich: Christus steigt vom Kreuz und ergießt nocheinmal sein Blut in den Kelch, der vor dem Papst Gregor auf dem Altartisch steht; hier streben der Betende und der Heiland einander zu, die große Unio mystica, wie sie allen Heiligen aller Zeiten und aller Religionen als letzte Erfüllung vorschwebt, vollzieht sich hier.

Das Gebet und die Meditation haben ihre eigenen Gebärden. Der Betende faltet die Hände, macht das Kreuzeszeichen, senkt oder hebt sein Haupt, kniet nieder, er singt oder flüstert oder spricht das Gebet. Der Meditierende verweilt in diesem Zustand, er bedarf einer Vorbereitung zur Meditation, da er nicht die Fähigkeit hat, sich aus der Unrast des Alltags in die Stille umzuschalten.

In den verschiedenen Völkern und Religionen werden verschiedene, doch ähnliche Praktiken der Meditation geübt, das Ziel ist bei allen das Gleiche — die Versenkung, das Auslöschen des kleinen Alltags-Ich und sein Einströmen in den weiten, bergenden Schoß Gottes, des Atman, des Kosmos. Es bedarf dazu der Vorbereitung. Diese ist körperlicher, seelischer und geistiger Natur. Zunächst muß der Meditierende allein sein und soll nicht abgelenkt werden. Er soll in einer bequemen, doch reglosen Körperhaltung verharren. Er soll seinen Atem beruhigen und regulieren, er soll die Tätigkeit seiner Organe harmonisieren; dazu soll er sich äußerlich und innerlich reinigen und sich mit Speisen nicht überladen.

Er muß es lernen, sich innerlich von Gedanken, Phantasiebildern, Wünschen und Begierden frei und leer zu machen. Wenn er es gelernt hat, muß er üben, die Gedanken auf einen einzigen Punkt (Ekagrata) richten zu können. Wir nennen es Konzentration; dann erst kann er seine Gedanken auf Gott oder auf andere ihm eigene Vorbilder richten und sie in sich lebendig machen.

Rabbi Israel ben Eliezar, der Baalschemtow, beschreibt das so: „Alles, was du zu tun vermögend bist, tu es mit deiner Kraft. Das ist, binde die Tat an die Kraft des Gedankens. Wie von Henoch erzählt wird, er sei ein Flickschuster gewesen und habe mit jedem Stich seiner Ahle, der das Oberleder mit der Sohle nähte, den heiligen Gott mit der einwohnenden Herrlichkeit verbunden."

Gregorius Sinaita († 1346 auf dem Athos) führte vielleicht als erster die Meditation der Reglosigkeit (Hesyché) auf dem Berge Athos ein. Der Meditierende sprach unaufhörlich das „Herzensgebet": „Herr Jesus Christus, Sohn Gottes, erbarme Dich meiner", erst flüsternd, dann still, aus dem Herzen heraus, bis es nur ein Tönen der Seele, ein Gebetsschwingen des ganzen Menschen ward.

Swami Sivananda und Paramhansa Yogananda erzählen beide eine sehr anschauliche Geschichte über das „wie" und den Weg zur Meditation: „Ein junger Schüler Krishna Chaitanya aus Omkarashrama suchte den großen Yogi Rama Acharya auf und bat ihn um Unterweisung in der Methode der Konzentration. Rama Acharya riet ihm, im Lotossitz verharrend über den Gott Krishna zu meditieren und das heilige Mantram Krishnas »Om Namo Bhagavata Vasudevaya« zu wiederholen. Krishna war enttäuscht und bat den Meister um eine leichtere Übung, da er weder den Padmasanasitz lange durchhalten noch die Worte des Mantram behalten könne. Rama riet ihm darauf, ein Bildnis Krishnas vor sich zu stellen und in Reglosigkeit seine Gestalt, seine Arme und Beine zu betrachten. Aber auch dazu war Krishna Chaitanya nicht bereit, er könne unmöglich so lange reglos sitzen, und die Betrachtung der Gestalt des Gottes Krishna würde ihn vollends verwirren. Er bat um eine leichtere Übung.

Rama Acharya riet ihm nunmehr, er solle sich setzen, wie er wolle, er möge ein Photo seines Vaters vor sich hinstellen und darüber meditieren. Krishna Chaitanya war über dieses Ansinnen entsetzt, er habe Angst vor seinem Vater und könne unmöglich über ihn meditieren, ohne noch mehr Angst zu bekommen. Der Vater sei sehr streng und schlage ihn, er zittere allein bei dem Gedanken an ihn.

Darauf fragte ihn Rama Acharya, was er, Krishna, denn am meisten liebe. Mit Entzücken erzählte Krishna, daß er zuhause eine kleine Büffelkuh habe, die sein ein und alles sei, er pflege sie und melke sie, und sie sei ganz zutraulich zu ihm. »Gut«, sagte der Meister, »dann geh in dein Zimmer, setze dich bequem hin und denke an nichts anderes als an deine geliebte Büffelkuh«.

Erfreut ging Krishna in sein Zimmer und tat, wie der Meister ihm geraten hatte. Drei Tage später suchte Acharya seinen Schüler auf. Die Tür zu seinem Zimmer war verriegelt. Er klopfte. Es kam keine Antwort und kein Laut. Er rüttelte daran und rief Krishna. Da hörte er aus dem Zimmer »Muh« laut erschallen. »Komm zu dir, Krishna«, rief der Meister. »Ich kann nicht, Meister, ich bin eine Kuh, ich habe großes Gehörn und komme nicht durch die Tür«, antwortete Krishna mit veränderter Stimme. Rama begriff, daß Krishna in der Meditation an den Büffel in tiefste Versenkung geraten war. ›Du bist kein Büffel, du bist Krishna, wache auf, mein Chela! Verändere den Gegenstand deiner Meditation und du wirst fähig sein, über Gott zu meditieren‹."

Diese kleine Geschichte versinnbildlicht wie keine andere, wie schwer und wie leicht es ist zu meditieren, und wie die Meditation zu einer Identifikation mit dem angeschauten Objekt führt.

Unio mystica — geheimnisvolle Vereinigung!

DER WEISE MENSCH - ALTCHINESISCHE LEBENSPHILOSOPHIE

I Ging — das Buch der Wandlungen

China besitzt keine Religion in unserem Sinne, es besitzt eine Philosophie, eine Lehre von dem Menschen im Kosmos und eine Lehre von seinen Verhaltungsweisen gegenüber den Mitmenschen, den Vorgesetzten, den Untergebenen, den Kreaturen, der Natur, der Erde und dem Himmel. Dieses Land kennt keinen persönlichen oder unpersönlichen Gott, es kennt eine graduelle Vergeistigung des gesamten Kosmos, ein Ineinanderwirken von Natur und Kreatur, das nicht sinnlos oder zufällig ist, das der Harmonie oder der Disharmonie der Kräfteverhältnisse entspricht.

Der Kosmos, der Himmel, die Erde, die Flora und die Fauna und der Herr der Erde, der Mensch, sind Schwingungsfelder von zwei miteinander spielenden Kräften, dem Yang und dem Yin, dem männlichen und dem weiblichen Prinzip. In jedem Ding und in jedem Sein sind immer diese beiden Kräfte in verschiedenen Größen und Kräfteverhältnissen vorhanden. Sind sie ausgewogen, herrscht Harmonie, Glück, Gesundheit. Ist ihr gegenseitiges Verhältnis gestört, kommt es zur Disharmonie, Gespanntheit, Krankheit, Unglück, Katastrophen, Kriegen, Brutalitäten.

Der höchste Sinn aller Kreatur und des Kosmos ist aber die Sehnsucht und das Streben nach Harmonie. Sie stellt das oberste zu erreichende Ziel dar. Dem Menschen, der in der Mitte zwischen Himmel und Erde eingespannt ist, ist die Vernunft und die Kraft gegeben worden, denkend, unterscheidend und handelnd sich auf diese Harmonie hin zu bewegen und zu erziehen.

Im krassen Gegensatz zu allen Psychologien und Typologien des Abendlandes, die den Menschen unter dem Aspekt der Konstitution, der Erbmasse oder der Säftelehre jeweils als ein fehlerhaftes Lebewesen ansehen, kennt die altchinesische Philosophie als einzige eine vertikale Psychologie. Sie teilt den Menschen in drei Gruppen ein: den schwachen Menschen, den begabten Menschen und den weisen Menschen.

Der schwache Mensch ist der, dem es nicht gegeben ist, Herr über sich selbst zu sein; er ist schwach in seinen Gedanken, in seiner Kritik und in der Beherrschung des Willens, er ist Spielball seiner eigenen Triebe und Süchte, er besitzt nicht die Fähigkeit, sich selbst und das Leben zu meistern, er wird von Wünschen, Lüsten, Launen getrieben, ihm fehlt die Gestaltungskraft. Er formt nicht sein Leben, es formt ihn. Er ist den Zufällen unterworfen. Er zerbricht am Schicksal, er unterliegt Versuchungen, er weicht vom geraden Weg ab, er sucht Ausflüchte und gelangt auf schiefe Ebenen. Es ist das Bild von dem „Jedermann", der, schlecht und recht erzogen, in diesem Dasein dahintreibt ohne inneres Ziel, ohne Vorbild.

Der begabte Mensch ist jener, dem der Himmel die Gaben der Intelligenz, der Kritik, der Antriebe, des Willens geschenkt hat und der die Gestaltungsfähigkeit besitzt. Er kann sich kraft seiner Gaben nach der einen und nach der anderen Seite hin entwickeln. Läßt er sich gehen, so benimmt er sich wie der schwache Mensch und gerät unter die Räder des Schicksals. Nutzt er die Gaben mit dem Ziel einer bewußten Lebensgestaltung, so kann er den Weg des weisen Menschen gehen. Von den „Armen im Geiste" kann diese Ausrichtung nicht verlangt werden, dem Begabten ist das Unterscheidungsvermögen gegeben, und er wird gefragt: „Was hast du mit dem Pfund, das man dir gab, gemacht?"

Der weise Mensch ist das Idealbild nicht nur Chinas, sondern des gesamten Ostens. Er wird in Japan in dem Zen-Meister, in Indien in dem Yogi, dem Sadhu, dem Swami, in Rußland in dem Starez verkörpert. Im Westen lebte dieser Begriff in dem weisen, beruhigten Greis, in dem Verband der Ältesten, dem Senat. Doch haben wir uns in der Extraprojektion unseres Lebens von diesem Idealbild recht weit entfernt. Graf Karlfried von Dürckheim fragte einmal einen Japaner: „Was halten Sie für das wertvollste Element in Ihrem Volke?" Ohne sich zu besinnen, antwortete der Japaner: „Unsere alten Leute". Eine solche Antwort wäre seit fast hundert Jahren in unserem gesamten Abendlande unmöglich.

Der weise Mensch ist das letzte und höchste Ziel des Menschen; es ist der Mensch, der über sich selbst, über seine eigene Physis und über seine Psyche, über das kleine Ich zu dem größeren kosmischen Ich hinausgewachsen ist, er ist überindividuell geworden, er ist allgemein, er repräsentiert in höchster Form das Menschengeschlecht. In seiner Weisheit ist er bereits Herr über das Schicksal, denn was kann ihm Freude, Besitz, Krankheit, Tod anhaben, wenn er in vollkommenster Harmonie mit dem Universum ist?

So ist in dieser Psychologie eine progressive Menschheitsentwicklung eingeschlossen, vom dumpfen, triebhaften Menschen über den begabten Menschen zum beruhigten, harmonisierten, beherrschten, weisen Menschen. Und jeder Lebende weiß um diese Vollendung, der er zuzustreben hat, von der er erhofft, daß er selbst sich zu ihr hinentwickeln wird.

Dieses Vorbild lebt in Millionen von Menschen und es erfüllt sie mit tiefster Ehrfurcht vor dem Weisen. Keine Heldentat, kein politischer oder technischer oder wissenschaftlicher Erfolg wiegt die Heiligung eines Weisen auf.

Tausende von Menschen wallfahrteten in Rußland zu den Klöstern, um die Starzen nur zu sehen und ihren Segen zu erhalten. Als man in Moskau erfuhr, daß Graf Leo Tolstoi, der von der orthodoxen Kirche exkommuniziert wurde, in die Stadt kam, sammelte sich eine hunderttausend Köpfe zählende Menge, um ihm ihre Liebe und Ehrfurcht darzubringen.

Die Yogis Ramakrishna, Sri Aurobindo, Sri Ramana Maharaj, Paramhansa Yogananda und Sri Swami Sivananda Maharaj werden in ihren Ländern mit „Eure Heiligkeit“ angeredet und wie Könige verehrt, sie sind effektiv die höchsten Persönlichkeiten im Lande. Als Sri Swami Sivananda 1950 eine Reise durch Indien unternahm, strömte die gesamte Bevölkerung der Städte und Dörfer ihm zu, um ihrem Weisen, ihrem Heiligen Liebe und Verehrung zu zollen.

Bei uns im Westen erfreuen sich höchstens die Filmstars, die Fußballer und einige demagogische Politiker solcher Ovationen. Fragt man nach einem großen Weisen, so wird Doktor Albert Schweitzer genannt, dann kommt man bereits ins Stottern, weil einem niemand mehr einfällt.

Meister Yüan-Kuang aus dem „torelosen Kloster“ in West-China, sagte: „Die Kraft des höheren Menschen besteht in der Kenntnis von den lebendigen Einströmungen, die die Welt durchziehen und die aus den geheimen Strahlungszentren hervorbrechen.“

Der Chinese spricht von dem „natürlichen Weg des Lebens“ als dem Weg des Himmels. Die Erforschung dieses geistigen Weges bedeutet Erfahrung der inneren Schicksalszusammenhänge und Begreifen des Zusammenspiels der Yang- und Yin-Kräfte. Diese Erfahrung, die dem weisen Menschen eigen ist, beruht auf meditativer Beobachtung. Durch diese versenkende Betrachtung kann sich der Mensch aus der Zufallsverquickung der Yang-Yin-Verwicklungen befreien.

Die Weisheit des ältesten Buchs der Welt, der I Ging lehrt, daß alles vergänglich ist außer dem Geist. Allem Streben nach Besitz, nach Macht, nach Geltung folgt der Abstieg, der Verfall; das Einzige, das Ewigkeitswert hat, ist der Geist, ist die Harmonie, der der weise Mensch zustrebt.

Wenn der Chinese von dem „vernunftgemäßen Weg des Menschen" oder der Dinge spricht, so meint er damit das zwangsläufige Ergebnis aus Charakter, Konstitution, Umwelt, Haltung, Verhalten und Handlungen, die im Enderfolg die Schicksalslinie des Daseins des Einzelnen ausmachen.

Die klare und geradlinige Weisheit des I Ging hat alle Jahrtausende, politische Wirren, Dynastienwechsel, Weltanschauungen überdauert. Die beiden größten Philosophen Chinas, K'ung-Fu-Tse und Lao-Tse, wurden durch dieses Buch angeregt. Heute ist es weit über die Grenzen Chinas bekannt.

Von Fu-Hsi, dem ältesten Weisen Chinas, dem legendären Begründer des I Ging Spiels mit den 50 Stäbchen und den 64 Schicksalsdeutungen, wird erzählt: „Als in alter Zeit die Leistung von allem, was unter dem Himmel ist, zwischen den Händen von Fu-Hsi lag, betrachtete er, da er seine Augen emporhob, die leuchtenden Figuren am Himmel; da er sein Haupt senkte, betrachtete er die auf der Erde gebildeten Zeichen. Er bemerkte die Züge, die die Vögel und die Tiere und die Unregelmäßigkeiten des Bodens schmückten. In sich entdeckte er Dinge der Betrachtung wert, und außer seiner selbst fand er sie gleicherweise. Damit schuf er die acht Figuren mit drei Zügen, die die verborgenen Werke der Natur entschleiern und die Tausende von erschaffenen Wesen ordnen."

Das I Ging Spiel selbst ist ein meditatives Spiel, immer und immer wieder werden in vollstem Schweigen die Stäbchen abgezählt und ausgesondert und die mathematisch errechneten acht Figuren, die eines von den 64 Kua bilden, aufgezeichnet. Die Deutung selbst umfaßt die ganze Persönlichkeit, den Typus, das Schicksal. Sie schreibt nichts vor, es ist keine Prädestination, sie zeichnet mit verschwimmenden Pinselzügen ein durchsichtiges Bild, den Tuschemalereien der taoistischen Gesinnung ähnlich. Dem Menschen begegnen diese oder jene Ereignisse. Je nach dem, ob er ein schwacher, ein begabter, ein weiser Mensch ist, wird er auf diese Begegnungen verschieden reagieren und so durch die Eigenart seiner Persönlichkeit sein eigenes Schicksal formen. Vergleicht man die Deutungen der 64 Kua des I Ging mit den psychologischen Deutungen unserer Zeit und unserer verschiedenen psychologischen Schulen, so fällt auf, mit wieviel mehr Weisheit, Toleranz, Güte und Beobachtungsschärfe der alte Chinese den Menschen und sein Hineingespanntsein in die Kräfte des Schicksals erfaßte.

K'ung-Fu-Tse und seine Lehre

China wie Indien sind Länder, in denen durch alle Zeiten hindurch religiöse Toleranz herrschte. Es gab keine Verfolgung Andersgläubiger, keine Hexenverbrennungen, keine Religionskriege.

China kannte auch keine Religionsstifter; seine größten Lehrer, K'ung-Fu-Tse, Lao-Tse und Buddha, bezeichneten sich als Lehrer und nicht als Religionsstifter. Sie waren die Personifikationen des weisen Menschen.

K'ung-Fu-Tse und Lao-Tse, beide Chinesen und Zeitgenossen, kannten keinen persönlichen Gott und wußten nichts von einem Leben nach dem Tode. Sie wußten den Menschen und alle Kreatur eingespannt in das Schwingungsfeld zwischen den dualistischen Yin- und Yang-Kräften. Der Weg des Menschen war vorgezeichnet in der Entwicklung zum Weisen, Beruhigten, Gütigen, Heiteren, Harmonischen.

Die Lehren des K'ung-Fu-Tse sind später in der Buchsammlung Lun-Yü (Gespräche) zusammengetragen worden. Seine Bemühungen gehen dahin, den Menschen in die Ordnungen des Kosmos einzufügen. Die Ordnung beginnt im eigenen Inneren, Ordnung in den Gewohnheiten, in Benehmen und Verhaltensweisen, in Ausdruck und Sprache, in der Benutzung der Speisen, in der Beherrschung der Triebe und Gelüste und in der Regelung der zwischenmenschlichen Beziehungen, Verehrung der verstorbenen Ahnen, der Eltern, der älteren Geschwister, die gegenseitige höchste Verehrung der Menschen, Selbstbeherrschung und Freundlichkeit, immer den anderen mehr respektieren und gelten lassen als sich selbst. Solche Gesinnung schafft eine harmonische Gesellschaft, vermeidet neurotische Störungen des Selbstgefühls und läßt die Menschen fröhlich

Kuan Yin
Göttin der Barmherzigkeit

und heiter sein. Eine Atmosphäre des Wohlbefindens breitet sich über der Menschheit aus.

Seine Gespräche, die 2500 Jahre alt sind, haben heute noch nichts an psychologischer Aktualität verloren.

Der Meister sagte: „Wer nur grobe Nahrung, Wasser zum Trinken und einen gebeugten Arm als Kissen braucht, wird das Glück finden, ohne weiter danach zu suchen. Jeder Gedanke, Reichtum und Stellung durch Mittel zu erlangen, von denen ich weiß, daß sie unrecht sind, ist so fern von mir wie die Wolken, die da oben ziehen."

„Wenn ich aus 300 Liedern einen Satz auswählen sollte, um meine ganze Lehre zusammenzufassen, würde ich sagen: »Laß nichts Böses in deinen Gedanken sein«."

Der Meister sagte: „Achtet die Jungen! Wie wollt Ihr wissen, ob sie nicht eines Tages alles sein werden, was Ihr jetzt seid?"

Tse-Chiang fragte, wie man mit den Menschen am besten weiterkäme. Der Meister sagte: „Sei zuverlässig und stehe zu jedem deiner Worte; sei ernst und sorgfältig mit allem, was du tust. Dann wirst du immer gut weiterkommen, auch wenn du unter Barbaren leben müßtest."

Der Meister sagte: „Der Weise freut sich am Wasser, der Gütige an den Bergen. Denn der Weise bewegt sich, der Gütige aber steht fest. Die Weisen sind glücklich, aber die Gütigen sind sicher."

Die Essenz seiner Lehre faßt er in diesen Worten zusammen: „Die Alten ordneten, um das Reich zu befrieden, zuerst ihr eigenes Land. Um ihr Land zu ordnen, schufen sie Ordnung in ihren eigenen Familien. Um Ordnung in ihren eigenen Familien zu schaffen, bildeten sie ihr eigenes Selbst. Um ihr eigenes Selbst zu bilden, reinigten sie zuerst ihr eigenes Herz. Um ihr eigenes Herz zu reinigen, suchten sie lauter in ihren Gedanken zu werden. Um lauter zu sein in ihren Gedanken, strebten sie nach äußerster Erkenntnis. Um die äußerste Erkenntnis zu erlangen, erforschten sie die Dinge. Dadurch, daß sie die Dinge erforschten, wurde ihre Erkenntnis vollkommen, wurden ihre Gedanken lauter, ihre Herzen rein. Weil ihre Herzen rein waren, war ihr Selbst gesittet, waren ihre Familien geordnet, ihre Länder gerecht regiert und das Reich wurde ruhig und glücklich.

Vom Herrscher hinab bis zum niederen Volke muß jeder darauf bedacht sein, sein Selbst zu bilden, denn das ist die Wurzel aller Dinge."

Lao-Tse und sein Tao-Te-Ching

Während K'ung-Fu-Tse ein Lehrer des Volkes war und die Großen und die Niederen des Volkes unterwies, sich angemessen zu verhalten, um glückliche Menschen, glückliche Familien und gerechte Regierungen zu schaffen, war sein Zeitgenosse Lao-Tse ein abstrakter Philosoph. Auch seine Lehre fußt auf den Weisheiten des I Ging, doch geht er den anderen Weg, den Weg des Geistes. Mensch, Himmel und Erde bilden eine kosmische Einheit, sie durchdringen einander. Der Weg zur geistigen Durchdringung und Erfüllung TAO (der Weg) muß vom Menschen gegangen werden. Materie und Geist zerfließen in das große All, Materie wird entmaterialisiert und Geist wird Wirklichkeit. Lao-Tse lehrt in Paradoxen, die dem Chinesen gut verständlich sind. Viele seiner Lehren ähneln den Lehren und Praktiken der hinduistischen und buddhistischen Yoga. Innere Entleerung, Ruhe, Reglosigkeit, Konzentration, Meditation, Auflösung des kleinen Ich sind seine Forderungen. Immer wieder weist Lao-Tse auf die Notwendigkeit hin, sich leer zu machen:

Dreißig Speichen treffen die Nabe,
Die Leere dazwischen macht das Rad.
Lehm formt der Töpfer zu Gefäßen,
Die Leere darinnen macht das Gefäß.
Fenster und Türen bricht man in die Mauern,
Die Leere damitten macht die Behausung.
Das Sichtbare bildet die Form eines Werkes,
Das nicht Sichtbare macht seinen Wert aus.

Oder:

Besser ein Gefäß ungefüllt lassen,
Als füllen und mit beiden Händen tragen.
Besser ein Schwert nicht schleifen,
Als schleifen und sich der Schärfe rühmen.
Besser das Haus ohne Schätze,
Als Schätze und auf der Hut sein müssen.
Fülle und Vorteile verleiten zu Äußerlichkeiten.
Äußerlichkeit leitet ab vom Wesen.
Ist das Werk geäußert, sich ihm entäußern —
Also der Erwachte.

„Der Reisende in die Ferne hängt von den äußeren Dingen ab; der Reisende ins Innere findet alles, was er sucht, in sich selbst.

Dies ist die höchste Form des Reisens; armselig aber ist jene, die von den äußeren Dingen abhängt."

Der Taoismus des Lao-Tse und seines Schülers Dschuang-Tse hat in China eine große geistige, magisch-mystische, meditative Bewegung entfacht. Er beeinflußte im stärksten Maße die Kunst. Die taoistische Tusche- und Lackmalerei ist nicht so sehr Kunsthandwerk als eine geistige Meditation mit dem Pinsel auf Reispapier oder auf Seide, eine an die Technik der östlichen Ikonen erinnernde Meditation auf Holz und Farbe. Die Hand zeichnet wie von selbst, die sparsamsten Striche und verschwimmenden Tuscheflecken geben die vollständigste Impression und die geistige Essenz, die Seele eines Dings wieder. Diese Kunst wie auch die Verrichtungen des Alltags werden nicht mehr nur Handlungen oder Zweckbedingtheiten, sie werden Werkzeuge der Meditation.

„Ruhe, Ergebung, Leere, Nichthaben, Untätigkeit — sie bilden das Gleichgewicht von Himmel und Erde und sind das wahre Wesen des rechten Wegs und seiner Macht. Der Weise ruht darin, und weil er darin ruht, lebt er in Frieden. Und weil er in Frieden lebt, ist er ruhig."

Dschuang-Tse erzählt uns eine echt taoistische Geschichte, die jedem Handelnden zum Beispiel gereichen sollte: „König Hui von Wei hatte einen Koch namens Ting. Als dieser Koch Ting einen Ochsen für den König zerlegte, war, während er schnell und leicht das Messer führte, jede Bewegung der Hand, jede Neigung der Schulter, jeder Schritt, den er tat, jeder Druck seines Knies so sorgfältig bemessen wie die Bewegungen eines Tänzers im »Maulbeerbaumwald«.

»Wunderbar«, sagte der König, »nie hätte ich geglaubt, daß die Kunst des Zerlegens einen so hohen Grad erreichen könnte.« »Ich liebe das Tao«, erwiderte Ting und legte sein Messer nieder. »Mir ist es gelungen, es auf die Kunst des Zerlegens anzuwenden. Als ich zuerst mit dem Schneiden begann, richtete ich meinen Blick auf das Tier vor mir. Nach drei Jahren erblickte ich es nicht mehr als einen vollständigen Ochsen, sondern sah es bereits in Teile zerlegt. Heute nehme ich es nicht mehr mit den Augen wahr, sondern nur noch mit der Seele. Meine Sinnesorgane befinden sich im Zustand der Schwebe, doch meine Seele ist am Werk. Ohne zu irren folgt mein Messer den natürlichen Nähten, schlüpft in die natürlichen Falten und findet seinen Weg in die natürlichen Höhlen. Da ich also meine Tätigkeit dem Gefüge anpasse, mit dem ich umgehe, bin ich soweit gekommen, daß mein Messer niemals das kleinste Band oder die geringste Sehne berührt, von dem Hauptknorpel ganz zu schweigen.

Ein guter Koch wechselt sein Messer einmal im Jahr, da es in dieser Zeit schartig geworden ist. Ein gewöhnlicher Koch wechselt es einmal im Monat, da es in dieser Zeit abgebrochen ist. Ich habe dieses Messer hier neunzehn Jahre in Gebrauch und während dieser Zeit zerlegte ich mehrere tausend Ochsen damit. Aber die Klinge sieht heute noch so aus, als sei sie soeben aus der Form gekommen. Wo ein Teil auf den anderen trifft, gibt es immer einen Zwischenraum, eine Messerklinge jedoch hat keine Dicke. Wenn man ein Instrument, das keine Dicke hat, in ein Gefüge einführt, das Zwischenräume besitzt, so muß es genügend Platz haben. Daher kann ich eine Klinge neunzehn Jahre benutzen, und doch sieht sie so aus, als käme sie neu aus der Form des Gießers.

Man braucht jedoch nur einem gewöhnlichen Koch zuzusehen, um festzustellen, wie schwierig er seine Aufgabe findet. Man bemerkt die Nervosität bei seinen Vorbereitungen, das lange Abschätzen, die langsamen Bewegungen. Dann, nach einigen kleinen peinlich abgezirkelten Messerschnitten, durch die er bloß ein paar vereinzelte Teilchen des Ganzen lostrennt — und auch das nur unter fortgesetztem Drehen und Wenden, als ob sich ein Wurm durch die Erde bohrte —, tritt er zurück, und mit dem Messer in der Hand blickt er hilflos auf und ab, und nachdem er eine lange Zeit so zugebracht hat, verflucht er schließlich das ausgezeichnete Messer und legt es zurück in sein Fach.« »Das lob ich mir«, sprach der König von Wei. »Diese Unterhaltung mit meinem Koch Ting hat mir gezeigt, wie die vitalen Kräfte eines Menschen bewahrt werden können«."

Im Zen-Buddhismus und im Chassidismus werden wir denselben Erlebnissen und Künsten begegnen. Der wahre Künstler ist der, der mit dem Gegenstand seiner Kunst, seines Handwerks, seines Wissens eins wird, so, daß es zwischen ihm und dem Objekt seines Tuns keine Trennung mehr gibt. Mit den Worten des Angelus Silesius ausgedrückt:

> Halt an, wo läufst du hin? Der Himmel ist in dir.
> Suchst du Gott anderswo, du fehlst ihn für und für.

Der weise und mit den Dingen seiner Welt sich eins fühlende Mensch geht nach innen, er bedarf der Bestätigung von Außen nicht mehr. So sagt Lao-Tse:

Auf Zehen erheben, kein Stehen.
Auf Stelzen schreiten, kein Gehen.
Wer da scheinen will, erleuchtet nicht.
Wer was sein will, unterscheidet sich nicht.
Wer sich rühmt, verdunkelt sich.
Wer sich liebt, entgleitet sich.
Ihn meidet Durchdrängung.
Er ist gleich wie ein faulender Speiserest,
Wie ein unnützer Auswuchs.
Nicht so der Durchdrängte.

Und an anderer Stelle:

Der Nachgiebige überwindet das Starre.
Das Nichtsichtbare durchdringt das Sichtbare.
So wird das Tätige des Nichttuns ersichtlich.
Aussagen ohne Worte, Auswirken ohne Tun;
Wenigen gelingt es.

Und zum Schluß das höchste Maß der Verinnerlichung des Außen:

Ohne hinauszugehen, kann man draußen sein.
Ohne hinauszusehen, kann man schauen.
Weit hinausgehen, verhindert eingehen.
Je näher man der Welt ist, desto weniger sieht man von ihr.
Also der Erwachte:
Er erfährt Fernstes, ohne zu wandern.
Er erkennt, ohne zu kennen.
Er vollendet, ohne zu handeln.

BUDDHISMUS
SATIPATTHANA - PFAD DER ACHTSAMKEIT

Die Lehre Gautama Buddhas (zwischen 560 und 480 vor Chr.) stellt die toleranteste und sanfteste religiöse Lehre der Welt dar. Die Gemeinschaften und Völker, die sie befolgen, entwickeln höchste sittliche Kultur, haben die verfeinertsten zwischenmenschlichen Beziehungen und weisen eine auffallend geringe Kriminalität auf. Die Menschen sind still, duldsam, freundlich, hilfsbereit, geduldig.

Man spricht zwar vom Buddhismus als einer Religion. Buddha selbst betrachtete sich ebensowenig wie K'ung-Fu-Tse oder Lao-Tse als Religionsstifter. Er wollte nichts anderes sein als ein Lehrer, ja mehr noch, der Lehrer einer kleinen Elite, eines Mönchsordens, von der er die größte Selbstbeherrschung und Selbstentsagung mit dem Ziel einer höchsten Vergeistigung forderte. Nicht unähnlich dem größten Heiligen des Christentums, dem Heiligen Franziskus, forderte er Besitzlosigkeit, Demut, Wandern, Lehren und Betteln, um den Stolz und die Triebe des Besitzens zu brechen.

Seine oberste Forderung ist die Pflege der vier himmlischen Haltungen: der grenzenlosen Freundlichkeit, des grenzenlosen Mitleidens, der grenzenlosen Mitfreude und des grenzenlosen Gleichmuts.

Sinn der Lehre ist, den Menschen aus seiner karmischen Verquikkung, aus der Bindung an das Schicksal und an das Leid zu befreien. Diese Befreiung kann nur durch das lebendige Bewußtsein, durch bewußte Zielsetzung, durch unermüdliche Selbsterziehung, durch Gewaltlosigkeit, Gleichmut und durch Meditation erreicht werden.

„Jede Lehre, von der du dir sagen kannst, daß sie zu Leidenschaftlosigkeit führt und nicht zu Leidenschaft; zu Unabhängigkeit und nicht zu Bindung; zu Verminderung weltlichen Gewinns und nicht zu seiner Vermehrung; zu Einfachheit und nicht zu Habgier; zu Zufriedenheit und nicht zu Unzufriedenheit; zu Einsamkeit und nicht zu Geselligkeit; zu Leistung und nicht zu Schlaffheit; zu Freude am Guten und nicht zu Freude am Bösen — von solcher Lehre kannst du mit Bestimmtheit sagen: Das ist die Regel! Das ist die Lehre! Das ist des Meisters Botschaft!"

Leiden wird als die erdhafte, und die haftende, den Menschen an das Karma bindende Kraft angesehen. Die Befreiung von der Leidverhaftetheit führt zur Geistigkeit und zum Nirvana, dem Zustand des Nicht-Seins oder des höchsten Seins, zum Auslöschen der kleinen Persönlichkeit und seiner Verwandlung in das kosmische Selbst. „Atman — nicht Selbst", ist das Ziel.

Buddha formuliert den Ursprung des Leidens und seine Überwindung folgendermaßen:

„1. Was ist das Leiden? Die Geburt ist Leiden, das Alter auch, die Krankheit auch, der Tod auch. Auch das Verbundensein mit Nichtliebem und das Getrenntsein von Liebem ist Leiden. Und, daß man wünscht und trachtet und nicht erlangt, auch das ist Leiden. In Summa: die fünf Verzweigungen des Aufklammerns an das Irdische sind Leiden. Dies ist das Leiden.

2. Was ist die Entstehung des Leidens? Es ist jener Durst, der von Wiedergeburt zu Wiedergeburt führende, von Freude und Leidenschaft begleitete, hier und dort seine Freude findende (der Durst nach Lust, der Durst nach Werden, der Durst nach Aufhören des Werdens). Dies ist die Entstehung des Leidens.

3. Was ist die Aufhebung des Leidens? Es ist eben jenes Durstes, des von Wiedergeburt zu Wiedergeburt führenden, von Freude und Leidenschaft begleiteten, hier und dort seine Freude findenden, des in der Geburt hervortretenden und beim Tode zurückkehrenden, restlose Unterdrückung und Aufhebung. Dies ist die Aufhebung des Leidens.

4. Welches ist der zur Aufhebung des Leidens führende Weg? Es ist dieser heilige achtteilige Pfad, der da heißt: rechtes Glauben, rechtes Denken, rechtes Reden, rechtes Handeln, rechtes Leben, rechtes Streben, rechtes Gedenken, rechtes Sichversenken."

Systematische Meditation über diese vier Wahrheiten steht im Mittelpunkt der Aufgabe des Buddhisten. Sein ganzes Sein ist durchdrungen von dieser Aufgabe.

Die Grundhaltung des gezielten Daseins ist „Ahimsa" — nicht Töten, nicht Gewaltanwenden. Alles Lebendige ist einander verwandt und läuft im Rad der Inkarnationen von einem Sein zu dem nächst Höheren; alles ist ewig, alles verwandelt sich, und jede

Buddha Amida

gute oder böse Tat und Gedanke zieht wie ein roter Faden durch die Kette der Inkarnationen.

Im Udâna sagt Buddha: „Meine Gedanken sind nach allen Richtungen durch die Welt gewandert. Nie habe ich etwas getroffen, das jemandem lieber war als sein eigenes Selbst. Da dem anderen, jedem für sich selbst, sein Selbst lieb ist, sollte der, der seinen eigenen Vorteil sucht, einem anderen kein Böses antun."

Der Mensch, das Tier, das Insekt sind Spiegelungen deines Selbst; alles Gute und alles Böse, das du einem von ihnen antust, tust du dir selbst an; du bindest dein Karma an das ihre und wirst verpflichtet, es durch das Leben oder durch andere Daseinsformen durchzutragen, bis du es getilgt hast.

Freisein von Selbstsucht und Geltungsdrang führt zu Freiheit von Angst. Es wird erzählt, daß Purna, ein Schüler Buddhas, ihn bat, nach Sronaparanta, einer unwirtlichen Gegend gehen zu dürfen, um dort die Lehre zu verbreiten. Es entwickelte sich zwischen ihm und Buddha folgendes Gespräch:

„Buddha: »Die Leute von Sronaparanta sind wild, gewalttätig und grausam. Es liegt in ihrem Charakter, sich gegenseitig zu beschimpfen, zu verleumden und andere Menschen zu belästigen. Wenn sie dich mit bösen, groben und unwahren Worten beschimpfen, verleumden und belästigen, was würdest du denken?«

Purna: »In diesem Falle würde ich denken, daß die Leute von Sronaparanta in Wahrheit gute und freundliche Menschen seien, da sie mich nicht schlagen noch mit Steinen werfen.«

Buddha: »Wenn sie dich aber schlagen oder mit Steinen werfen, was würdest du denken?«

Purna: »In diesem Falle würde ich denken, daß sie gute und freundliche Menschen seien, da sie mir nicht mit einem Knotenstock oder einer Waffe zu Leibe gehen.«

Buddha: »Wenn sie dir aber mit einem Knotenstock oder einer Waffe zu Leibe gehen, was würdest du denken?«

Purna: »In diesem Falle würde ich denken, daß sie gute und freundliche Menschen seien, da sie mir nicht das Leben nehmen.«

Buddha: »Wenn sie dich aber töten, Purna, was würdest du denken?«

Purna: »In diesem Falle würde ich immer noch denken, daß sie gute und freundliche Menschen seien, da sie mich ohne große Umstände aus diesem verdorbenen Leichnam von einem Körper befreien. Ich weiß, es gibt Mönche, die sich des Körpers schämen, betrübt und angeekelt von ihm sind und sich selbst mit einer Waffe umbringen, Gift nehmen, sich aufhängen, oder sich von einem Felsen in die Tiefe stürzen.«

Buddha: »Purna, du bist begabt mit der größten Sanftheit und der größten Langmut. Du kannst in diesem Lande der Sronaparantas leben und bleiben. Geh hin und lehre sie, frei zu sein, wie du selbst frei bist.«

Die buddhistische Schule der Meditation erfaßt den Körper und die Seele, es ist die vollendetste und psychologischste Übung zur Selbstverwirklichung. Nur in der gesamten Durchdringung liegt das Heil. „Ich erkläre dir, daß innerhalb dieses sterblichen, nur 6 Fuß langen Körpers die Welt liegt, ihr Ursprung und ihr Ende wie auch der Pfad, der zu ihrem Ende führt", sagt Buddha.

Der Weg der Meditation führt über Reinigung des Körpers von außen und innen, Stille, Reglosigkeit, Sitzstellungen, Atmung, Beruhigung der inneren Organe, Entleerung der seelischen Inhalte, inneres Stillewerden, Nicht-Denken, Wiederholung heiliger Worte oder Silben als Weg zur Entleerung und Weg zur Konzentration auf einen Punkt oder einen Gedanken, das unabgewandte Betrachten eines Punktes auf weißem Grund oder eines Bildes oder einer Zeichnung. Und schließlich, das Endziel aller Meditation, die Versenkung, die innere Schau, die Unio mystica, das Erlebnis des Einsseins mit Gott, mit dem Kosmos, das Samadhi des Inders, das Satori des Japaners.

Entsprechend seiner bis ins letzte vergeistigten Haltung lehrt Buddha die Meditation aus der Sphäre des Geistes; der Geist ist es, der auch die körperlichen Funktionen regiert.

Um diese Lehren zu veranschaulichen, gebe ich einige Abschnitte aus Buddhas Lehre über die Meditation, aus dem Pfad der Achtsamkeit, dem Satipatthâna, wieder.

„Sariputta, der Jünger, fragte Buddha: »Man spricht, o Herr, von ‚großen Menschen' (Maha purisa). Inwiefern nun, o Herr, ist man ein großer Mensch?«

»Mit befreitem Geist, sage ich, o Sariputta, ist man ein großer Mensch; mit unbefreitem Geist, sage ich, ist man kein großer Mensch. Wie nun, o Sariputta, ist der Geist befreit?

Da weilt, o Sariputta, der Mönch beim Körper in Betrachtung des Körpers, eifrig, wissensklar und achtsam, nach Überwindung von Begierde und Trübsal hinsichtlich der Welt. Ihm, der beim Körper in Betrachtung des Körpers weilt, wird der Geist ohne

Anhaften von den Trieben entsüchtet und befreit. Er weilt bei den Gefühlen in Betrachtung der Gefühle, — beim Geist in Betrachtung des Geistes, — bei den Geistobjekten in Betrachtung der Geistobjekte, eifrig, wissensklar und achtsam.

So, o Sariputta, ist der Geist befreit! Mit befreitem Geist, sage ich, ist man ein großer Mensch; mit unbefreitem Geist, sage ich, ist man kein großer Mensch.«"

Die Übung des reinen Beobachtens: Der Mensch solle die Gegenstände und Lebewesen mit seinen Sinnen wahrnehmen, ohne Eigenes aus seinem Gefühlsleben, aus Haß oder Neid, oder Liebe, oder Verdruß hinzuzufügen, er soll leidenschaftslos und unvoreingenommen, ohne jedes Vorurteil beobachten und das Beobachtete in seinem Gedächtnis festhalten. Das führt zu einer objektiven Wahrnehmung der Dinge und Geschehnisse. Reines Beobachten säubert, klärt und stärkt das Fundament der Erkenntnis, Meditation und Sittlichkeit. Dieses Beobachten schafft ein reines, unverfälschtes Erlebnis des Objekts. Es gehört eine konsequente und unabwendbare Übung dazu, sich beim Beobachten frei zu machen von Gefühlen und Affekten.

Buddha verlangt auch, daß wir die Erlebnisse, die uns durch die verschiedenen Sinnesorgane vermittelt werden, genau unterscheiden. Zu seinem Schüler Bahiýa sagt er: „Das Gesehene soll lediglich ein Gesehenes sein, das Gehörte lediglich ein Gehörtes, das durch die drei anderen Körpersinne Empfundene nur ein Empfundenes, das Erkannte lediglich ein Erkanntes."

„Nur von der Achtsamkeit genau geprüfte Dinge erkennt die Weisheit, nicht aber Verworrene."

Nyanapônika, ein gegenwärtiger Schüler Buddhas, sagt: „Das reine Beobachten läßt die Dinge zunächst selber sprechen; es erlaubt ihnen, sich gleichsam auszusprechen. Es läßt sie ausreden, ohne sie durch ein voreiliges abschließendes Urteil zu unterbrechen, wenn sie noch so vieles zu sagen haben. Weil das reine Beobachten die Dinge immer wieder neu sieht, ohne die nivellierende Wirkung gewohnheitsmäßiger Urteile, deshalb werden die Dinge auch häufiger Neues zu sagen haben. Das geduldige Innehalten beim reinen Beobachten eröffnet manchmal gleichsam mühelos tiefe Einblicke und erschließt verborgene Beziehungen, die sich dem ungeduldigen Zerren eines allzu aggressiven Intellekts versagen. Das entweder vorschnelle oder gewohnheitsmäßige Bewerten oder Behandeln der Dinge versperrt oft wichtige Erkenntnisquellen.

Diese einfache Methode des reinen Beobachtens wird uns ebenso überraschende wie hilfreiche Information über uns selber geben; über den Mechanismus unserer Gefühle und Leidenschaften, die Zuverlässigkeit unserer Denkfunktionen, über unsere wahren oder vorgeschobenen Motive und Vorurteile.

Dieser Dienst des reinen Beobachtens deckt sich mit der Haltung des Forschers und Wissenschaftlers: klare Bestimmung des Gegenstandes und der Begriffe, Ausschaltung oder doch Reduzierung des subjektiven Faktors, wache Aufnahmebereitschaft für die aus den Dingen selber kommende Belehrung, Zurückstellung des eigenen Urteils bis nach sorgfältiger und allseitiger Prüfung.

Ein großer Teil des Leidens in der Welt entsteht nicht so sehr durch bewußte Schlechtigkeit als durch Unachtsamkeit, Unüberlegtheit, Voreiligkeit und Unbeherrschtheit. Ein einziger Moment der Besinnung würde oft genügen, um eine weitreichende Verkettung von Unheil und Schuld zu verhindern.

Das Innehalten, an das man sich durch die Haltung des reinen Beobachtens gewöhnt, ermöglicht es nun, eben jenen entscheidenden Moment zu erfassen und gleichsam festzuhalten, wo der Geist noch formbar ist, sich noch nicht festgelegt hat.

Das reine Beobachten richtet sich auf die Gegenwart und lehrt, was so viele Menschen nicht mehr können: bewußt in der Gegenwart zu leben."

Weiter sagt er: „Wenn man es durchführt, sich Menschen und Geschehnissen gegenüber rein beobachtend zu verhalten, so wird man sofort empfinden, um wieviel harmonischer solche Tage verlaufen als diejenigen, in denen man der leichtesten Versuchung zum Eingreifen in Tat, Wort, Gefühl und Gedanke nachgab. So geht man mit einem wohltuenden Gefühl von Freiheit und selbstgenügsamer Heiterkeit durch solche Tage. Wenn man derart von Menschen und Erlebnissen Abstand gewinnt, wird durch solche Zurückhaltung auch die eigene Einstellung ihnen gegenüber freundlicher werden. Das reine Beobachten schult im Lassen, entwöhnt vom Greifen und Eingreifen.

Gewöhnt sich der Schüler daran, diese Übungen konsequent und täglich zu verrichten und sie allmählich auf körperliche, sprachliche und geistige Tätigkeiten auszudehnen, so wird das ganze Leben zur meditativen Übung. Es wird eine wachsende Unabhängigkeit hinsichtlich des Erfolgs oder Mißerfolgs, des Lobs oder Tadels erzielt."

Meditation über das Körpergeschehen: Im Gegensatz zu den minutiös ausgearbeiteten Hatha Yoga Übungen der Inder mit ihren 84 Körperhaltungen (Asana) und den oft recht komplizierten Atemübungen (Pranayama) lehrt Buddha, daß auch die körperlichen Funktionen allein auf dem Wege der Beobachtung beruhigt und harmonisiert werden. Der Atem wird lediglich ruhig beobachtet, mit einer wohl festen und stetigen, aber doch gleichsam schwingenden Achtsamkeit, ohne Anstrengung und Verkrampfung. Aus diesem regelmäßigen und ruhigen Beobachten allein wird sich selbsttätig ein größeres Gleichmaß und eine Vertiefung der Atmung ergeben. Aus der Beruhigung und Vertiefung des Atem-Rhythmus aber wird eine beträchtliche Beruhigung und Vertiefung des gesamten Lebensrhythmus folgen. Die Atmungsachtsamkeit dient also zunächst der körperlichen und geistigen Beruhigung. Sie ist ferner ein einfaches Mittel zur Erreichung der Konzentration.

Der Achtende soll aber auch auf die Vorgänge seiner Bewegung, des Gehens, Stehens, Ruhens, Liegens sich konzentrieren. Diese Achtsamkeit wird naturgemäß alle unsere Bewegungen und Haltungen harmonisieren und beruhigen, sie wird ihnen die Hast, das Übereilte, das Stolpernde nehmen.

Die Aufmerksamkeit auf die Körperhaltungen verhilft zu einem anfänglichen Einblick in die Unpersönlichkeit des Körpers und zu der sich daraus ergebenden Entfremdung von ihm. Man wird dabei dazu kommen, die Körperhaltungen wie die Bewegungen und Posituren einer großen Gliederpuppe zu empfinden. Gegenüber diesem Bewegungsspiel wird sich ein Gefühl der Fremdheit einstellen, in dem sich die gewohnheitsmäßige Identifizierung mit diesem Körper zu lösen beginnt.

Ebenso wie die Beobachtung der körperlichen Funktionen und Haltungen zum geistigen Bewußtwerden und zur Harmonisierung dieser Funktionen führt, lernt es der Schüler über geistige Objekte zu meditieren und reinigt sein Selbst von den kleinen Sorgen und Anfälligkeiten des Alltags, er wird ein geistiger, ein „großer Mensch".

Diese Meditation vollzieht sich zunächst in einer völligen Nachinnengekehrtheit. Der Fortgeschrittene ist dann nach längerer Übung fähig, überall und bei jeder Tätigkeit zu meditieren und schließlich sein ganzes Sein und Tun zum Objekt der Meditation zu machen, wie es von dem Koch Ting gesagt wird.

Wie schwer es ist, auch nur eine ganz kurze Zeit einen einzigen

Gedanken zu halten, wissen wir. Immer wieder schwirren Gedanken, Vorstellungen und Gedankenfetzen durch unser Gehirn und stören uns. Wir nennen sie gerne „fremde" Gedanken, dabei stammen sie allesamt aus unserer eigenen Requisitenkammer. Nichts ist schwerer, als diese Gedanken loszuwerden, sie sind wie lästige Fliegen vor dem Regen.

Buddha allein hat ein wirksames und höchst psychologisches Mittel gefunden, sie zu entkräften. Er nennt es Verwandlung von Meditationsstörungen in Meditationsobjekte. Wenn eine Störung durch Gedankenfetzen oder sich aufdrängende Gedanken nicht bald und widerstandslos verschwindet, soll man sie selber zum Betrachtungsgegenstand nehmen und in den Gesamtrahmen der Achtsamkeitsübung einordnen. Ist dann der Geist ruhig geworden oder die äußere Störung geschwunden, so möge man entweder zum ursprünglichen Objekt zurückkehren oder auch auf der Bahn des neuen Objekts fortschreiten. Dieses Verfahren steht in Übereinstimmung mit einer Methode, die dazu erzieht, jede gebotene Gelegenheit für den inneren Fortschritt zu benutzen, ohne sich auf einen besonderen Weg oder ein einzelnes Meditationsobjekt festzulegen.

Als Beispiel: Ein Schüler berichtete dem Meditationsmeister, daß ihn vorbeifahrende knarrende Wagen in der Übung stören. Der Meister sagte: „Richte Deine Aufmerksamkeit auf dieses Geräusch. Meditiere über »Ton«. Dies mag geschehen innerhalb der Geist-Objekt-Betrachtung: »Er kennt das Ohr und die Töne und die Abneigung, die durch beide bedingt entsteht«. Ein anderer Ratschlag hätte sein können: »Betrachte den in dir aufsteigenden Unwillen über diese Störung und meditiere darüber«."

Satipatthâna, die Schulung in rechter Achtsamkeit, stellt Kultur des Geistes im eigentlichen und höchsten Sinne dar.

Lassen wir Buddha selbst über einige Meditationsübungen sprechen: „Da ist hier, o Mönche, ein Mönch in den Wald gegangen, an den Fuß eines Baumes oder in eine leere Behausung. Er setzt sich nieder, mit verschränkten Beinen, den Körper gerade aufgerichtet, die Achtsamkeit vor sich gewärtig haltend, und achtsam eben atmet er ein, achtsam atmet er aus.

Lang einatmend, weiß er: »Ich atme lang ein«, lang ausatmend weiß er: »Ich atme lang aus.« Kurz einatmend, weiß er: »Ich atme kurz ein«, kurz ausatmend weiß er: »Ich atme kurz aus«. Den ganzen Körper empfindend, werde ich einatmen, so übt er; den ganzen Körper empfindend, werde ich ausatmen, so übt er. Die Körperfunktion beruhigend, werde ich einatmen, so übt er; die Körperfunktion beruhigend, werde ich ausatmen, so übt er.

Gleichwie, o Mönche, ein geschickter Drechsler oder Drechslergeselle, wenn er lang anzieht, weiß: »Ich ziehe lang an«; wenn er kurz anzieht, weiß: »Ich ziehe kurz an« — ebenso, o Mönche, weiß da der Mönch, wenn er lang einatmet: »Ich atme lang ein«; wenn er lang ausatmet: »Ich atme lang aus«."

Oder über die vier Körperhaltungen: „Und weiter noch, o Mönche: Gehend weiß da der Mönch: »Ich gehe«; stehend weiß er: »Ich stehe«; sitzend weiß er: »Ich sitze«; liegend weiß er: »Ich liege«. Wie auch immer seine Körperstellung ist, so eben weiß er es.

So weilt er nach innen beim Körper in Betrachtung des Körpers; oder er weilt nach außen beim Körper in Betrachtung des Körpers; oder er weilt nach innen und außen beim Körper in Betrachtung des Körpers. Die Dinge in ihrem Entstehen betrachtend, weilt er beim Körper; die Dinge in ihrem Vergehen betrachtend, weilt er beim Körper; die Dinge in ihrem Entstehen und Vergehen betrachtend, weilt er beim Körper. Oder: ein Körper ist da, so ist seine Achtsamkeit gewärtig, eben nur so weit es der Achtsamkeit dient, soweit es der Erkenntnis dient. Unabhängig lebt er und an nichts in der Welt ist er angehangen.

So auch, o Mönche, weilt der Mönch beim Körper in Betrachtung des Körpers."

So führt Buddhas Lehre von der Meditation und von der Achtsamkeit den Übenden zur völligen gewaltlosen Beherrschung seiner Organe, seines Körpers und seines Geistes und letztlich zu einer völligen Vergeistigung seines Lebens. Er wird ein „Großer Mensch".

ZEN-BUDDHISMUS
JAPAN

Die Lehre Buddhas ging von Indien aus nach Ceylon, Thailand, Annam, Burma, Siam; dort wurde die ältere Schule des Buddhismus, das Hinayâna (Kleines Fahrzeug), gelehrt. Die Satipatthâna-Lehre stammt aus dem Hinayâna-Buddhismus. Die jüngere Lehre, der Mahayâna-Buddhismus (Großes Fahrzeug), verbreitete sich in China, Tibet, Korea, Japan, Java.

Bereits in Indien gab es eine Form des Buddhismus, den Dhyana-Buddhismus. Dhyana bedeutet Meditation, Versenkung. Der erste Patriarch dieser Lehre war Kassiapa. Der achtundzwanzigste Patriarch, Boddhidharma, wanderte von Indien nach China und gründete dort 520 nach Chr. die Lehre des Ch'an-Buddhismus. Diese Lehre fand im konfuzianischen und taoistischen China eine lebendige Aufnahme, sie entsprach dem praktischen und toleranten Wesen der Chinesen. Predigte sie doch höchste Toleranz, Vergeistigung, Liebe, Dienen, Armut, Demut, Angstlosigkeit, Mut, Tapferkeit, Geradheit, Selbstverleugnung. Da die beiden herrschenden Lehren in China nicht scharf voneinander getrennt waren, sondern sich durchdrangen, konnte auch der Ch'an-Buddhismus sich zu ihnen gesellen. Um 800 n. Chr. wird das erste Zen-Kloster von Dengyo Daishi auf dem Berge Hiei in Japan gegründet. In den nächsten Jahrhunderten erobert die Lehre des Zen Japan und prägt seine gesamte Kultur. Es wird zu der bevorzugten Lehre der Samurai, der kriegerischen Adelskaste.

Fragt man konkret nach seiner Lehre, bekommt man keine Antwort; es ist die Lehre des „in der Welt Seins", der Bejahung und Beherrschung und Überwindung des Lebens. Es ist eine Lehre der Relativität, des Hell-Dunkels, des Realismus, des Lachens, der Beschwingtheit und des Einsseins mit der ganzen Welt. Meister Nam

Sen sagt: „Was ist Tao (der Weg)? Das gewöhnliche Leben ist Tao!“ Ein anderer Meister sagt: „Wenn Leute gesunden Verstandes vom Tao hören, lachen sie nur. Es wäre nicht das Tao, wenn sie nicht darüber lachten.“

Das Erlebnis der Welt und des Menschen und des Ichs in ihr als einer Einheit geht so weit, daß alle Sinne die Welt spiegeln und sich durchdringen; „mit Augen, die hören, und mit Ohren, die sehen“.

Letzter Sinn der Meditation des Zen ist das Erlebnis des „Satori“, der Erleuchtung, der Versenkung, des „Samahdi“ der Inder. Sie ist das Erlebnis der höchsten Beglückung, der intensivsten Vereinigung mit dem Kosmos; sie kann wie bei christlichen Heiligen, denen ein Engel begegnet, einen Augenblick dauern, sie kann zum Zustand werden. Einer, der die Erleuchtung des Satori erlebt hat, kann es nie wieder vergessen und strebt danach, dessen immer wieder teilhaftig zu werden. Doch bleibt das Satori, wie die Unio mystica und wie das Samadhi, trotz alles Strebens und alles Verdienstes eine Gnade. Es ist also nicht, wie die Beherrschung der körperlichen Funktionen und der Gedankeninhalte durch Satipatthâna oder Hatha Yoga, durch Übung erreichbar, es wird einem geschenkt. Die Übungen allerdings bereiten den Weg dazu.

Zen fordert Konzentration auf innere Werte und Vorgänge. So lehrte der sechste chinesische Patriarch des Zen: „Unser Bewußtsein soll abseits von den äußeren Umständen bleiben. Keinesfalls dürfen wir diesem erlauben, unsere Gedanken zu beeinflussen.“

In den Zen-Klöstern wird die „Meditationshalle“ errichtet. Die Mönche, die übrigens kein Gelübde ablegen, meditieren unter der Aufsicht des Zen-Meisters und werden in zahlreichen geistigen und sportlichen Übungen unterrichtet. Die Kunst des Bogenschießens, das Fechten, das Judo — die sanfte Kunst, das Ringen, aber auch das Malen, das Blumenbinden, das Gartenbebauen, das Pflanzenzüchten und die Zeremonie des Teetrinkens werden dort gelehrt.

Wie im Satipatthâna sind die meditativen Übungen verhalten beobachtend; Stille, Reglosigkeit, Regelung des Atems, das „sich leer Machen“ von gedanklichen Inhalten, die Konzentration und Versenkung und das Schauen in die Mitte des eigenen Selbst werden gepflegt.

Die Lehre des Zen und ihre Ausübung in den Zen-Klöstern ist aber durchaus nicht nur kontemplativ. Sie ist im Wesentlichen tätig. Die Mönche müssen alle vorkommende Arbeit und viele Handwerke und Künste üben. Alles Üben allerdings geschieht in einer

Meister des Bogenschießens

fröhlichen, bejahenden und doch versenkenden Haltung. Alles Dasein wird zum Gebet.

Christmas Humphreys sagt über die Symptome der Zen-Meditation: „Zuerst entsteht eine zunehmende Heiterkeit, zeitweilig gestört durch die übrigen Erregungen oder Zweifel. Dann gibt es eine Sicherheit, die sich nicht brüstet oder aggressiv wird, sondern friedvoll ist wie ein Schiff, das nach Seenot geborgen im Hafen liegt, während der Sturm drüber hinbraust. Dann weicht das Interesse an den vielerlei Ausfluchtmöglichkeiten vor der Wirklichkeit, in der wir leben. Und es steigert sich die Intensität von Absicht und Aufmerksamkeit, wenn sie auch an Spannung verliert. Man fühlt sich leicht, gehoben, da man die Last des Ichs und seiner Begierden abgestreift hat, gesund und voll Jugendkraft auf den Höhen neuer Gedanken im Zwielicht der Welt. Man fühlt sich neugeboren, als hätte man wieder die ursprüngliche Einfachheit des Lebens gewonnen, die aus dem Wesen des Geistes entspringt. Man wird sogar inkonsequent, da man die relative Unwichtigkeit der alltäglichen Dinge erkennt. Zur gleichen Zeit aber wird man in steigendem Maß der wirklichen Bedeutung von Dingen und Ereignissen gewahr, die nun unpersönlich sind, aber unmittelbar. Der demütigste Akt wird zum Sakrament, das niedrigste Ding gewinnt absoluten Wert, da es vom Geist geschaffen ist.“

Der Zen-Meister und -Schüler befindet sich in einem stetigen seelischen Gleichmut, er ist immer heiter und freudig, er hat nichts zu verlieren in diesem Leben, da sein Herz an nichts hängt, das er nicht sofort loslassen könnte, nicht einmal das Leben selbst, da er keine Furcht vor dem Tode hat. Der Tod bedeutet für ihn das Eingehen in das Nirvana, ein Hinüberwechseln in eine andere Wirklichkeit, die Wirklichkeit des Geistes; er macht sich frei von Begierden und ist fähig, ein Stück trockenes Brot ebenso zu genießen wie eine teure Speise. Doch im Gegensatz zu den Yogis und den christlichen Heiligen verachtet er weder das Leben, noch seinen Körper, noch die Dinge dieser Welt.

Zen-Buddhismus schuf die Liebe zum Schönen, er schuf die Kunst der gezielten und eleganten Körperhaltungen und -bewegungen, er schuf das Judo, den geschmeidigen, gewaltlosen Zweikampf, das Bogenschießen, das Fechten, die Teezeremonie, das Blumen-Stellen und die Schönheit des Gartenbaus, der in die Landschaft hineingepaßten Architektur und die klare Weihe des Innenraums, die Tuschemalerei und die Lackmalerei, die Kunst des Kleidens, die höchst verfeinerten zwischenmenschlichen Beziehungen, das Buschido — den Ehrenkodex der Krieger — und die Kunst, jeden Gebrauchsgegenstand zu einem Kunstwerk zu formen.

Der Japaner dient liebend den Dingen und Kreaturen, die ihm dienen, ohne zum Sklaven an diesen Dingen zu werden. Überall, in all seinem Tun, Verhalten und Denken ist ein großes Maß an Demut ausgebreitet. In dieser Haltung ist er immer ein freier Mensch, er weiß auch darin das Maß zu wahren, er weiß, daß seine Freiheit durch die Freiheit des anderen begrenzt ist, und er weiß zu unterscheiden zwischen der Freiheit zu einem beliebigen, aus den Impulsen entspringenden Tun und einem Tun, das von den sittlichen Erfordernissen diktiert wird. So wird das ganze Sein des Zen-Schülers von Freude, Heiterkeit, Kraft, Mut und Liebe zum Schönen durchpulst.

Von allen religiösen Schulen der Persönlichkeitsvergeistigung ist Zen die freieste. Sie kennt kein Gelübde, sie kennt keinen Zwang, sie besitzt kaum festgefügte Formen, Dogmen oder Regeln. Sie erlaubt es jedem, sich individuell zu entwickeln, und sie gibt dieser Entwicklung alle Möglichkeiten und Freiheiten. Doch führt sie das Individuum zu einer geistigen Entwicklung, Reife, Güte, Weisheit und Weite, daß es überindividuell wird. „Der Weise formt sich selbst."

Zen beschränkt sich jedoch nicht nur auf Klöster und Schulen, er hat das ganze japanische Volk jahrhundertelang geformt und verfeinert. So gehört die Regulierung und Beherrschung des Atems zu den Gepflogenheiten aller Japaner. Graf Dürckheim berichtet, daß es ihnen gelingt, jeder Erregung sehr schnell Herr zu werden, weil sie den unregelmäßigen und flüchtigen Atem durch das Bewußtsein sehr schnell wieder unter die geistige Kontrolle nehmen. Wir würden heute nach unseren psychologischen Erfahrungen sagen: Wenn sie ihre Affekte immer wieder einfangen und sie niemals loslassen, müßten sie an Verdrängungen leiden. Dem ist nicht so; durch die generelle, seit Kindheit geübte Gelassenheit und die Fähigkeit, sich nach Bedarf zu spannen und zu entspannen, gelangen sie zu einer natürlichen Harmonie.

Graf Dürckheim erzählt, daß ein Abt eines Zen-Klosters sich erbot, ihm eine Tuschemalerei zu schenken. Er ließ sich die Farbtöpfe, die Tusche, Wasser bringen und begann, kniend und langsam, bedächtig die Farben zu verreiben. Als Graf Dürckheim ihn fragte, warum er diese Vorbereitungen selbst treffe, antwortete er: „Im stillen Hin- und Hergehen der Hand, die mit Sorgfalt die Tusche bereitet, wird man ganz ruhig. Alles wird still — und nur aus einem unbewegt stillen Herzen kann etwas Vollkommenes aufblühen."

Dann malte der Abt auf dünnstem Reispapier das Bildnis der Quannon, der Göttin der Liebe und Freundlichkeit. Doch das Ergreifendste war, als er aus freier Hand den Kreis des Heiligenscheins mit einer nicht nachzuahmenden Vollkommenheit zeichnete.

„Die Meisterleistung ist die, die nicht mehr vom Ich hervorgebracht wird, sondern von einer übernatürlichen Kraft in uns, die erst, wenn das kleine Ich sich nicht mehr vordrängt, die wunderbare Leistung vollbringt."

Von dem großen heiligen Meister der Frührenaissance, dem Fra Angelico da Fiesole, wird die gleiche Geschichte berichtet. Der Papst sandte Boten zu ihm, die ihn bitten sollten, ihm eine Probe seiner Kunst vorzuführen. Fra Angelico nahm ein Stück Pergament und zeichnete darauf mit freier Hand einen vollendeten Kreis und gab das Blatt wortlos den Boten. Hier die gleiche seelische Haltung und die gleiche Meisterschaft. Denn auch die Ikonenmaler des Mittelalters waren nicht nur Maler, sie waren Weise, Beruhigte und Betende. Sie und ihr Tun und das Dargestellte waren eins.

Das Malen mit Tusche ist nicht nur ein Privileg der Künstler, sondern es wird von jedermann geübt, es ist ein meditatives, versenkendes und betrachtendes Tun. Auch das Dichten als Ausdruck feiner seelischer Regungen wird von jedermann geübt.

Sogar im Ausklang des Lebens gehört es zur guten Sitte, ein Gedicht, eine Betrachtung über das Sterben zu schreiben. „Die Japaner sind darin erzogen und geübt worden, selbst in der äußersten Erregung, in der sie sich befinden mögen, einen Augenblick der Muße und Abkehr zu finden. Der Tod ist die ernsthafteste Angelegenheit, die den ganzen Menschen beschäftigt, aber gebildete Japaner sind der Meinung, sie müßten fähig sein, weiterzublicken und ihn sachlich anzusehen", sagt Suzuki.

Einer der wesentlichsten Begriffe des Zen ist „Wabi", der Begriff der Armut, des „frei seins von Besitz und Besitzeslust", die völlige Unabhängigkeit von den Dingen der Welt. Der Nichtbesitzende besitzt alles und kann nichts verlieren. Der Besitzende bangt um den möglichen Verlust des Besitzes und ist ein Sklave seiner Dinge. Wabi ist die Verehrung und Würdigung der Armut und der Bescheidenheit. Der „Wabi" Befolgende erfaßt die Welt von innen statt von außen und besitzt jederzeit die Fülle.

„Furyu" oder „Fuga" bedeutet im Zen die Verfeinerung des Lebens, die wunschlose Freude am Dasein, an der Natur, an allen kleinen und großen Dingen. Es ist kennzeichnend für die Tuschemalerei und für die Lackarbeit, mit welcher Vergeistigung ein Blatt, ein Felsen, Wasser, Himmel oder Nebel dargestellt werden; sie sind gewissermaßen die eingefangene Quintessenz des Dings, geboren aus der affektlosen, nicht besitzergreifenden und liebenden, sich mit dem Objekt einsfühlenden Betrachtung der Gegenstände.

Wenn „Koan" die meditative Übung ist, die in der Meditationshalle oder bei jedem alltäglichen Tun und Verrichten geübt wird — sie umfaßt die Reglosigkeit, die Atemübung, die Stille, die Konzentration und die körperlichen Übungen, wie Bogenschießen, Fechten und Judo —, so ist „Mondo" eine besondere, dem Zen und dem Tao eigene, relative, ja oft zur Absurdität führende Philosophie, jene Freiheit des Geistes, die mit einem Späßchen, einer Grobheit, einem Aperçu die größte Weisheit ausspricht. Die Aussprüche des Mondo sind nicht faßbar und nicht festlegbar, sie sind so angedeutet, hingeworfen und verschwommen wie die taoistischen Tuschezeichnungen, und doch sagen sie mit wenigen Zeichen alles aus. Der Dumme wird über sie lachen, der Intellektuelle erfaßt sie als eine Art von surrealistischem Witz, und der, der die Ohren und Augen für das Geistige offen hat, wird ihre tiefe Weisheit erkennen. Im Mondo ist nichts schwarz oder weiß, es gibt keine festen Regeln und jeder versteht das Ausgesprochene nach dem Stand seines Geistes. Diese kurzen Gespräche sind so eindrucksvoll und so lehrreich, daß ich hier einige, die auch für uns Gültigkeit haben, wiedergebe.

So wird erzählt, daß die drei großen Lehrer, K'ung-Fu-Tse, Lao-Tse und Buddha einmal zusammenkamen. Sie standen vor einem Krug mit Essig, dem Sinnbild des Lebens. Jeder tauchte den Finger hinein und leckte ihn, um zu kosten. Der nüchterne K'ung-Fu-Tse fand es sauer, Buddha nannte es bitter, Lao-Tse erklärte es für süß.

Hui Neng, der sechste Patriarch des Zen, sah einmal zwei Mönche, die die im Winde flatternde Fahne einer Pagode beobachteten. Der eine sagte: „Es ist der Wind, der sie bewegt." Der andere: „Es ist die Fahne, die sich bewegt." Hui Neng aber erklärte ihnen, daß die wirkliche Bewegung weder von der Flagge, noch von dem Wind käme, sondern von einem Etwas in ihnen selbst.

Peh Yang ging mit einem Schüler im Wald spazieren, als ein Hase bei ihrem Nahen floh. „Warum flieht der Hase vor dir?“ „Weil er vor mir Angst hat“, war die Antwort. „Nein“, sprach der Meister, „weil du einen mörderischen Instinkt hast!“

Soshi ging mit einem Freund am Ufer eines Flusses spazieren. „Wie herrlich sich die Fische im Wasser erfreuen!“, rief er aus. Sein Freund aber sprach also zu ihm: „Du bist kein Fisch, woher weißt du also, daß die Fische sich wohlfühlen?“ „Du bist nicht ich“, gab Soshi zurück, „wie willst du wissen, daß ich nicht weiß, daß die Fische sich erfreuen!“

Eines Winters zerstörte Tanka Osho eine Buddhastatue, um damit Feuer zu machen. „Welch ein Frevel!“ sagte voll Schrecken einer, der dabeistand. „Ich will den Shari (kostbarer Edelstein) aus der Asche gewinnen“, versetzte der Zenist. „Aber du wirst bestimmt keinen Shari aus diesem Standbild gewinnen!“ war die zornige Entgegnung, auf die Tanka erwiderte: „Wenn das nicht der Fall ist, dann ist es bestimmt auch kein Buddha, und ich begehe keinen Frevel.“ Dann drehte er sich um und wärmte sich an dem prasselnden Feuer.

Boddhidharma kam 520 nach Chr. in China an. Kaiser Wu lud ihn in seine Hauptstadt Nanking ein. Der Herrscher, ein großer Buddhist, brüstete sich mit seinen guten Werken: „Ich habe viele Tempel und Klöster erbaut, ich habe die heiligen Bücher Buddhas abgeschrieben, Bhikkus und Bhikkunis bekehrt. Was ist nun mein Verdienst?“ Der schweigsame, wild blickende indische Buddhist antwortete: „Nichts, Majestät!“ Erschreckt von dieser harten Antwort, begann der Kaiser nochmal: „Was gilt als erster Grundsatz des Dharma (Lehre)?“ „Eine große Leere und nichts Heiliges in ihr“, antwortete der Patriarch. „Wer steht mir dann im Augenblick gegenüber?“ fragte der Kaiser. „Ich habe keine Ahnung“, war die Antwort Boddhidharmas.

Der vierte Patriarch Tao Hsin (580—651) bat seinen Meister: „Zeige mir den Weg zur Befreiung!“ Fragt ihn der Meister: „Wer hält dich zurück?“ Auf die Antwort „Niemand“ fragte der Meister weiter: „Warum suchst du dann nicht die Befreiung?“

Ein Mönch namens Dogen wurde, da er nach Erleuchtung strebte, auf eine lange Fahrt geschickt, die nach seiner Meinung mit seinen Studien nicht vereinbar war. Ein Brudermönch, Sogen, hatte Mitleid mit ihm und begleitete ihn auf seiner Reise. Eines Abends, als Dogen seinen Freund beschwor, ihm das Geheimnis des Lebens zu lösen, erklärte ihm Sogen, daß es viele Dinge gebe, die er seinem Freund nicht abnehmen könne: Essen, Trinken, die Bedürfnisse der Natur befriedigen und den Leichnam des Körpers fortbewegen. Dogen verstand blitzartig den wesentlichen Punkt und erreichte Satori.

Ein Meister wurde nach dem Weg (Tao) befragt. „Welch schöner Berg!" gab er zur Antwort und meinte den Berg, auf den er sich zurückgezogen hatte. „Ich habe nicht nach dem Berg, sondern nach dem Weg gefragt." „Solange du den Berg nicht überschreiten kannst, wirst du den Weg nicht finden", war die Antwort des Meisters.

Bei einer anderen Frage nach dem Weg: „Er liegt gerade vor deinen Augen!" „Warum sehe ich ihn denn nicht?" „Weil du selbstsüchtig bist."

Man kann nicht über Zen reden, es auch nicht besitzen. Zu einem Schüler, der über Zen sprach, sagte der Meister: „Du hast einen recht gewöhnlichen Fehler, du hast zu viel Zen". Fragte der erstaunte Schüler: „Ist es für den Schüler des Zen nicht natürlich, über Zen zu sprechen?" Ein anderer Schüler mischte sich ein: „Warum willst du nicht über Zen reden?" „Weil es meinen Magen umdreht!" war die Antwort des Meisters.

„Stehe nicht herum, wo Buddha ist, und wo er nicht ist, gehe weiter!" Als Joshu einen Mönch im Tempel vor dem Bildnis Buddhas in Ehrfurcht beten sah, schlug er ihn mit einem Stab. „Ist es nicht etwas Gutes, Buddha zu verehren?" fragte der Mönch. „Nichts ist besser, als etwas Gutes", war die berühmte Antwort.

Im Gespräch über die Torheit der Definition, fragte ein Mönch den Meister: „Habe ich recht, wenn ich keinen Gedanken habe?" Der Meister Joshu antwortete: „Wirf diesen Gedanken fort!" „Was kann ich noch fortwerfen?" fragte der Mönch. „Es steht dir selbstverständlich frei, diesen sinnlosen Gedanken über keinen Gedanken weiter mit dir herumzutragen." Es heißt, daß der Mönch die Erleuchtung fand.

Als ein Meister nach seinen Übungen gefragt wurde, gab er die Antwort: „Wenn ich hungrig bin, esse ich, wenn ich müde bin, schlafe ich." Die Antwort war scharf: „Das tut jeder!" „Wenn die anderen essen, essen sie zwar, denken aber an verschiedenste Dinge und lassen sich stören; wenn sie schlafen, träumen sie von Tausenderlei. Jede Sache zu ihrer Zeit getan in voller Konzentration, ist geistige Disziplin."

Meister Bokuju wurde gefragt: „Wir müssen jeden Tag essen und uns anziehen, wie können wir uns davon befreien?“ Der Meister antwortete: „Wir essen und kleiden uns.“ „Ich verstehe das nicht“, antwortete der Schüler. „Dann zieh dich an und iß!“

Ein Mönch meditierte den ganzen Tag. Der Meister fragte ihn, was er suchte. „Meine Sehnsucht ist, Buddha zu werden.“ Der Meister hob einen Ziegel auf und rieb ihn an einem Stein. Als der Schüler eine Erklärung für diese Handlung verlangte, meinte der Meister, er wolle einen Spiegel aus dem Ziegel machen. „Wenn du auch noch so sehr reibst, der Ziegel wird nicht zum Spiegel“, sagte der Schüler. „Dann wirst du auch nicht zum Buddha, wenn du auch noch so lange mit gekreuzten Beinen dasitzest“, war die Erklärung des Meisters.

Meister Ummon: „Wenn Ihr geht, geht; wenn Ihr sitzt, sitzt; aber schwankt nicht!“

So bat ein Mönch Joshu um Einführung in den Zen. „Hast du gefrühstückt oder nicht?“ „Ja, Meister.“ „Dann wasch die Schüssel ab!“

Ein Mönch fragte den Meister: „Zeig mir den Weg ohne Worte.“ Spricht der Meister: „Frage mich ohne Worte!“

Bei uns rät man, wer hundert Meilen zu laufen hat, sollte neunzig als die Hälfte ansehen.

Es wird erzählt: als ein Brahmane zu Buddha kam, in jeder Hand ein Geschenk, grüßte ihn Buddha mit den Worten: „Laß fallen!“ Der Brahmane warf das Geschenk in der rechten Hand fort und kam näher. „Laß es fallen“, sagte der Gesegnete, und der Brahmane warf das Geschenk in der anderen Hand fort. Als er mit leeren Händen nahte, erklang wieder der Befehl: „Laß es fallen!“ Der Brahmane wurde erleuchtet.

Bei dem ewigen Gespräch über das Wetter, sagt der Zen-Meister: „Das Wetter ist immer gut oder schlecht. Es ist nämlich nichts von beiden, es ist das Wetter.“

Ein Meister sagte: „Hast du bemerkt, wie die Kieselsteine der Straße nach dem Regen sauber und glänzend sind? Wahre Kunstwerke! Und die Blumen? Kein Wort kann sie beschreiben. Man kann nur ein bewunderndes »Ah!« ausrufen. Du mußt das »Ah!« der Dinge verstehen!“

Ich selbst hatte vor vielen Jahren ein Mondo-Gespräch. Es war in einem kleinen Dorf zwischen Bonn und Köln. Dort war eine kleine Wirtschaft, der eine sehr resolute und ebenso dicke Wirtin, Alvine, vorstand. Ich kehrte dort öfters ein. Es war ein sehr heißer und trockener Sommer. Alvine fragte nach meinem Befinden. Ich antwortete, es sei so trocken, es müsse regnen. „Bist du denn Landwirt?“ fragte sie zurück. „Nein, Arzt“, antwortete ich. „Was brauchst du denn Regen, du Geck?“ rief sie zur Belustigung der Anwesenden aus. Ich begriff.

Humphreys sagt: „Denk einzig und allein an das, was du im Augenblick tust, und du bist frei wie ein Vogel. Zen kennt kein Ritual, kein Gebet, keinen Schöpfergott, keine Seele, die nach Erlösung strebt. Jeder Platz ist sein Tempel, alle Dinge sind seine Altäre. Der Schreibtisch, die Hobelbank und die Versitzgrube sind Altäre für den Gott des Zen. Das erste und einzigste Gebot ist: »Du sollst weitergehn!«“

Aber nicht nur der Zen-Meister und der Zen-Schüler leben und handeln und verhalten sich nach der Lehre des Zen, die keine Lehre ist. Die Vergeistigung und das doch „in der Welt sein“ haben das Antlitz des ganzen Landes geprägt. Die Menschen sind still, freundlich, rücksichtsvoll, behutsam und verfeinert. Die jahrhundertelange Übung in Selbstbeherrschung schuf einen ausgleichenden Rhythmus zwischen Spannung und Entspannung.

Der Japaner ist, ähnlich dem Abendländer, zu einer höchsten intellektuellen und körperlichen Konzentration fähig. Im Gegensatz zum Abendländer aber verharrt er nicht in der Spannung und Anspannung, wenn der Zweck dieser Spannung erloschen ist. Im gleichen Augenblick entspannt er sich, er ruht, er wird still, er läßt sich. (Laß fallen!) Er reguliert beobachtend, doch aus der Gewohnheit heraus, seinen Atem, er schaut nach innen und besinnt sich, er verinnerlicht sich. Aus dieser Kunst des „sich Lassens“ strömen ihm die Kräfte aus dem Kosmos zu, weil er um sie weiß, weil er sich stets eins mit dem Kosmos weiß und weil er es gelernt hat, jederzeit diese Kräfte für sich nutzbar zu machen.

Er hat es auch gelernt, seine Affekte, seine Triebe, seine Freuden, Traurigkeiten, Erregungen, Ärgernisse zu moderieren. Während der Abendländer sich von seinen Affekten beherrschen läßt und durch geringste Anlässe ungeduldig, jähzornig, aufgeregt, barsch, verstimmt wird, vergleicht der Japaner den Anlaß mit dem aufkeimenden Affekt und setzt dem Affekt die Grenzen, so daß er gar nicht zum Ausbruch kommen wird. Diese Beherrschtheit macht das Zusammenleben leichter und erträglicher, da die Menschen mit ihren Gefühlswallungen nicht so leicht in den Bereich des anderen einbrechen.

Ebenso vorsichtig sind sie im Gespräch und vermeiden direkte, den Takt verletzende Fragen an den Nachbarn zu stellen. Der Lebensbezirk des anderen ist ihnen ebenso heilig wie der eigene. Aus dieser Haltung entsteht eine tiefe Ehrfurcht vor dem anderen, die sich in allen zwischenmenschlichen Beziehungen, in der Familie, in der Ehe, in der Schule, im Büro und in der Fabrik auswirkt. Die Menschen leben in einer gemäßigten und milden seelischen Atmosphäre, ohne jedoch verweichlicht zu sein und ohne daß ein Vorgesetzter, ein Amt, ein Nachbar rücksichtslos auf dem Selbstgefühl eines anderen herumtrampelt, wie das bei uns Gewohnheit geworden ist.

Diese Verfeinerung der Persönlichkeit und der Sitten erstreckt sich auf alle Lebensbezirke. Auf die Kultur der winzigen Gärten, die das Haus umgeben und nicht größer als ein Zimmer sind, die der Japaner zu Miniaturnaturparks gestaltet; auf das Wohnen in fast leeren Räumen, deren eine Wand zum Garten oder zur Landschaft offen ist, mit den Matten, auf denen man sitzt und schläft, den schmucklosen Wänden. In einer Wand befindet sich eine Nische, das Tokonoma, in die ein Buddhabildnis gehört, oder in der ein Kakemono (Seidenmalerei oder Tuschemalerei auf Papier) aufgehängt, oder ein Blumenstrauß in einer Cloisonnévase aufgestellt wird. Es ist niemals eine Sammlung von ungezählten Blumen wie bei uns. Es sind ein oder zwei Zweige, die künstlich beschnitten werden, um in die Struktur des Raums zu passen. Ein japanischer Raum kann, bei reich oder arm, niemals wie die Geschäftsauslage eines Warenhauses oder wie ein Museum aussehen, was bei uns nicht allzuselten der Fall ist. Wenn man auch viele und kostbare Gegenstände besitzt, sie werden nicht zur Schau gestellt. Es leben nur wenige Dinge im Raum, aber sie sind dann mit Leben erfüllt. Auch der reichste Raum soll den Eindruck der Bescheidenheit, wenn nicht gerade Armut erwecken. Nichts ist dem Japaner mehr zuwider als Protzentum.

Eine der zentralsten Zeremonien in Japan ist das Teetrinken. Es ist nicht, wie der Kaffee, ein Genußmittel. Beim Tee gibt es nicht, wie beim Kaffee, den Teeklatsch. Es ist ein geistiges Getränk. Es gibt eine seit Jahrhunderten festgelegte Zeremonie der Zubereitung und der Bedienung. Es wird in kleinen Gesellschaften getrunken, es wird geschwiegen dabei oder es kommt zu einem klugen oder heiteren Gespräch. Der Tee hält den Geist frisch und wach, er wirkt auf Geist und Gemüt und hat nichts Unedles, Vergröberndes oder

Junger Reis

Berauschendes an sich. Zu der Gemeinschaft des Teetrinkens erbauten die Japaner die Teehütten, einfache, unsymmetrische Häuschen, „Sukiya", Stätte der Phantasie genannt. Sie sind im weiteren Sinne Meditationsräume für ein besinnliches Gespräch zu mehreren unter dem Einfluß des genossenen Tees.

Der Tee ist es, der die Phantasie in einer höchst sanften, nach innen gekehrten und unaggressiven Art anregt. Er verleitet zu einem beschaulichen Tun, wie es das Tuschemalen ist. Das Malen des Japaners und des Chinesen ist nicht so sehr ein Tun zu einem Zweck, als vielmehr eine meditative Handlung, aus der im Endeffekt ein Bildnis entsteht. Der Malende muß sich mit dem Objekt des Gemalten identifizieren, ähnlich wie der Koch Ting sich mit dem Ochsen und dem Messer identifizierte.

George Duthuits beschreibt die chinesische Kunst, einen Bambus zu malen: „Zeichne zehn Jahre lang einen Bambus und werde selbst zum Bambus. Dann vergiß alles, was du über den Bambus erfahren hast und zeichne ihn. Im Besitz einer unfehlbaren Technik macht sich der Mensch zum Gefäß der Inspiration."

Dogen (1200—1253) verbrachte einige Jahre in China, um Ch'an zu studieren. Als man ihn nachher in Japan fragte, was er dort gelernt habe, antwortete er: „Nicht viel, außer Sanftmut".

Diese Sanftmut ist wie ein wärmender Schleier über das ganze Land und seine Leute gebreitet.

Graf Dürckheim erzählt, daß eines Tages ein ihm befreundeter Japaner zu ihm gekommen sei und ihm eine Begebenheit erzählt habe, die er nicht zu begreifen vermochte. Er sei bei einem deutschen Herrn zu Besuch gewesen.

„Was geschah?" fragte ich. „Nun, Ihnen will ich es erzählen. Das Mädchen brachte den Tee. Und da widerfuhr ihr das Mißgeschick, daß eine Tasse zu Boden fiel und zerbrach." — „Und nun?" —

„Ja, da eben geschah das Unbegreifliche: Der Doktor ärgerte sich! Der Ärger stieg in ihm auf und er ließ, können Sie das verstehen, den Ärger hochkommen. Und, was noch schlimmer war, er zeigte ihn! Und, was das Ärgste war, er ließ sich hinreißen, und gab dem Mädchen ein hartes Wort! Stellen Sie sich das vor! Wegen einer Tasse! Und wo es doch schon ohnehin schlimm genug für das Mädchen war. Können Sie das begreifen? Der Doktor ist doch, wie man meinen sollte, ein gebildeter Mensch; und dabei so ein Mangel an Reife! Wie geht das zusammen?!"

„Was wäre Reife gewesen", fragte ich den Japaner.

„Daß ihn nichts mehr berührt. Aber das warf ihn um, so eine kleine Sache... Er ist unreif, denn er ist wie ein Baum ohne Wurzel; ein kleiner Wind bläst ihn um. Er ist wie ein Gespann ohne Lenker, die Pferde gehen ihm durch. Der Unreife ist den guten Mächten verstellt, und so verwandelt sich ihre Kraft in das Böse, das ihn und was um ihn ist, zerstört und vergiftet."

Ein Bekannter von mir war lange Jahre als Kriegsgefangener in Rußland. Er freundete sich dort mit einem japanischen Kriegsgefangenen an. Es fiel ihm auf, daß sein Kamerad stets geduldig, freundlich und still war. Er selbst erzählte ihm oft von sich selbst und sagte ihm auch manchmal das, was wir „Wahrheiten" nennen. Der Japaner sprach so gut wie nie von sich selbst und äußerte nie sein Mißfallen an anderen Menschen oder irgendwelchen Anordnungen. Eines Tags bat der Deutsche den Japaner, ihm zu sagen, was er von ihm im besonderen und von den Deutschen im allgemeinen dächte. Der Japaner schwieg. Als der Deutsche immer mehr in ihn drang, wurde er gezwungen zu antworten. Sehr zaghaft und vorsichtig meinte er, daß er seinen Freund und die Deutschen sehr schätze und verehre, und noch zaghafter fügte er hinzu: „Ich kann es nicht verstehen, warum Ihr manchmal so aggressiv seid, viel von Euch sprecht, gegen andere schimpft und anderen Eure Meinung aufzwängen wollt."

Aus diesen beiden Erlebnissen geht der Unterschied zwischen dem Abendländer und dem Japaner deutlich hervor. Er wird seit der frühesten Kindheit dazu erzogen, sich nirgends aufzudrängen, sondern stets im Hintergrunde zu bleiben, sich gleichsam selber auszuwischen.

So ist Zen-Buddhismus die Religion der barmherzigen Freundlichkeit. Das Andere und der Andere, ob Himmel oder Erde, Pflanzen, Insekten, Tiere, Mitmenschen, stehen vor dem eigenen Ich. „Zum Segen der Menschheit leben", ist das oberste Gebot.

Der Buddhismus kennt keinen persönlichen Gott; er kennt auch kein eigentliches Gebet. Die Metta-Meditation kennt nur den einen Satz, die eine Bitte: „Möge es allen Wesen wohlergehen!" Möchten die Armen fürsorglich unterstützt und die von Gefahren Bedrängten gerettet werden durch ein weit geöffnetes Herz des Erbarmens.

In der Metta Sutta (Maitra Sutra) der Thera Vada heißt es:

Laß Deine Seele ihr Ohr jedem Schmerzensschrei öffnen,
Wie die Lotosblume ihr Herz der morgendlichen Sonne hinneigt.

Laß nicht den heißen Sonnenstrahl eine schmerzende Träne trocknen,
Ehe Du selbst sie fortgewischt von des Leidenden Auge.
Laß jede brennende Träne fallen ins eigene Herz.
Laß sie bleiben und trockne sie nicht,
Bis der Schmerz auslöscht, der sie schuf.

DIE YOGA-LEHRE

Die Yogalehre stellt die älteste und weiseste sowie psychologischste Form der Erziehung des Menschen zur Reifung, zur Selbstverwirklichung und zum Zusammenklingen im All dar. Der Brahmanismus beziehungsweise der Hinduismus ist ihr Quell und ihre Heimat. In den ersten heiligen Schriften der Inder, den Vedas (Wissen, Erfahren), den Upanischads, sind bereits die Wege zur Meditation, zur Versenkung und zur Erlangung der Erleuchtung, der Vereinigung mit dem höchsten geistigen Wesen — Brahman —, sowie die bewußte Schulung und Beherrschung des Vegetativums angedeutet. Im Laufe der Jahrtausende ist diese Lehre mehr und mehr verfeinert und vertieft worden.

Das wesentlichste Kennzeichen der hinduistischen Religion ist die grenzenlose Toleranz. Toleranz nach innen und nach außen. Es gab in der Geschichte des Hinduismus keine Religionskriege, keine Verfolgungen Andersgläubiger, keine Verachtung oder auch nur Mißachtung fremder Religionen, und keine festen und unbedingten Dogmen innerhalb der eigenen Religion. Diese Religionsform ist so reich, so vielfältig, so mythisch und so ambivalent, daß ein Außenstehender sie unter den verschiedensten Aspekten anzusehen vermag. Der eine nennt sie pantheistisch, der andere polytheistisch, der dritte dämonisch, der vierte monotheistisch, der fünfte monistisch. Je nach der Tiefe des Begreifens stimmen alle diese Kennzeichnungen, oder sie stimmen nicht.

Es gibt einen Gott, der doch kein persönlicher Gott ist, das Brahman, das große, alles durchdringende Sein, nicht ein Herrscher — ein Alles. Das Insekt, ein Sandkorn, das Tier, die Pflanze, der Mensch als Person und als geistiges Sein, das Selbst (Atman) — sie sind alle ungetrennte Teile des Brahman, sie sind Brahman. Der Hindu meditiert an dem Begriff „Aham Brahma asmi" — ich bin

Brahma, oder an dem Begriff „Tat twam asi“ — du bist das, das bist du, oder „So ham“ — ich bin Er.

Der Hinduismus wird mit dem einen Wort gekennzeichnet: „Advaita“ — nicht zwei, eins. Darum der Monismus. Die Welt ist eins, es gibt keine Zweiheit und keine Entzweiung. Du, dein Haus, deine Mitmenschen, die Pflanzen, alles ist eine untrennbare kosmische Einheit, miteinander und ineinander verwoben und schicksalsmäßig verknüpft. Trennst du sie auseinander, zerbricht das Weltbild und wird unvollständig.

Wenn Brahman das höchste unpersönliche Wesen ist, so ist Brahma der höchste Gott, und gibt es Vischnu, den Erhalter, und Schiva, den Verwandler, als große, mehr personifizierte Gottheiten, die der Betende anruft. Außer ihnen stehen ungezählte Schutzgötter und auch böse, zerstörende Dämonen über und um den Menschen und beschützen ihn oder schaden ihm. Daher die Auffassung vom Polytheismus. Ein Nichtchrist oder Nichtkatholik würde in die Versuchung kommen, Gott-Vater, Christus, den Heiligen Geist, die Mutter Gottes, die Engel, die Heiligen, die Seligen, die Teufel und Dämonen ebenso als Polytheismus zu betrachten.

Die Weltanschauung des Inders differiert sehr wesentlich von der modernen abendländischen Anschauung. Für ihn ist die Welt des Realen ein Schein, ein Trug, „Maya“. Das Wirkliche ist unwirklich, ist vergänglich, der Wandlung unterworfen. Allein wirklich ist der Geist. Einem vom Materialismus geprägten Zeitalter erscheint diese Anschauung abwegig und verrückt. Doch herrschte in unserem abendländischen Mittelalter keine unähnliche Auffassung. Gott, Engel, Heilige und Teufel waren Wirklichkeiten; die Wirklichkeit des „Diesseits“ wurde mit den Sinnen nicht als solche wahrgenommen.

Der Hindu glaubt nicht nur an eine Ewigkeit und an eine Ewigkeit der Seele, er glaubt an die Ewigkeit und zugleich Wandelbarkeit aller Kreaturen. Er glaubt, daß alles Beseelte dem großen Kreislauf des Werdens und Vergehens und dem Gesetz der Wandlung zu immer Höherem, Vollkommenerem, Weiserem, Sanfterem unterliegt. Der Weg zum Weisen und zum Heiligen ist sozusagen vorgeschrieben, und alles bewegt sich auf dieses Ziel zu. Insekt, Reptil, Vogel, Tier, Mensch sind jeweilige Fortentwicklungsstufen gleicher Existenzen in Brahman, sie sind alle Brüder, noch mehr, sie sind „Ich“ und „Du“. Auf dem Wege der Seelenwanderung und Verwandlung der Existenzformen tragen sie wie einen unsichtbaren Faden die Gedanken, Verhaltungen und Handlungen und die daraus resultierenden

Verknüpfungen mit den anderen Kreaturen in sich. Das ist das Schicksal, das ist Karma. Höchster Sinn des Daseins ist, sich von den Knüpfungen des Karma zu lösen, keine Bindungen durch böse Gedanken, Kränkungen, böses Reden, böse Taten, Gewaltanwendung zu vollziehen. „Ahimsa" — nicht töten, nicht Gewalt anwenden ist das höchste Postulat dieser Religion. Einer ihrer größten, reifsten und gütigsten Söhne, Mahatma Gandhi, vermochte diese Lehre in die Politik des Alltags einzuführen. Und heute noch führt das selbständig gewordene Indien diese Lehre der Politik des Friedens inmitten einer unreifen, intoleranten, gehässigen und von Ängsten und Mißtrauen erschütterten Welt durch!

Der Hindu lebt ohne Geschichte und ohne Angst, da er nicht nur heute lebt, da er sein Leben als eine unaufhörliche Kette von Leben weiß. Da er aber auch weiß, daß er im Wesentlichen allein durch Gesinnung, Gesittung, Haltung und Tat der Schmied seines Schicksals ist, ist sein ganzes Dasein darauf ausgerichtet, sich nach dem Bild, dem Vorbild des Weisen, des Heiligen hin zu bewegen.

Von der Seelenwanderung sagt die erhabenste Lehre des Hinduismus, die Bhagavadgita 2, 22:

> Dem Manne gleichend, der ein altes Kleid
> Beiseite wirft, daß er ein neues wähle,
> Wirft ihren alten Körper auch beiseit,
> In einen neuen einzugehn die Seele.

Das Erlebnis des Alls in Einem und des Einen in Allem des Hindu finden wir jedoch ebenso bei den christlichen Mystikern. Angelus Silesius spricht das „Aham Brahma asmi" oder das „Tat twam asi" mit fast gleichen Worten aus:

> Ich bin so groß als Gott, Er ist als ich so klein.
> Er kann nicht über mich, ich unter ihm nicht sein.
> Gott ist in mir das Feuer, und ich in ihm der Schein;
> Sind wir einander nicht ganz inniglich gemein?

und das wunderbare Wort:

> Mensch allererst, wenn du bist alle Dinge worden,
> so stehst du in dem Wort und in der Götter Orden.

Der Hindu bittet im Gebet nicht so sehr um die Güter dieser Erde, um Erfolg oder Erreichung eines Ziels, er projiziert sich nicht nach außen, weder in seinem Tun noch in seinem Denken. Die ganze Welt ist sowie außen als auch innen. Schaut man nach innen, so gewahrt man sie wie durch eine Sammellinse in konzentriertester Form. Darum betet der Hindu eigentlich nicht, er bittet nicht und er führt auch kein Zwiegespräch, er versenkt sich, er meditiert, er geht durch die Besinnung in die Mitte der Dinge ein, er wird selbst das Ding, selbst die Welt, selbst Gott.

Angelus Silesius:

> Freund, es ist auch genug. Im Fall du mehr willst lesen,
> so geh und werde selbst die Schrift und selbst das Wesen!

und

> Das edelste Gebet ist, wenn der Beter sich
> in das, vor dem er kniet, verwandelt inniglich.

Als religiös gebundener und sich in das göttliche All versenkender Mensch ist der Inder kein Individualist. Jede Zuspitzung der Individuation ist ihm fremd und zuwider. Wohl will er sich fortentwickelnd verfeinern, differenzieren, beherrschen, die Triebe und Affekte und aufkeimenden bösen Gedanken und Strebungen in sich sänftigen und beschneiden. Sein Ziel ist aber, sich aus der Individuation in das Überpersönliche, wie es dem Weisen und dem Heiligen geziemt, zu verwandeln, das kleine psychosomatische Ich zu dem großen, allgemeinen, göttlichen Ich zu entwickeln.

Diese Religion kennt keine Religionsstifter, sie kennt aber zur Erde wiederkehrende Heilige, die das Rad der Inkarnation bis zur höchsten Vollkommenheit durchwandert haben und freiwillig zurückkehren, sich opfernd gleichsam und der Kreatur die himmlische Erleuchtung darbringend. Solche Erleuchteten sind Rama und Krischna und als letzter der Yogi Ramakrishna; auch wird dies von dem geistigen Erneuerer Indiens, Swami Sivananda, heute behauptet. Zu den leuchtendsten und höchsten Avatars (Wiederverkörperungen Gottes) wird in Indien Jesus Christus gerechnet und verehrt. Er wird als der zehnte Avatar bezeichnet. Seine Lehren und insbesondere die Bergpredigt sind in das größte und erhabenste religiöse Epos der Hindus, das Ramayana, aufgenommen worden. Und wenn die Yogis und Lehrer vom Christusgeist sprechen, so meinen sie damit die höchste und sublimste Stufe der menschlichen Vergeistigung.

Dabei ist es im Gegensatz zu den christlichen Konfessionen für den Hindu völlig gleich, ob diese Lehre Christi dogmatisch unterbaut ist oder nicht. Der Hinduismus ist in seiner Grundsubstanz undogmatisch und dogmafremd. Es ist ihm gleich, ob Christus, oder

Rama, oder Krishna Gott oder Mensch sei, da nach der Lehre der Advaita Gott und Mensch und Kreatur eins und nicht unterschiedlich sind.

Der Hinduismus ruht in sich; seine Toleranz geht so weit, daß in seiner Jahrtausende alten Geschichte niemals ein Versuch zu verzeichnen wäre, andere Völker zu seiner Lehre zu bekehren. Dazu fehlt dem Hindu der Glaube, daß seine Religion die einzig wahre sei, und er würde es als eine unzulässige Aggression betrachten, einen anderen aus seinem Glauben herauszureißen und ihm seinen Glauben aufzuzwingen.

Aus dem Erlebnis des „Tat twam asi" (Du bist das) herrscht bei den Hindus eine gegenseitige Achtung und Freundlichkeit. Der sanskritische Gruß heißt: „Maitra" (Metta in Pali), er bedeutet „Freundlichkeit", und die Metta-Meditation, mit dem Gebet: „Möge es allen Wesen wohlergehen!" ist nicht nur den Buddhisten, sie ist auch den Hindus eigen.

Am meisten aber werden in Indien die Yogis, die Sadhus, die Heiligen und Weisen verehrt, weil sie nach Vollkommenheit und Nivellierung der kleinen Ichheit und der Wünsche, Süchte, Triebe und Affekte streben und nahe an die Vollkommenheit heranreichen. Es sind nicht die Wunder, die von ihnen erzählt werden, die sie so verehrungswürdig machen, es ist das Heldentum der Selbstverleugnung und der Selbstverwirklichung; dabei bezieht sich diese Verwirklichung auf die Wirklichwerdung des Geistes. Diese Menschen sind die immerwährenden, die gegenwärtigen und aktuellen Lehrer des Volkes, die Erneuerer der religiösen Impulse und die Erhalter der alten Lehren und Praktiken der Meditation und der körperlich-seelischen Übungen, die zur Erlangung der Versenkung und schließlich der Erleuchtung führen.

Keine andere Religion hat die Lehre von der Vergeistigung des Menschen, die sie Selbstverwirklichung nennt, so über die Jahrtausende hinweg verfeinert, differenziert, bereichert und psychologisch ausgestaltet wie der Hinduismus. Buddha, der ein Brahmaanhänger war, bezog seine Yogalehre aus der gleichen Quelle; so sind seine Satipatthâna (Pfad der Achtsamkeit) und die Übungen des Zen-Buddhismus unmittelbare Abzweigungen und Varianten der gleichen Lehre. Sie sind in vieler Hinsicht vereinfachter und weniger differenziert.

Der Wert der verschiedenen Yoga-Lehren liegt darin, daß sie so weit ausdifferenziert sind, daß sie den verschiedensten Typen und Persönlichkeiten gerecht werden und jedem einen unterschiedlichen Weg zur Vollendung bieten. Der auf das Praktische Ausgerichtete wird sich mit den mehr auf das Körperlich-Seelische abzielenden Übungen der Hatha Yoga befassen, der Intellektuelle wird sich dem Jnana Yoga, der Gütige, Dienende, Liebende dem Bhakti, und jener, der sich aus den Verknüpfungen des Karma lösen will, dem Karma Yoga zuwenden. Als höchste Yoga-Lehre gilt das Raja oder Dhyana Yoga.

Alle Formen und Lehren der Yoga-Übungen haben gemeinsam eine Allgemeinverständlichkeit und -gültigkeit. Sie sind real und nicht mystisch. Mystisch ist das Ziel. Die Übung ist real und unverschleiert. Es ist reine physiologische Beeinflussung der Organe und des vegetativen Systems, und es ist reine Psychologie. Das Tier in seiner Einheitlichkeit ist noch ganz im Kosmos, es ißt, wenn es ißt, es liebt, wenn es liebt, und es schläft, wenn es schläft. Wenn wir es schlafen oder ruhen sehen, könnten wir denken, daß es meditiere, und es meditiert wirklich, denn es ist in sich selbst, in seiner eigenen Mitte, in der Mitte des Kosmos. Der Mensch fällt durch seinen Intellekt, durch sein Unterscheiden von Gut und Böse, durch seine Entscheidungsfähigkeit aus der eigenen Mitte, aus der kosmischen Mitte heraus; mit Ausnahme des Kindes und des Einfältigen, der darum in der Bergpredigt besonders genannt wird, findet er nicht mehr unmittelbar in seine Mitte wieder zurück. Er ist zentrifugal und immer in Gefahr, sich aus sich selbst herauszuprojizieren, wofür der heutige abendländische Mensch ein flagrantes Beispiel ist. Offenbar ist aber diese Gefahr der Extraprojektion schon im Beginn des Menschseins manifest gewesen, wofür die Neugier und der Ungehorsam Evas und Adams Zeugnis ablegen. Der indische Mensch war sich dieser Tendenzen bewußt, so schuf er schon sehr früh die Methoden und Übungen des „Sich-Einsammelns". Während alle Religionen diese Übungen pflegten und sie in das Ritual einbauten, sie aber mit einem Mystizismus umgaben, haben die Yogis sie klar und illusionslos als Weg und Vorbereitung zur Versenkung, zur Erleuchtung, zur Vergeistigung vorgezeichnet.

Alle Sinnesorgane, alle inneren Organe und Drüsen, die Blutgefäße, die Atmung, das Knochen- und Muskelsystem, die Seele, das Denken und das Nichtdenken, das Konzentrieren und das geistige Betrachten werden angesprochen, entwickelt, reguliert, beruhigt und aktiviert.

Die Bitte um diesen Weg lautet in der Bridhadaranyaka 1, 3—23:

Asata ma sat gamaya.	Vom Unrealen (Maya) führe mich zum Realen.
Tamaso ma jyotir gamaya.	Aus der Finsternis führe mich zum Licht.
Mrityor ma amritam gamaya.	Aus dem Tod führe mich zur Unsterblichkeit.

Bereits in der ältesten Induskultur sehen wir plastische Darstellungen von Gottheiten in Yogasitz-Haltungen (Padmasana oder Sidhasana). In der vorarischen Atharva Veda begegnen wir Übungsanweisungen der Yoga und dem Begriff „Tapas" (Glut). Es sind magische Kräfte, Hitzen, Glut, die der Fromme, der Meditierende in sich entwickelt, es ist das vergeistigende Feuer, in dem die niederen Triebe und Instinkte verbrannt werden. Der sich stets und geduldig um Vergeistigung seines Daseins, um Reinigung seines Ich, um Vereinigung mit Gott bemüht, entwickelt diese magische Kraft der inneren Glut in sich.

Ebenso im Atharva Veda erscheint das Prana, der schöpferische Atem, die Luft, der Äther, der unsere Erde umgibt. Durch die Regulierung der Atmung reguliert der Mensch gleichsam Körper und Seele. Noch sind im Atharva Veda die Pranayamaübungen nicht so differenziert wie später.

Auch das Singen, Sprechen oder Flüstern heiliger Worte, Namen oder Sprüche, das „Mantram", die zur Entleerung von Gedankeninhalten, zur Konzentration und Meditation dienen, finden wir dort. Dieses „sich auf einen Punkt ausrichten" wird „yuj" genannt, es bedeutet: Unterjochen, Zusammenfassen, Anschirren. Aus diesem Wort entstand der Begriff Yoga. Die Gedanken, die durch Übung und Zielsetzung, durch Wiederholung und Verbildlichung konzentriert werden, werden zu kosmischen, magischen, wirkenden Kräften.

In der Katha Upanishad findet sich in der Sankhyalehre das Bild von der Seele als einem Wagenlenker. Der Wagenlenker spannt die Zügel mit dem Verstand und meistert die diffusen Triebe und Affekte, Antriebe und Lüste, die als Rosse dargestellt werden. Das Sakhya lehrt, daß alle materieverhaftete Existenz sich über die Differenzierung durch den Geist zum Göttlichen emporentwickeln muß. So soll auch der strebende Mensch seine Körperlichkeit, seine Organe, seine Triebe zum Geistigen hin entwickeln. Endziel ist die völlige Vereinigung mit Gott. Darum muß sich der Mensch bemühen, dem Leben und sich selbst gegenüber gleichmütig zu bleiben, sich nicht von seinen Lüsten und Affekten beherrschen zu lassen und den Geist von den materiellen Verhaftungen frei zu machen.

Im Shvetashvatara Upanishad wird die Yoga-Technik weiter verfeinert. So heißt es dort: Der Yogi bringe seinen Körper in eine reglose und gleichmäßige, ruhende Lage, er straffe Brust, Hals und Kopf, er konzentriere seine Sinne im Herzen, dann wird er sicher über alle furchteinflößenden Ströme hinweggehen, ohne daß ihm etwas zuleide geschehe. Diese Übungen wirken sich auf die körperlich-seelische Konstitution aus; der Übende wird frei von Krankheiten und Begehrlichkeiten, er zeichnet sich aus durch Wohlklang der Stimme, gute Strahlung, Wohlgeruch und geringe Ausscheidungen. Er wird Herr über sich selbst, Herr über das Schicksal.

Innerhalb der Epossammlung der Mahabharata ist es die Bhagavadgita, das verehrteste und beliebteste Epos der Hindus, die Lehre des großen Avatars Krishna an Arjuna, in der die Gedanken über Yoga in lebendigster Form enthalten sind. Krishna ist der Gott, Arjuna, der Mensch, der Jedermann, der in seinen Nöten sich an den Erhabenen wendet. Schopenhauer schreibt über dieses Buch: „Wie ist doch jede Zeile so voll ernster, bestimmter und durchgängig zusammenströmender Bedeutung! Aus jeder Zeile treten uns tiefe, ursprüngliche, erhabene Gedanken entgegen, während ein hoher und heiliger Ernst über dem Ganzen schwebt ... Und, o wie wird hier der Geist reingewaschen von all dem früh eingeimpften Aberglauben und allen diesen fröhnenden Philosophien! Es ist die belehrendste und erhabenste Lektüre, die auf der Welt möglich ist; sie ist der Trost meines Lebens gewesen, und wird der meines Sterbens sein."

Als Motto geht durch das ganze Buch: „Bezähme Deine Begierden, liebe Gott, überwinde Dich selbst!"

So spricht Krishna zu Arjuna:

Du trauerst, wo kein Grund zur Trauer ist,
und Deinen Worten fehlt's an wahrer Weisheit.
Die Weisen trauern nicht um das, was lebt, noch um den Tod.
Nie gab es eine Zeit, in der Ich nicht war, oder Du;
auch jene, der Erde Herrscher, waren stets;
noch wird die Zeit in Zukunft kommen,
da nur einer aufhören wird zu sein, der wahrhaft ist.
Was wirklich ist, lebt ewig.

Wie im Körper auf Kindheit Jugend und Alter folgt,
so folgt Entstehung und Vergehung stets
für die Gefäße, die der Geist bewohnt.
Das, was unsterblich ist im Menschenherzen
wird wieder neu in Leibern offenbar.

Die Weisen wissen es und trauern nicht.
Dein Sinnesleben ist's allein,
das Dich mit Stofflichem verbindet,
Kälte, Hitze, Lust und Schmerzen Dich empfinden läßt.
Kurz ist's und wechselnd; trag es mit Geduld.
Die in sich selbst erstarkte Menschenseele,
die über diese Dinge sich erhebt,
in Freud und Leid sich gleich und ruhig bleibt,
besteht in Ewigkeit.
Was wahrhaft ist, bleibt wirklich stets,
und was nicht wirklich ist, kann nie in Wahrheit sein;
doch zwischen Sein und Schein zu unterscheiden,
das vermag die Weisheit dessen, der die Wahrheit kennt.

So wisse denn; unsterblich ist der Geist,
der alles Lebens Kraft und Ursach ist. Er kann nicht untergehn.
Niemand kann des Daseins Grund, das Ewige vernichten.
Die flüchtigen Schattenbilder nur, die wir des Geistes Tempel nennen,
die vom Geiste bewohnt und überschattet werden, sterben.
Laß sie denn sterben, o Prinz, und kämpfe mutig.

Wer sagt: „Ich hab getötet", oder glaubt,
daß man ihn töten könne, urteilt falsch:
sein wahres Selbst erkennt er nicht,
das nicht getötet werden kann, und auch nicht tötet.

Nie wird es geboren; niemals endet es.
Anfang und Ende der Veränderung sind nur Träume,
die das Zeitliche betreffen.
Formen vergehen, doch der Geist besteht.
Und wer das Wesen aller Dinge kennt,
das unerschaffen, unvergänglich ist,
der weiß auch, daß das Wesentliche nicht vernichtet wird,
wenn auch die Form vergeht.

So wie ein Mensch die abgetragnen Kleider von gestern ablegt
und ein neu Gewand am Morgen wählt,

so legt des Menschen Geist
des Fleisches morsch gewordne Hülle ab,
und erbt aufs neu ein andres Haus von Fleisch.

Durch Waffen wird es nicht verletzt,
das Feuer verbrennt es nicht,
durch Wasser wird es nicht ersäuft,
noch bringt der Wind es zum Vertrocknen.
Es wird von nichts durchdrungen,
unverbrennlich und unzerstörbar ist es;
doch durchdringt es alle Dinge;
unbeweglich selbst, bewegt es alles.
Niemand kann es sehen, und kein Gedanke kann es in sich fassen.
Auch kann man es nicht beschreiben.
Wer es geistig erkennt, der wird auch deshalb nicht mehr trauern,
wenn man ihm sagt, daß dieser oder jener gestorben sei.
Du weißt, der Abgeschiedene ist gleich dem Neugeborenen.
Beide leben. Das Wesen beider ist der eine Geist.
Das, was geboren wird, muß schließlich sterben;
des Sterbens Ende ist die Neugeburt; so heischt es das Gesetz;
betrüb Dich nicht, da Du des ewigen Gesetzes Lauf nicht ändern kannst.
Veränderung ist das Los von allen Dingen.
Sieh, im ewigen Sein ist jedes Ding unoffenbar enthalten.
Dann kommt's zum Vorschein und beim Tode kehrt's dorthin zurück,
woher es gekommen war. Was ist da zu beklagen, teurer Prinz!?

Über die Problematik und die Schicksalsverhaftetheit allen Tuns befragt, antwortet Krishna:

Tu, was Du willst, und wolle, was Du sollst.
Das Werk allein soll Deine Sorge sein,
und nicht der Vorteil, der daraus entspringt;
nicht nach der Werke Früchte sollst Du trachten,
doch sei nicht müßig, sondern handle.

Tu, was Du zu tun hast, weil es geschehen muß,
und sorg Dich nicht dabei um den Gewinn, der für Dich abfällt.
Laß den Selbstwahn ziehn! Glück oder Unglück sei Dir gleichviel wert. Gleichmut ist Yoga.

Alles, was Du tust, wenn es Deinem Selbst entspringt,
hat wenig Wert. Mehr als das Werk gilt die Erkenntnis.
Nimm im Himmel Deines Inneren Deine Zuflucht,
und frag die Tugend nicht, wieviel sie bringt.

Siddhâsana, eine wichtige Yoga-Positur

Über die Selbstverwirklichung durch Yoga sagt Krishna:

Wenn, o Prithas Sohn! ein Mensch den Wünschen,
die das Herz bewegen, entsagt hat,
und in sich zur Ruh gekommen,
den Frieden in sich selbst gefunden hat; so hat er Yoga erlangt.
Ein solcher Mensch wird nicht vom Gram betrübt,
und kein Genuß belustigt ihn.
Er wird nicht mehr bewegt von Habsucht, Neid, Furcht oder Zorn;
er ruht in der Erkenntnis, die sein Glaube bringt.
Er ist ein Muni, oder Heiliger; Einsiedler nennt man ihn, weil er,
befreit von äußeren Dingen, in sich selber lebt.
Er ist an niemand und an nichts gebunden,
von Wünschen frei, im Unglück nicht verzagend, vom Glücke nicht
erregt. Das sind die Zeichen des Menschen,
der ein wahrhaft Weiser ist. Wie die Schildkröte unter ihrem
Schilde die Glieder einzieht, wenn Gefahr sich naht,
so wendet er vom Äußeren die fünf Sinne dem Inneren zu.
Das ist der Weisheit Zeichen.
Die Sinne haben keine Macht mehr über ihn,
der selbstbeherrschend den Sinnen sich entschlägt;
selbst der Geschmack am Sinnlichen vergeht dem,
der der Lust daran entwachsen ist. . . .

. . . Wohl sind die Sinne stark, allein das Herz ist stärker als die
Sinne, stärker noch als dies ist die Vernunft
und über dieser erhaben, scheint der Wahrheit göttlich Licht.
Hast Du den höchsten Herrscher dann erkannt, so stärke Dich
durch Ihn in Deiner Kraft.

. . . O Pandus Sohn, die Wahrheit wird Dich lehren,
daß in Dir selber alle Welten sind, — und Du in Mir.

In diesem erhabenen Gesang ist die gesamte Weltanschauung des Hindu ausgesprochen. Sie und die Yogalehre unterscheiden sich nicht voneinander. Yoga ist lediglich die höchste Vollendungsstufe dieser Lehre.

Patanjali hat in den ersten nachchristlichen Jahrhunderten die klassische Yogalehre in den „Yoga Sutras“ niedergelegt. Er fordert geistige Übungen und Überwindung der Leidenschaften, sittliche Zucht (Yama), die Versenkung. Wichtigstes Gebot ist „Ahimsa“ — Nicht-Töten, Nicht-Gewaltanwenden, Heilighaltung allen Lebens, Ehrfurcht vor der Kreatur. Eine solche Haltung wird auch auf Tiere angewendet, und es wird wie in den christlichen Heiligenlegenden erzählt, daß die Tiere diese Haltung und Ausstrahlung fühlten und voller Vertrauen zu dem Friedfertigen waren.

Patanjali fordert vollkommene Wahrhaftigkeit — nicht lügen; der Gedanke und das Wort sind weltbewegende Kräfte; aus jedem guten Gedanken und Wort fließen heilende Kräfte, jeder böse Gedanke und jedes böse Wort erschüttert die Harmonie im kleinen Kreis und pflanzt sich störend in den Kosmos fort.

Eine weitere Forderung ist: nicht nehmen, was nicht gegeben wird. Nicht nur nicht stehlen, sondern auch nicht fordern und um die Erlangung bitten. Dem, der nicht bittet und sich nicht selbst nimmt, strömen die Dinge zu.

Eine Voraussetzung für den Yogapfad ist die Keuschheit (Brahmacharya). Durch freiwillige und nicht aufgedrängte oder verdrängte Keuschheit werden im Menschen geistige Kräfte intensiviert.

Letztlich wird Freisein von aller Begehrlichkeit gefordert. Diese Freiheit bedeutet nicht Untätigkeit und Negation. Im Gegenteil, es wird Tätigkeit, Dienst, Mitleid, Milde, Liebe verlangt. Doch soll die Liebe so frei sein, daß sie dem geliebten Objekt alle Freiheit zugesteht, sie soll frei sein von Begehrlichkeit, Besitzessucht und Eifersucht. Die Freundschaft soll eine geistige sein. Das Tun soll sich auf die Tätigkeit selbst erstrecken und nicht auf den Gewinn, der aus der Handlung entsteht. Nur der Befreite kann den Weg des Yoga gehen.

*

Während das klassische Yoga naturgemäß an den Hinduismus gebunden war, ist es heute durch die Lehren und Bestrebungen der zeitgenössischen größten Yogis, Paramhansa Yogananda und Swami Sivananda, auf der Basis der alten Lehren modernisiert und polyvalent gestaltet worden. So kann die Yoga-Lehre und -Praxis heute von Christen aller Konfessionen, von einem Moslem, einem Juden, einem konfessionell nicht Gebundenen geübt und verwirklicht werden. Sie ist zweifelsohne die differenzierteste und weitest ausgebaute, auch psychologisch fundierteste Praxis zur höchstmöglichen Vergeistigung und Konzentrierung der Persönlichkeit. Sie ist immer und überall anwendbar und steht in keinem Gegensatz zu irgendeinem religiösen Bekenntnis.

Im Gegensatz zu den Meditationsübungen anderer Religionen nimmt die Yoga-Lehre Bezug auf die verschiedenen Konstitutionen,

Reifungsgrade, Strebungen und Veranlagungen der Persönlichkeit. Sie ist also polyvalent auch in diesem Sinne.

Aus alter Zeit sind uns fünf Yoga-Lehren, die sich natürlich gegenseitig berühren und durchdringen oder sogar Steigerungen bedeuten, bekannt. Es sind das: 1. Hatha Yoga; 2. Karma Yoga; 3. Jnana Yoga; 4. Bhakti Yoga; 5. Raja Yoga. In heutiger Zeit wurde durch Paramhansa Yogananda die uralte Lehre des Krya Yoga wieder ins Leben gerufen, eine Methode, die es jedem mitten im Leben und Beruf Stehenden erlaubt, sie zu üben.

Swami Sivananda in Rishikesh, Himalaya, lehrt in seiner Yoga Vedanta Forest University und seinen zahlreichen Büchern über Yoga und über Upanishad das Yoga der Synthese, ebenfalls eine Praxis, die von jedermann befolgt werden kann.

Die Übungen der Hatha Yoga zielen vor allem auf die Beherrschung des Körpers und des Vegetativums. Nur Einer, der seine körperliche Tätigkeit, seinen Herzschlag, seine Verdauung, seine Atmung, seine Muskulatur beherrschen kann, kann Herr über seine seelischen Funktionen und seinen Geist werden. Es soll keiner sagen: „Ich lerne, meinen Geist ohne dieses zu beherrschen." Wir wissen, daß wir das nicht können. Ein Abendländer ist nicht einmal mehr in der Lage, wenige Minuten reglos zu sitzen, ohne daß es ihn irgendwo zwickt, zuckt oder juckt. Er weiß nichts von seinem Atem und wird beherrscht von seinen Gewohnheiten, Trieben, Affekten und Lüsten. Das Hatha Yoga gibt erst die Basis ab für die weiteren Übungen, die das Seelisch-Geistige betreffen.

Das Yoga betrachtet das Leben nicht unter dem Aspekt des fortgesetzten Genusses und „Sich-Auslebens", sondern unter dem Aspekt der immerwährenden bewußten und gezielten Reifung und Entwicklung zum Geistigen. Diese Entwicklung ist eine sehr langsame und umfaßt mehr als ein Leben, es ist ein stetes Sich-Fortbewegen und Durchkämpfen zum Abbild Gottes, zum Heiligen, zum Weisen. Es handelt sich um einen Kampf auf zwei Fronten, nach Innen in der Beherrschung des kleinen Ichs und nach Außen um die Gestaltung der Dinge, die vom Schicksal und von den Begegnungen her gegen uns anstürmen. Es wird daher ein möglichst langes und gesundes Leben erstrebt. Krankheit stört die Kräfte der Entwicklung und hindert ihre freie Entfaltung. Hatha-Übungen sind allen anderen Yoga-Praktiken ebenfalls eigen, wenn sie auch nicht zum Selbstzweck erhoben werden.

Erste und wichtigste Übung ist die Beherrschung der vollkommenen Reglosigkeit und die Entfaltung höchstmöglicher Geduld. Dazu dienen die 84 Körperstellungen „Asana". Die wichtigsten von ihnen sind die verschiedenen Sitzhaltungen. Der Inder übt sie seit Kindheit, sie sind ihm gemäß; er bedarf keines Stuhls und keines Sessels, nicht einmal einer weichen Unterlage. Jeder Fußboden, jede Erdoberfläche ist ihm bequemster Sitz, dieser Sitz hat noch den Vorzug, daß er ausruhender ist als unsere Stühle. Für den erwachsenen Abendländer ist das Erüben dieser Sitzhaltungen nicht leicht, da sein Muskel-Knochen-System daran nicht gewöhnt ist. Es ist aber nach einiger geduldiger Übung durchaus erlernbar, und nach einiger Zeit empfindet man die Wohltat solchen Sitzens. Bei diesen Sitzhaltungen bilden das Gesäß, die Schenkel und die Füße ein etwa gleichschenkliges Dreieck, das mit breiter Unterlage dem Fußboden aufliegt. Das Rückgrat, der Hals und der Kopf ragen senkrecht und reglos aus diesem Dreieck hervor. Die Arme liegen lose auf den Schenkeln oder sie werden etwa in der Gegend des Bauchnabels gefaltet.

Die Berühmteste, doch für den Abendländer schwierige Stellung ist „Padmasana", der Lotossitz. Im Sitzen wird das linke Bein im Knie gekrümmt, der Fußrücken wird auf den rechten Oberschenkel in der Gegend der Leiste aufgelegt. Dann wird das rechte Bein im Knie gekrümmt und der rechte Fuß wird in gleicher Weise auf die linke Leistenbeuge aufgelegt. Auf diese Weise ist ein sehr fester und regloser Sitz gewährleistet.

„Siddhasana", die vollkommene Stellung: das linke Bein wird gebeugt und die Ferse wird in den Winkel des Damms gesetzt. Das rechte Bein wird ebenfalls gebeugt, die Ferse wird über die andere Ferse gelegt und die Fußspitze wird in die Beuge zwischen Unterschenkel und Oberschenkel gelagert. Dieser Sitz ist auch von dem Abendländer übbar. Es bedarf allerdings einer mehrmals täglichen Übung, bis man den Sitz als bequem empfindet. Jugendliche und Kinder lernen ihn schnell.

Eine ebenso bequeme und leicht zu erlernende Stellung ist „Swastikasana" (glückliche Stellung): Man setzt sich mit ausgestreckten Beinen etwa im Winkel von 60 Grad hin. Man beugt das linke Bein und bringt die Fußsohle gegen den rechten Oberschenkel, so daß die Zehen etwa in die Kniekehle zu liegen kommen. Dann beugt man das rechte Bein und legt den Fuß in die Spalte, die zwischen dem Oberschenkel und der Wade gebildet wird.

Diese drei Stellungen, wobei es vollkommen genügt, nur eine von ihnen zu beherrschen, werden bei allen Yoga-Übungen, sei es Atmung, sei es Konzentration oder Meditation, angewandt. Es ist also wichtig sie zu erlernen, bis sie einem zur Gewohnheit geworden sind. Diese Übung, richtig ausgeführt, bedingt eine vollkommene und wohltätige Entspannung.

All die anderen Asana-Übungen beziehen sich auf Aktivierung oder Beruhigung einzelner Organe oder Organgruppen oder Muskeln und führen zu einer höchsten Beherrschung des Körpers, einer Widerstandskraft und Vitalisierung der Persönlichkeit, gleichzeitig zu einer Sparsamkeit im Verbrauch der Verbrennungsprozesse und Regulation der Drüsentätigkeit. Alle kosmischen Kräfte und Stoffe werden dem Körper zueigen gemacht und er lernt es, sie vollständig zu verarbeiten und nutzbar zu machen.

*

Wie alles Tun geheiligt und durchgeistigt werden soll, so soll auch die Nahrungsaufnahme mit Bewußtsein und Heiligung geschehen. Ein den Sinneslüsten unterlegener Mensch kann seinen Geist nicht befreien. So soll die Nahrung einfach, gut, rein und maßvoll sein. Man braucht nicht hart zu fasten oder zu hungern, man soll aber ebensowenig prassen und sich überessen. Vegetarische Diät wird vorgezogen oder auch gefordert. Gerste, Weizen, Roggen, Buchweizen, Milch, Butter, Sahne, Käse, Erbsen, Linsen, Reis, Nüsse, Mandeln, Zucker, alle Obstsorten und Obstsäfte werden empfohlen. Möglichst soll eine größere Mahlzeit am Tage eingenommen werden, abends soll man den Magen nicht beladen. Die Hindu-Yogis raten von dem Genuß von Fleisch, Fisch und Eiern ab. Der abendländische Yogi C. Kerneiz dagegen sagt: „Es beschmutzt nicht den Menschen, was in ihn hineingeht", und führt große Weise und Heilige des Abendlandes an, die trotzdem Fleisch genossen. Immer sei man sich aber bewußt, daß das Essen nicht Selbstzweck ist, sondern der Erhaltung und dem Aufbau des Körpers dient. Man soll alles, was man ißt, in Heiligung genießen und sich daran freuen und es als das Erhaltende in sich aufnehmen, man darf sich aber nicht zum Sklaven seines Gaumens und seines Bauches machen.

Gleichzeitig mit den Übungen der hier beschriebenen Asanas beginne man mit den Übungen des Pranayama — der Regulation der Atmung. Es ist nicht nur Luft und nicht nur der Sauerstoff, den man in die Lungen und von dort in den Blutkreislauf und in jede einzelne mikroskopische Zelle einzieht und durch die ausgeatmete

Luft die verbrauchten Gase abgibt. Es ist der geistige, der ätherische Stoff aus dem Universum, den man in sich aufnimmt. Auf das „Wie" dieser Aufnahme kommt es an. Buddha lehrt es, den eigenen Atem still und reglos und nach innen gekehrt zu beobachten, der Japaner übt es von Kindheit an, bewußt-unbewußt zu atmen und seinen unregelmäßig gewordenen Atem gleich wieder zu regulieren, und bringt damit sein in Erregung geratendes Vegetativum sofort wieder zur erwünschten Harmonie zurück.

Das Pranayama Yoga empfiehlt eine konsequente mehrmals täglich auszuführende Atemübung. Man sitze reglos in einer gewohnten Asana, man konzentriere seine Gedanken und seine Aufmerksamkeit auf den Atem. Man atme rhythmisch. Man zähle etwa beim Einatmen bis vier, halte den Atem die gleiche Zeit ein, atme im Viererrhythmus aus und halte den Atem wieder die gleiche Zeit ein. Diese Übung umfaßt also 16 Sekunden, das ist ein Atemvorgang. Die Dauer dieser Übung sollte zunächst 3 Minuten nicht übersteigen, erst allmählich erhöhe man die Übungszeit. Es genügt, wenn man sie drei- bis viermal täglich vornimmt.

Man soll nicht in typisch westlichem Wettbewerbsdrang diese Übungen steigern oder vertiefen. Man soll erst die leichtesten und kleinsten Übungen wochen- und monatelang durchführen, bis sie einem zur Gewohnheit geworden und ins Unbewußte hinabgeglitten sind. Erst dann kann man die Zeiten veränderen, etwa den 5 oder 6 Sekunden-Rhythmus einführen und so weiter. Die Hatha Yogis lernen es über Jahre, einen einzigen Atemzyklus auf 20 Minuten auszudehnen.

Es gibt aber auch einfache Übungen des bewußten tiefen Ein- und Ausatmens, oder des wechselseitigen Atems durch das rechte und das linke Nasenloch. Dabei hält man das nicht atmende Nasenloch mit dem Finger zu, oder drückt die Nüster an. Später lernt man es spielend, den Atem durch die Nasenlöcher abwechselnd einzuziehen.

Eine andere, schwierigere Übung ist es, den Atem tief in etwa 2 Sekunden einzuatmen, 4 Sekunden anzuhalten, 6 Sekunden langsam und tief auszuatmen und dann wieder von vorn zu beginnen, das ist ein dreifacher 12 Sekunden-Rhythmus, den man auch nur wenige Minuten übt. Später kann man den Rhythmus auf 3, 6, 9 Sekunden oder 4, 8, 12 oder 5, 10, 15 erhöhen. Doch soll man das erst nach jahrelanger vorsichtiger Übung versuchen. Man bedenke, solche Übungen erstrecken sich, wenn man die Angelegenheit ernst nimmt, über das ganze Leben; man hat also genug Zeit! Auch die Pranayama gehört nicht allein zu dem Hatha Yoga, sie ist das Werkzeug aller Yogaschulen und die Voraussetzung zu den folgenden Übungen der Konzentration und Meditation.

Das „Pratyahara“, die Einziehung der Organe und Sinne, das Bild der Schildkröte, die ihren Kopf und ihre Gliedmaßen in den bergenden Panzer einzieht, ist der Erfolg der konzentrierten Übungen der Reglosigkeit, der Atmung und der geistigen Konzentration auf dieses Tun. Es ist die Fähigkeit, sich von der Außenwelt, ebenso aber auch von der Innenwelt abzuschließen. Unbewußt können wir uns mehr oder minder abschalten. Im Schlaf sind wir von außen gänzlich abgeschlossen und nehmen nichts wahr, was um uns geschieht. Aber auch wenn wir uns auf eine Arbeit oder Tätigkeit besonders stark konzentrieren, kommen Geschehnisse aus der Welt nicht an uns heran, sie werden ausgeschaltet, weil unser Auge oder Ohr oder der Geschmacksapparat oder das Getast zwar wie immer da sind und funktionieren, doch ist das Bewußtsein und die Aufmerksamkeit durch anderes so stark in Anspruch genommen, daß der Reiz nicht ankommt. Das erleben wir ebenso bei starker Inanspruchnahme unseres Interesses durch ein bestimmtes Thema als auch bei dem Zustand, den wir Zerstreutheit nennen, bei dem der zentrale registrierende Apparat nicht richtig zu sammeln vermag und für die Reize durchlässig geworden ist. Wir erleben also Pratyahara unwillkürlich täglich. Erst durch konsequente Übung gelingt es uns, es willentlich zu erzeugen und unsere Aufmerksamkeit, unter Ausschaltung aller anderen Gefühle, Empfindungen und Sinneswahrnehmungen, auf ein von uns gewünschtes Gebiet zu lenken. Sei es auf die beabsichtigte Körperhaltung, sei es auf die Tätigkeit eines Organs oder einer Organgruppe, sei es auf die Atmung oder die Entspannung, sei es auf die gedanklichen Vorgänge.

Hierher gehören auch die Übungen der Kundalini Yoga, der bewußten meditativen Erweckung von sieben Zentren, die innerhalb des Gehirns und Rückenmarks verteilt sind und nach indischer Lehre geheime, magische Kräfte enthalten, oder die Errungenschaften des „Autogenen Trainings“, wie *J. H. Schultz* sie für den westlichen Menschen lehrt.

Wendet man sich der Yoga-Lehre und -Praxis zu, so muß man mit der Hatha Yoga beginnen. Diese hier in aller Kürze skizzierten Übungen sind für jeden Schüler unerläßlich. Man kann den Geist nicht beherrschen, wenn man nicht gelernt hat, über die primitivsten

Regungen seiner Muskeln, Organe, Sinneswerkzeuge, Affekte und Triebe Herr zu werden.

*

Das Raja oder Dhyana Yoga ist das königliche, oder das Yoga der Meditation. Es führt uns erst über die Beherrschung des körperlichen zu der Entfaltung und Beherrschung des Geistes, zu Vergeistigung, und schließlich zu dem großen Erlebnis des „Samadhi", der Unio mystica, des „Enthusiasmus", des „Seins in Gott", des „Allwerdens mit dem Kosmos". Auch für diese geistige Entwicklung hat das Yoga minutiöseste Lehranweisungen ausgearbeitet. Ihr Weg führt uns von der Entleerung der Gedankeninhalte und der inneren Gelassenheit, die über das Schweigen, das Singen oder Sprechen oder Flüstern oder Denken von heiligen Namen oder Gebeten oder Sinnsprüchen — „Japa Yoga, Mantra Yoga, Sankirtan" — zur Konzentration, „Dharana", über Einengung der Sinne und Gedanken auf einen Punkt (Ekagrata) oder Bildbetrachtung (Yantra Yoga, Mandala) zur Meditation (Dhyana, chinesisch Ch'an, japanisch Zen). Bis einschließlich dem Zustand der Meditation sind alle diese Wege vom Bewußtsein und vom Willen aus übbar und entwickelbar. „Samadhi" oder „Satori", wie ihn die Japaner nennen, ist ein Geschenk, eine Gnade. Sie kann einem ohne alle Übungen zuteil werden. Die Übungen allerdings machen den Geist empfänglich und durchlässig dafür.

Zur Erzeugung der Gelassenheit und des Zustands der inneren heiligen Leere gibt es ein wirksames Hilfsmittel. Es ist die „Japa", die langanhaltende Wiederholung eines Wortes, eines Satzes. Diese Wiederholung bewirkt, daß wir in dieser Zeit durch die Sinnesorgane oder durch Gedankenassoziationen nicht abgelenkt werden und sehr bald in einen Zustand geraten, den man mit Schwimmen vergleichen könnte; man fühlt sich getragen, leicht, eingebettet in einen schmiegsamen Stoff, der einen allseits umgibt.

Das „Mantram" kann sich jeder wählen nach seinem Geschmack. Der Inder bevorzugt das heilige Wort AUM oder OM, aus dem unser Amen stammt. Der Tibetaner wiederholt singend den Spruch: „OM mani padme hum"; der indische Buddhist wiederholt: „OM namo Amithabhaya Buddhaya" (Om im Namen des unbegrenzten Lichts Buddhas); der Chinese spricht es: „O-mi-to-fo", und der Japaner: „Namo Amida Butsu" aus.

Der Hindu ruft seinen Gott an. Vishnu mit dem Mantram: „OM

namo Narayanaya"; Siva mit dem Mantram: „OM namo Sivaya"; Krishna: „OM namo Bhagavate Vasudevaya"; Rama: „OM Sri Ram, jeya jeya Ram"; und für die beiden geliebtesten Götter Rama und Krishna: „Om hare Rama, hare Rama, Rama, Rama, hare, hare. Hare Krishna, hare Krishna, Krishna, Krishna, hare, hare."

Die Meditation über das Weltall erinnert uns an die Lauretanische Litanei:

Himmel ist sein Haupt.
Erde sind seine Füße.
Vier Himmelsrichtungen sind seine Hände.
Sonne und Mond sind seine Augen.
Äther ist sein Atem.
Feuer ist sein Mund.
Die Lehre ist seine Brust.
Die Nichtlehre ist sein Rücken.
Gras und Pflanzen sind seine Haare.
Berge sind seine Knochen.
See ist seine Blase.
Flüsse sind seine Adern.

Besonders wirkungsvoll ist die Advaita-Meditation; die Mantram, die sich darauf beziehen, sind: „Tat twam asi" — Du bist das, oder: „Aham Brahma asmi" — ich bin Brahma, der höchste Geist; oder: „So ham" — ich bin Er. Sie meinen alle das gleiche.

Der orthodoxe Grieche meditiert an dem Mantram: „Kyrie eleison, Christe eleison!" (Herr erbarme Dich unser, Christe erbarme Dich unser). Der orthodoxe Russe betet das Herzensgebet: „Gospodi Jssússe Christé, Ssýne Bóschii pomílui nass" (Herr Jesus Christus, Sohn Gottes, erbarme Dich unser). Und der Katholik betet: „Agnus Dei, qui tollis peccata mundi, libera nos Domine".

Menschen, die jenseits der religiösen Bindung stehen, oder solche, die durch ein Übermaß an Intellekt keinen Zugang zu der kindlichen Geborgenheit mehr haben, spotten über das „sinnlose Herplappern von Gebeten", nicht wissend, daß diese urältesten heiligen Mantram in Wirklichkeit Wege zu Gott, Wege zum eigenen inneren Geist sind. Jede Religion kennt diese heiligen Anrufungen, alle unsere Vorfahren haben sie in Andacht und Heiligkeit geübt, und wir sollten uns nicht schämen, sie als Mittel zur Entleerung, zur Gelassenheit, zur Konzentration und Meditation zu benutzen.

Auch der nicht religiös Gebundene kann das Mantram der „Maitra Sutra" still für sich wiederholen, in diesem Gebet sich von Haß und Neid und Mißgunst freimachen und in sich selbst den besseren, den geistigen Menschen entfalten: „Mögen alle glücklich sein, mögen alle gesund sein, mögen alle das Antlitz des Glückes sehen, nicht ein einziger Mensch soll unglücklich sein! Friede! Friede! Friede!"

Das Hersagen von Mantrams, das Japa, ist nicht nur ein religiöser Brauch fast allenthalben, es ist auch eine psychische Disziplin. Nicht nur in Kirchen und bei Prozessionen, bei Exerzitien oder bei dem Gebet in der stillen Kammer wird es geübt. Es ist wahrscheinlich die älteste Form des Wortgebrauchs, aus der Zeit, da das Wort noch eine magische und den Äther bewegende Kraft war, als man noch an die Macht des Gedankens und des Wortes als seiner lautlichen Verwirklichung glaubte.

Unsere alten Volksgesänge, die ältesten Gebetsgesänge und die Kinderlieder sind noch die Überreste der magischen Japas. Erinnern wir uns doch, wie oft und wie lange wir unseren kleinen Kindern die Liedchen: „Eia popeia, diedel dum dum", oder:

Matje, Matje, Timpe Te,
Buttje, Buttje in der See,
Myne Fru de Ilsebill
Will nich so as ick wol will

vorsingen und mit welch unermüdlicher Freude sie ihnen zuhören. Wie oft gelingt es uns, ein Kind mit diesen Japas in den Schlaf zu singen!

*

Die Brahmanen, die Buddhisten, die Moslems, die Christen katholischen und orthodoxen Bekenntnisses benutzen die „Japa Mala", den Rosenkranz, als Vehikel zur Erreichung der Konzentration und Meditation. Der Rosenkranz ist von den Kreuzfahrern aus dem Orient in das Abendland gebracht worden. Auf Sanskrit heißt „Japa" gleichzeitig Gebet und Rose, gemeint war die Gebetsschnur oder der Gebetskranz. Sie alle dienen dem Gebet und der Versenkung. Jede Perle, über die der Finger gleitet, entspricht einem Gebet, einer Anrufung, einem Mantram. Der Betende, der den Rosenkranz benutzt, weiß, welche Kräfte der Meditation, des „Sich-Lassens", des Einströmens in die geistige Welt ihm aus dieser Vereinigung von Beten mit Gedanken, Herz und Fingern erstehen. Der Fremde kann darüber nur lachen, weil er es mit dem Intellekt nicht fassen kann. So steht in dem Lexikon „Die Religion in Geschichte und Gegenwart“ (Handwörterbuch in gemeinverständlicher Darstellung, Verlag J. C. B. Mohr, Tübingen 1910) über die Gebetsandacht des Rosenkranzes: „Die Wiederholung der Gebetsformeln soll die Andacht intensivieren und feuriger machen, meist ist freilich das Ergebnis vielmehr nur ein gedankenloses Plappern.“ Wer die Dinge natürlich so ansieht, dem sind die Tore zum Begreifen der urältesten, endothymen und mythischen Exerzitien der Menschheit zur Erreichung seelisch-geistiger Versenkung verschlossen.

Swami Sivananda, der größte lebende Yogi, der Arzt und Psychologe, rät jedem Yoga Übenden einen Rosenkranz, eine Japa Mala zu benutzen, weil das Beten mit der Japa Mala die Entfaltung der Konzentration und Meditation erleichtert. Swami Sivananda empfiehlt, die Japa Mala und das Denken, oder Flüstern, oder Summen von Mantrams, von Sprüchen oder Gebeten so oft und so viel zu üben als eben möglich. Wir können es beim Ankleiden, beim Essen, bei einer mechanischen Arbeit und beim Ausruhen tun. Wir wollen uns nichts einbilden: wir denken durchaus nicht die ganze Zeit; ja schöpferische und konstruktive Gedanken sind eine Seltenheit. Was in uns vorgeht, ist: es denkt in uns. Es sind Gedankenfetzen, Assoziationen, unausgesprochene Wünsche und triebhafte Regungen, die uns beherrschen, nutzlose Dinge. Füllen wir uns mit guten, reinen, heiligen Gedankeninhalten, so verwehren wir den Zufallseindringlingen den Zutritt. Unsere Stimmung wird gehoben, unsere Absichten werden rein und gut. Die Gedanken werden zu Kräften.

Wollen wir dann einen schöpferischen Gedanken fassen und entwickeln, so gewinnt er auf diesem vorgebildeten Urgrund eine Frische, einen Reichtum und eine Bildekraft wie nie zuvor.

*

„Dharana“ heißt Konzentration. Das Mantram ist die Vorstufe dazu, die Vorbereitung. Konzentration oder das sanskritische Wort „Ekagrata“ meint das sich Richten auf einen Punkt. Alle Sinne und Gedanken sind auf ein Ding ausgerichtet und gegen alle anderen Dinge abgeschirmt. Wenn wir einen Kriminalroman lesen, so sehen, hören und fühlen wir nicht, was um uns her geschieht, so absorbiert ist unsere Aufmerksamkeit; dasselbe gilt, wenn wir etwas tun, was uns lebhaft interessiert: die Pforten der Wahrnehmungen werden automatisch verschlossen, es kommt nichts aus der Umwelt heran.

Wir können es aber auch bewußt lernen und üben, die Pforten nach unserem Gutdünken zu schließen. Man soll alle hier verzeichneten Übungen in einer der Sitzhaltungen und nach vorheriger Atemübung von einigen Minuten in regloser Haltung verrichten. Diese Übung der Reglosigkeit ist bereits eine körperliche Übung der Konzentration.

Man kann den Blick unverwandt und ohne zu zwinkern auf eine weiße Fläche, auf der ein schwarzer 10 Pfennig großer Fleck aufgemalt ist, richten. So verharrt man anfänglich mehrere Minuten, später viel länger. Der Japaner besitzt Kugeln aus Bergkristall, in deren opaleszierende Mitte er unverwandt schaut. Leonardo da Vinci gibt seinen Schülern die Anweisung, auf eine große Fläche einer verputzten Wand zu schauen, bis sich Gestalten und Bilder aus ihr abzeichnen. Ebenso kann man die Augen schließen, oder bei fast geschlossenen Lidern die Augäpfel nach oben und etwas nach innen drehen, wie wenn man auf den Punkt über der Nasenwurzel auf der Stirn schaute. Man kann beobachten, was dort vorgeht; es ist niemals nur dunkel, es treten Farben und Formen auf, die sich ständig verändern.

Der mehr intellektuell Eingestellte kann sich auf eine mathematische Formel, auf einen philosophischen Satz, auf ein geschichtliches Ereignis konzentrieren. Das Wesentliche ist immer die Ausrichtung auf einen Punkt und die Abschaltung aller eindringenden Gedanken und Sinnenreize. Wird diese Übung dem Suchenden zur Gewohnheit, so entfalten sich daraus ungeahnte seelische Kräfte und Beherrschtheiten. Nicht nur in Hinsicht auf das Gedächtnis, die schöpferische Phantasie, die Gestaltungskraft, die gedankliche Verfügbarkeit; die Kraft der Rede und das ganze Auftreten werden überzeugend und bekommen Gewicht.

*

„Yantra Yoga“, Bildmeditation, gehört in das Grenzgebiet zwischen Konzentration und Meditation. Es ist allen Völkern eigen. Nur der aus dem endothymen Sein Herausgesprungene, der Intellektuelle, ist nicht mehr in der Lage sie zu begreifen; er nennt jede Form der Bildmeditation einen Götzendienst, er ist Ikonoklast, Bilderstürmer, weil ihm das Bild nichts mehr bedeutet, es fehlen ihm die eidetischen Kräfte einer versenkenden Bildbetrachtung.

Der Hindu meditiert vor einem Lingam oder vor dem Bildnis des Gottes Shiva, oder Vishnu, oder Ganescha, oder vor dem flötenspielenden heiteren reinen Krishna, dem „Bihâri Lal“, dem spielenden Liebling. Oder man meditiert über den schönen Chakra-Bildern, oder über symbolischen geometrischen Figuren, den konzentrisch angeordneten „Mandalas“.

Der Buddhist meditiert über der Figur des lehrenden oder in Versenkung verweilenden Buddhas, der höchsten Vollendung der meditativen Form. Kein abendländisches Bild noch Plastik hat je diese übersinnliche Ruhe, Beruhigtheit, Konzentration und Ferne von der unruhigen Welt der Triebe und Affekte, und der Ferne vom Leid aufzuweisen. Nichts wäre auch für einen Abendländer dienlicher, als über einer solchen Buddhafigur oder einem Photo einer solchen Figur zu meditieren.

Der Chinese und der Japaner kann über einem beliebigen Tuschebild meditieren. Auch eignen sich dazu die religiösen Symbole, die in konzentriertester Form den geistigen Inhalt einer Lehre verkörpern. Der Moslem meditiert über dem Wortbild: „Allach il Allach“, der Jude über dem Siegel Salomos, das die Harmonie zwischen Mikrokosmos und Makrokosmos und die Ausgewogenheit der Kräfte im All bedeutet. Der Christ über dem ewiges Leben bezeichnenden Kreuz, der Hindu oder Tibetaner über dem Zeichen des Wortes „OM“, der Chinese über dem Zeichen des I Ging. Es sind uralte, heilige, kosmische Zeichen, aus deren Betrachtung dem Meditierenden Erkenntnisse und Weisheiten zuströmen.

Der östliche Christ hängt mit kindlicher Verehrung an der Ikone; sie ist ihm die Pforte zur geistigen Welt. Er verehrt sie als wundertätig. Ob sie Wunder tut oder nicht, über die Jahrhunderte hinweg ist sie ein Durchlaß für Meditationen, Gebete, Bitten und Dank, und kindlichen Glauben und Bewunderung von Millionen von Menschen in Freude und in Not. Ist es ein Wunder, daß diese Konzentration von so vielen Gedanken ein heiliges Bild zum Schwingen bringt und es zu einem ein Fluidum ausströmenden Objekt macht?

Eine alte buddhistische Legende, die dieses Strahlen veranschaulicht, sei an dieser Stelle erzählt: „Eine alte Chinesin hörte, einer ihrer Freunde gehe auf eine Geschäftsreise nach Indien, und bat ihn, ihr einen der Zähne Buddhas mitzubringen. Der Handelsmann reiste nach Indien, vergaß aber die Bitte der alten Frau vollkommen und erinnerte sich erst daran, als er schon beinahe wieder zu Hause war. Er sah einen toten Hund am Straßenrande liegen, riß ihm einen Zahn aus und gab ihn der Alten als Reisegeschenk aus Indien. Die alte Frau war hocherfreut, baute einen Schrein für den Zahn und betete ihn täglich mit ihren Bekannten zusammen an. Nach einiger Zeit begann der Zahn zu leuchten und ein merkwürdiges Licht auszustrahlen. Selbst als der Händler ihr erklärte, es sei nur ein Hundezahn, blieb das Leuchten des Zahnes bestehen, so stark war der Glaube und die Ergebenheit der alten Frau."

Der östliche Christ konzentriert sich und meditiert in Gebet und Andacht vor der Ikone der Mutter Gottes, am liebsten vor der Wladimirskaja, oder vor dem Bild der „Umilénie" (Zärtlichkeit), oder vor der uralten schwarzen Mutter Gottes von Blacherne. Der Katholik hat die wundertätige „Immerwährende Hilfe" als bevorzugtes Gebets- und Versenkungsobjekt. Besonders ergreifend und für die Meditation geeignet ist das acheiropoetische, „nicht mit der Hand geschaffene" Abbild auf dem Turiner Grabtuch. Es ist das vergeistigtste Menschenantlitz schlechthin.

Swami Sivananda und Paramhansa Yogananda lehren in ihrer Yoga-Lehre, daß es gleich sei, welcher Religion oder Konfession man angehöre, daß man sich der Meditationsobjekte seiner Religion bedienen solle.

Es kann natürlich jemand sich der Photographie eines lieben Menschen, einer schönen Landschaft oder eines vertrauten Objekts bedienen. Was immer erzielt wird, ist die Fähigkeit, die Sinne abzuschalten und auf einen einzigen Punkt oder Gedanken zu richten. Diese Fähigkeit hat weitgehende Rückwirkungen auf die gesamte Persönlichkeit; sie wird konzentriert, nicht zerstreut, sie vermag Gedanken schnell zu erfassen, zu formulieren und zu entwickeln, sie bekommt eine ungeahnte Festigkeit und Überzeugungskraft sowie innere Sicherheit.

*

„Dhyana" ist Meditation, Versenkung, das Eingehen in die Mitte. Der Unterschied zwischen Konzentration und Meditation ist nur ein gradueller. Wenn Konzentration die Einengung der Gedanken und der Sinne auf einen Punkt, ein Bild, ein Objekt bedeutet, so weitet sich dieses Bild in der Meditation und wird diffus. Der Meditierende versenkt sich in das geistige Sein, in Gott, in den Kosmos, er geht in das Wesen des Dings ein, er wird selbst das Ding. Es ist das Erlebnis des „Advaita", des „Nicht-Zwei-Sein", der Einswerdung des Geschöpfs mit dem Schöpfer. Es kommt zu dem Erlebnis, das Angelus Silesius uns immer wieder eindringlich schildert:

Gott ist mein Geist, mein Blut, mein Fleisch und mein Gebein:
wie soll ich denn mit ihm nicht ganz durchgottet sein?

oder:

Wenn du vergottet bist, so ißt und trinkst du Gott
(und dies ist ewig wahr) in jedem Bissen Brot.

Der in der Meditation Bewanderte, der sie täglich übt, dessen kleines Alltags-Ich immer kleiner und durchsichtiger wird und dessen „Atman", das geistige, allgemeine, kosmische Selbst, gekräftigt und strahlend wird, erlebt das Wunder des In-Gott-Seins. Der Mensch wird wesentlich. Mit den Worten des Cherubinischen Wandersmanns:

Ein wesentlicher Mensch ist wie die Ewigkeit,
die unverändert bleibt von aller Außerheit.

Der Seelenzustand des in der Meditation Erfahrenen ist Unerschütterlichkeit, Freundlichkeit, Gleichmut, Ruhe.

Wenn Du die Dinge nimmst ohn allen Unterscheid,
so bleibst Du still und gleich in Lieb und auch in Leid.

und:

Der Weise, welcher sich hat über sich gebracht,
der ruhet, wenn er läuft, und wirkt, wenn er betracht.

Doch ist die Erfahrung der Meditation kein Endzustand einer seelisch-geistigen Entwicklung. Alle unsere Triebe und Affekte, Lüste und Unlüste sind in unverminderter Vitalität in uns enthalten und suchen jede Gelegenheit, in uns lebendig zu werden und ihr Recht zu fordern. Der Kampf des geistigen Selbst gegen den alten Adam, das kleine Ich spielt sich Tag und Nacht mit unverminderter Intensität ab. Es gibt in der Lebenszeit kein endgültges Erreichen des Geistigen. Davon zeugen die Heiligengeschichten und die Yogilegenden aller Völker. Die urtümlichen Gefühle, Ungeduld, Neid, Antipathie, Sympathie, Jähzorn, Haß, Verdruß, schlechte Laune, Unbehagen, Unlust, die sexuellen Triebe, Eitelkeit, Ehrgeiz, Geltungsdrang, Trägheit, Gefräßigkeit stehen Gewehr bei Fuß in uns und sind jederzeit bereit, Besitz von uns zu ergreifen, da unser kleines Ich ihnen faktisch gehört.

Es gibt keinen Stillstand in der geistigen Entwicklung, und es gibt kein echtes Erreichen eines Ziels; das Ziel verschiebt sich immer in die Ferne zu einem weiteren und höheren Erreichen. Darum ist es die wesentlichste Forderung des Zen-Buddhisten: „Geh weiter! geh weiter!" Mit den Worten des Angelus Silesius:

Freund, so du etwas bist, so bleib doch ja nicht stehn;
man muß aus einem Licht fort in das andre gehn.

Der in der Meditation Geübte und Fortschreitende lernt es, die Dinge, oder besser, das Wesen der Dinge in sich hineinzuziehen und sie in ihrem reinen Sein, als Eidolon, zu erleben. Er bedarf keines gebratenen Huhns oder der Hummermajonnaise; er schmeckt das Brot als die Essenz aller Dinge. Wenn er als Christ das Heilige Abendmahl zu sich nimmt, so IST es für ihn das Blut und Fleisch des Heilands, und es bedeutet das nicht nur. Er erlebt es als eine Wirklichwerdung.

Gustav Meyrink sagt in seinem „Golem": „Alles, was richtig erschien, wird falsch, und was falsch erschien, wird richtig, wenn die Leuchter in uns umgestellt worden sind." Wenn wir vergeistigt sind, denken und verhalten wir uns anders. Psychologie und Tiefenpsychologie haben keinen Wert mehr für uns. Wir sehen den Menschen und alle Kreatur unter dem liebenden, beschützenden und verzeihenden Aspekt an. In allem erkennen wir Gottes Odem und Seine Liebe und verneigen uns vor dem So-Sein der jeweiligen Erscheinungsform.

Mensch, nichts ist unvollkommen: der Kies gleicht dem Rubin,
der Frosch ist ja so schön als Engel Seraphim.

Der Erkennende weiß um die Allverbundenheit der Kreatur und um seinen unermeßlichen und unbegrenzten Auftrag des Dienens und Helfens und liebenden Einfühlens.

Der Regen fällt nicht ihm, die Sonne scheint nicht ihr;
auch du bist anderen geschaffen und nicht dir.

Doch ist Meditation und alle mit ihr verbundenen Übungen nicht nur Ruhen, Versenkung und Nichtstun. Es kann einer in das Schweigen und die volle Einsamkeit und Bindungslosigkeit gehen. Steht er aber im Leben, so wird von ihm das volle Maß der Arbeit und der Pflichterfüllung verlangt. Swami Sivananda und Paramhansa Yogananda fordern ein tätiges und im Leben stehendes Yoga. Ihre Lehren erst erlauben es jedem Suchenden, den Pfad zu beschreiten.

Der Gleichmut, den der übende Yogi im Laufe seiner unermüdlichen Exerzitien erreicht, ist gleicher Mut und durchaus nicht Gleichgültigkeit. Fast jeder Yogi-Name endet mit dem Wort „Ananda", das heißt Seligkeit. Was durch die bewußte Haltung und durch die Übungen erreicht werden soll, ist durchaus nicht der Zustand einer durchgehenden Unbeteiligtheit, das seelische Klima liegt also nicht bei 0 Grad. Im Gegenteil, alles Erleben, alle Wahrnehmungen der Sinnesorgane, alle Beziehungen zu Gott, Kosmos, Mensch und Kreatur sind positive, liebende, begreifende, bejahende, dienende, helfende. Der Yogi ist, wie der Weise und wie der Heilige, ein wohltemperierter Mensch, einer der immer gut gestimmt, fröhlich, gelassen, geduldig, verzeihend, wohlgesinnt ist. Er ist der große Liebende, und als solchem schwingen ihm die Herzen der anderen in Liebe, Ehrfurcht und Bewunderung zu. Freude und Seligkeit und Bejahung der Welt ist der Grundzug des Yoga.

*

Bis dahin ist alles erlernbar und übbar. Meditation ist noch kein Ziel, es ist der Pfad, der Pfad zur Vereinigung mit Gott, mit dem höchsten geistigen Wesen, mit dem Universum. Letzte Vereinigung, die Unio mystica der abendländischen Mystiker, das „Satori" der Zen-Buddhisten, ist das „Samadhi" der Inder. Dieser Zustand ist eine Gnade. Der höchste Zustand einer Vergeistigung, einer Entpersönlichung. Dieser Zustand kann einem trotz jahrelanger Übungen nicht geschenkt werden. Er kann uns einmal begegnen, und es kann geschehen, daß man in diesem Zustand Tage und Wochen verharrt, wie es von vielen Yogis und Sannyassins beschrieben wird. Verharren in der Seligkeit der Gottesschau, ein Vorerlebnis des Himmels!

Das alles ist Raja oder Dhyana Yoga. Hatha Yoga und Raja Yoga gehen ineinander über. Letztlich sind sie die Grundlagen für alle anderen Formen des Yoga.

*

Karma Yoga müht sich darum, das Rad der Reinkarnationen zur Vollendung zu bringen, die alten schuldhaften Bindungen abzustreifen und keine neuen einzugehen. Es ist der Weg der Einsamkeit, der Bindungslosigkeit, der Absage an die äußere Welt, mit dem einzigen Ziel, so bald als möglich zur eigenen Vollkommenheit und zur Beherrschung seines kleinen Ichs zu kommen.

*

Jnani Yoga ist die Lehre des Wissens und des Lernens, sie ist geeignet für die Intellektuellen und die Wissensdurstigen, die die Welt mit dem Intellekt begreifen. Neben den im Hatha und Raja Yoga beschriebenen Exerzitien studiert er die heiligen Texte der Veden, die Reden Buddhas oder die Bibel. Er wird ein Wissender und als Wissender erreicht er die Vollkommenheit.

Der „Bhakti Yogi“ ist der Yogi der Barmherzigkeit; die Macht kommt aus dem Herzen, er strebt nach der Vollkommenheit über den Weg der Liebe, der Demut, des Dienstes, des Helfens, und all dieses Tun wird getragen von einer überwältigenden Gottesliebe. Er legt seinen Dienst Gott zu Füßen. Unser Heiliger Franziskus entspricht dem Bild des vollkommenen Bhakti. Auch der Bhakti ist natürlich an die Regeln des Yoga gebunden. Doch führt sein Weg ihn in die Welt und durch die Welt. In Indien ist es der von dem Lieblingsschüler des Ramakrishna, Vivekananda, gegründete Ramakrishna-Mönchsorden, der dem Ideal des Bhakti dient. Aber man findet Bhakti-Yogis allenthalben, sie stehen in dienenden und helfenden Berufen oder sind Beamte und Angestellte.

Es kann jeder die Yogaschulung auf sich nehmen, die seinem Temperament, seinen Bestrebungen und Idealen entspricht.

*

Wenn wir von Yoga und den Yogis hören, könnten wir denken, daß es sich um kleine und kleinste Gruppen von Menschen handelt, die diesen selbstaufopfernden und schweren Weg zur „Selbstverwirklichung“ gehen. Im gewissen Sinne ist das der Fall; die großen Eingeweihten sind auch in Indien selten, und es gibt zahlreiche Fakire, die mit der Methodik der Hatha Yoga wunderbar erscheinende Dinge ausführen können: hungern, sich begraben lassen, auf Glas oder auf glühenden Kohlen gehen, Glas schlucken, körperliche Verrenkungen machen. Das sind niedere Übungen, die den Geist nicht befreien.

Die Hindulehre sieht für jeden Menschen diese Übungen vor und betrachtet die geistige Erlösung oder Erleuchtung als höchstes Ziel allen Daseins. Die vielen verschiedenen Mönchsorden in Indien haben das Gleiche zum Ziel. Es ist also eine Erlösungslehre, die dem ganzen Volk, und darüber hinaus auch dem Buddhisten und den Jainisten eigen ist.

In der Mitte des letzten Jahrhunderts gingen von einzelnen Yogis in Indien Reformbewegungen aus, die zum Ziel hatten, die Lehre und Praxis des Yoga nicht nur auf wenige Schülerschaften oder Yogi-Einsiedeleien (Ashrams) zu beschränken, sondern diese uralteste Lehre von der Selbstverwirklichung wieder in die breite Masse des Volkes zu tragen. So war es Mahiri Lahasaya, der die alte Lehre der Kryia Yoga wieder ins Leben rief. Sein Schüler Sri Yukteshwar lehrte sie weiter, und sein Schülers-Schüler Paramhansa

Yogananda verbreitete sie über die Grenzen Indiens in die ganze Welt hinaus. Er gründete in Indien die „Yogoda Satsanga", eine höhere Schule, in der Jugendliche neben der allgemeinen Erziehung in den Yogapraktiken unterrichtet werden. Später gründete er in Los Angeles, Kalifornien, die „Selfrealisation Fellowship", in der abendländische Menschen diese Exerzitien üben und befolgen können, völlig unabhängig von ihrem Glauben oder ihrer Konfession.

Es erscheint wie ein Wunder, daß, inmitten einer dem Materialismus verfallenen Wissenschaft und Psychologie bei allen Völkern in Ost und West, das junge, befreite Indien die Lehre der „Ahimsa", der Nicht-Gewaltsamkeit, und die Lehren der Vergeistigung nicht nur im eigenen Lande wieder lebendig gemacht hat, sondern als einziges Volk der Friedfertigkeit dient und bemüht ist, Frieden unter den Völkern zu stiften. Wenn Pandit Nehru, der große Schüler des Mahatma Gandhi, vom Frieden spricht, dann wissen alle, daß er Frieden meint.

*

In den letzten Jahrzehnten versucht der größte zur Zeit lebende Yogi, ein ehemals sehr bekannter Arzt, der 1923 in die Einsamkeit des Himalayas ging, Swami Sivananda Maharaj, eine Yoga-Synthese zu lehren. Es sind dieselben alten Lehren, doch sind sie so zugeschnitten, daß jeder, nicht nur jeder Hindu, sondern jeder Suchende sie befolgen kann. In Rishikesh, Himalaya, errichtete er seine Yoga Vedanta Forest University und aus der toleranten Haltung des Hindus allen Religionen gegenüber den „Temple of all Faiths".

Seine Lehre besagt nichts anderes, sie ist nur für den modernen Menschen zusammengefaßt. Sie fordert:

„Steh früh auf und richte Deine Gedanken auf das höchste Wesen.

Sitze in einer Dir genehmen Asana-Stellung eine halbe Stunde mit dem Gesicht nach Osten oder Norden. Mach zwanzig Pranayama-Übungen.

Wiederhole ein Mantram, das Dir gemäß ist; tue es bei jeder Gelegenheit, die sich Dir bietet, mehrmals am Tage.

Iß wenig, überlade nie den Magen, iß einfache Speisen.

Sei immer barmherzig, und laß Dir nie die Gelegenheit entgehen, Gutes an jeder Kreatur zu tun.

Studiere eifrig die heiligen Schriften, die Bibel, die Bhagavadgita.

Halte Dich selbst und Deine Gedanken rein.

Ehe Du meditierst, sprich ein Gebet, das Du am meisten liebst.

Löse Dich von Deinen schlechten Gewohnheiten und Süchten und meide schlechte Gesellschaft.

Faste mehrmals im Jahr vierzehn Tage lang und enthalte Dich dabei all der Speisen, an denen Du hängst.

Trage einen Rosenkranz bei Dir und sprich die Gebete oder Mantrams mit seiner Hilfe.

Übe Schweigen mehrmals am Tage zumindest halbstundenweise.

Sprich die Wahrheit, sprich wenig, sprich sanft.

Vermindere Deine Wünsche und Bedürfnisse; errege Dich nicht. Lebe einfach und denke einfach.

Greife niemals jemanden an, verletzte niemanden, denke nicht schlecht von anderen. Ersetze Ärger durch Liebe. Sei barmherzig.

Mache Dich nicht abhängig von Bediensteten, sei selbständig.

Überdenke alles Unrechte, das Du am Tage getan hast, bevor Du schlafen gehst.

Bedenke, daß der Tod jeden Augenblick Dich erwartet. Vergiß nie Deine Pflichten zu erfüllen und so zu leben, daß Du jederzeit abberufen werden kannst.

Ergib Dich ganz Gott, erlebe Dich immer als ein Werkzeug Gottes."

Das sind die Grundsätze der Lehre.

Sie führt zu Selbstverwirklichung, zu Einssein mit der Welt, mit Gott, zur Liebe zu aller Kreatur, zu Demut und Glückseligkeit.

LEBEN UND LEHREN DER CHASSIDEN

Wir verdanken es dem großen Menschen und Philosophen Martin Buber, daß er uns das Leben und Wirken und die Lehren der Chassiden innerhalb von zwei Jahrhunderten erzählt und gedeutet hat. In der Mitte des achtzehnten Jahrhunderts entstand in der jüdischen Bevölkerung des russisch-polnischen und galizischen Gebiets, auf der Grundlage der alten hebräischen Religion, eine Erneuerung des Glaubens, die wir nur mit der pietistischen Bewegung des Grafen Zinzendorf und der charakterbildenden Haltung der Quäker vergleichen können. Aus den ungezählten Geschichten der geistigen Führer, der Zaddikim, der Rabbis, strahlt eine menschliche Reife, eine Güte, eine Opferbereitschaft, eine Duldsamkeit und Gottnähe, wie wir sie im christlichen Raum fast nur von den russischen Gläubigen und den Weisen, den Starzen, kennen. Wenn auch die Lehren verschieden sind, die Eigenschaften der inneren Glut, des Entbrennens zu Gott und die Übertragung der Gottesliebe auf den Menschen und die Kreatur sind die gleichen. Es handelt sich ja auch um den gleichen geographischen und klimatischen Raum. Es ist kaum anzunehmen, daß von der christlichen Orthodoxie her Einflüsse auf das dort ansässige Judentum ausgestrahlt haben, es ist vielmehr ein nicht unähnlicher Volksgeist gewesen, auf dem sie gewachsen sind.

Der jüdische Mensch spricht seinen Gott mit „DU“ an, und er wird von Ihm mit Du angeredet. Es ist das Vater-Sohn-Verhältnis. Es ist kein imaginärer, kein ferner Gott, es ist ein der Welt einwohnender Gott. Was an dem Chassidismus anders gegenüber dem orthodoxen Judentum ist, ist nicht die Lehre, es ist die Qualität der Liebe, der Demut und des Nähegefühls. Der Chassid erlebt Gott als wirklich, als „Da-und-jetzt-seiend“ und anwesend. Er betet nicht nur zu ihm in der Synagoge oder in der Stunde des Gebets, er verwandelt aus dem Erlebnis des „Hier-und-jetzt-Seins Gottes“ sein ganzes Leben, sein Tun und Denken in eine Gemeinschaft mit Ihm. Alles Dasein wird somit zum Gebet, zur Meditation, zur Heiligung des Lebens in Gottes Namen und unter seinem väterlichen Auge. So ist der Chassidismus wie eine Lupe und ein Lautverstärker, der uns den fernen Gott in die Nähe, an das erlebende Auge, Ohr und Herz heranzieht. Deshalb hat sein Gebet und sein aus dem Gebet erwachsendes Tun eine ziehende Kraft.

Gott wohnt überall, in aller Kreatur, in Menschen, Tieren, Insekten, Pflanzen und Gesteinen, ja in den vom Menschen bereiteten Gegenständen. Alles trägt die Funken von Gottes unermeßlicher Seele in sich. Der Mensch mit seiner größeren Intelligenz und der Freiheit der Entscheidung ist Sein Bote, ihm ist es auferlegt, die in der Kreatur und den Dingen eingefangenen Funken von Gottes Urseele zu erlösen. Er kann es tun, wenn er sich in Liebe und Demut und Behutsamkeit aller Kreatur und allen Dingen, die in seinen Wirkungs- und Lebenskreis gelangen, zuwendet.

Aus dieser Haltung wird alles Leben, alles Begegnen, alles Tun, alles Denken zu einem sakramentalen Erleben und Tun. Der Mensch lebt und handelt in Gott, er fühlt Seine Hand stets und in allen Lebenslagen über sich und weiß sich behütet. Es bedeutet Leben ohne Angst, Leben in der Geborgenheit des höchsten Wesens. Wenn wir hier von der Mystik sprechen, so können wir diese Mystik der Mystik des Zen, des Yoga und des russischen Menschen gleichsetzen, es ist keine Verstiegenheit dabei, kein Trancezustand, kein Entrücken von der Wirklichkeit. Der Myste zieht den Geist in die reale Welt herein und erhebt die Dinge und Taten und Gedanken des Alltags in die geistige Welt.

Wenn auch die Trennung von Gut und Böse als ethische Polaritäten bestehen bleiben, so wird das Gute nicht nur als Gut und das Böse nicht nur als Böse angesehen. Beide sind in der Welt als Realitäten da, und das eine ist ohne das andere nicht denkbar. Alles Gute kann durch Frömmelei, Humorlosigkeit und Selbstgerechtigkeit zum Bösen werden, und alles Böse kann durch ein wenig Einsicht und Liebe zum Guten gekehrt werden. Hinter jeder Fratze eines Dämons steht und lächelt bereits der Engel, der auf die Umkehr und die Erlösung wartet.

Martin Buber sagt von der Chassidut: „Die chassidische Botschaft hat das in geheimer und in offenbarer Lehre überlieferte Wissen um den Alltag der Erlösung ganz praktisch ausgesprochen. Und sie hat entgegen dem ungeheuren Apparat der kabbalistischen Anweisungen, entgegen den gewaltsamen Anstrengungen der »Bedränger des

Endes« auf das stärkste und deutlichste herausgehoben: es gibt nicht ein bestimmtes, aufzeigbares, lehrbares, magisierendes Handeln in festgelegten Formeln und Gebärden, Seelenhaltungen und Seelenspannungen, das auf die Erlösung einwirkte; nur die unterschiedslose Heiligung allen Handelns, nur das Gottzutragen des gewohnten Lebens, wie es sich fügt und schickt, nur die Weihe der natürlichen Weltverbundenheit hat die erlösende Kraft. Nur aus der Erlösung des Alltags wächst der All-Tag der Erlösung."

Ähnlich wie im Zen werden keine Lehren postuliert, jeder kann nach der Fülle und dem Maß seines Glaubens, seiner inneren Glut, seines Temperaments Gott dienen, wenn er es nur aufrichtig und demütig vor sich selbst tut. Der Chassid kennt das Leben und die Natur des Menschen, er kennt die vitale Kraft seiner Triebe, Lüste und Affekte, er weiß, daß sie nicht eindämmbar und zerstörbar sind und daß sie, gewaltsam unterdrückt, unerwartet und mit vermehrter Kraft an einer anderen Stelle ausbrechen. Er weiß, daß der milde Kampf mit diesen Gewalten vierundzwanzig Stunden am Tag dauert und niemals vom Menschen gewonnen wird. Was er also tun kann, ist, diesen Trieben, wie ungezogenen Kindern, gut zuzusprechen, sie einzuschläfern, sie zu unterweisen, sie freundlich und geduldig aus ihrer Niederung zum Geist hinaufzuheben.

Der Begründer des Chassidismus, Rabbi Israel Ben Eliezar, Baalschemtow, unterweist seine Schüler, die zu einem Wundermann, von dem sie gehört haben, fahren wollen: „Wollt Ihr erkennen, ob es ein wahrer Zaddik ist, so fragt ihn nur, ob er Euch sagen kann, wie man die bösen Triebe brechen und die fremden Gedanken verjagen kann. Gibt er Euch einen Rat, so ist er ein nichtiger Mann. Denn um dieses muß der Mensch bis zu seinem letzten Augenblick ringen, und eben das ist der Dienst des Menschen in der Welt."

Ein andermal sagt er, man solle sich nicht kasteien. Das würde dem Körper und der Seele nur schaden. Die asketische Ekstase sei nicht göttlicher, sondern dämonischer Art. Man solle den bösen Trieb in sich nicht ertöten, sondern mit ihm Gott dienen.

Einem reichen Mann, von dem bekannt ist, daß er Woche um Woche hart fastet und sich kasteit, sagt ein Rabbi, er solle es nicht tun, er solle Fleisch und alle guten Sachen essen. Als seine Schüler ihn hernach fragen, warum er diesen seltsamen Rat gegeben habe, sagt er: „Wenn der Reiche fastet und sich allein von trockenem Brot ernährt, wird er glauben, daß der Arme Steine essen kann."

Als der böse Trieb zu einem Rabbi kam, während er betete, sagte er mit leiser Stimme zu ihm: „Ich bete jetzt, gehe bitte weg, komm wieder, wenn ich esse."

Als ein Schüler sich bei dem Meister beklagte, daß er beim Beten so oft von fremden Gedanken befallen werde, sagte der Meister: „Warum nennst Du sie fremde Gedanken es sind doch Deine eigenen Gedanken, die auch beim Beten bei Dir sind?!"

Während der indische Yogi und der Zen-Buddhist wie der Protestant in voller Einsamkeit und im Alleinsein seinen Weg zu Gott gehen kann und sich mit ihm unterredet, geschieht das Leben der Chassidim in der Gemeinschaft. Es heißt: Wenn einer allein sein Gebet singt, so mag seine Stimme schwach sein, oder er mag sich in der Tonart irren, singt er aber in der Gemeinschaft, so wird seine Stimme von den anderen mit gehoben und schwingt frei und hell zum Throne Gottes empor. So hat der Einzelne eine nur beschränkte Kraft im Tun und im Glauben. Innerhalb der Gemeinschaft der Dienenden und der Liebenden entzündet sich die eine Kraft an der anderen und wird gebündelt zu einer großen wirkenden Kraft. Auch vollzieht sich der außerrituelle Gottesdienst im Dienst und in der Liebe unter den Gemeindemitgliedern. Jeder hat sein Beispiel und seinen Ansporn an dem anderen. Der Schwächere wird von den Vermögenderen mitgetragen. So wird alle Kreatur in dieses betende und heiligende Tragen mit einbegriffen.

Der Baalschemtow sagt: „Die heiligen Funken, die gefallen sind, als Gott Welten baute und zerstörte, soll der Mensch erheben und aufwärts läutern, von Gestein zu Gewächs, von Gewächs zu Getier, von Getier zu redendem Wesen, läutern den heiligen Funken, der von der Schalengewalt umschlossen ist. Das ist der Grundsinn jedermanns in Israel. — Es ist bekannt, daß jeder Funke, der in einem Gestein oder Gewächs oder einer anderen Kreatur wohnt, eine völlige Gestalt hat mit der Vollzahl der Glieder und Sehnen, und wenn er in dem Gestein oder Gewächs wohnt, ist er im Kerker, kann Hände und Füße nicht strecken und kann nicht sprechen, sondern sein Kopf liegt auf den Knien. Und wer mit der guten Kraft seines Geistes den heiligen Funken von Gestein zu Gewächs, von Gewächs zu Getier, von Getier zu redendem Wesen zu heben vermag, der führt ihn in die Freiheit, und keine Lösung Gefangener ist größer als diese. Wie wer einen Königssohn aus der Gefangenschaft errettet und zu seinem Vater bringt."

*

Aus dieser Geborgenheit in Gott und dem Erleben der Einheit mit Gott, wenn auch aus der fehlerhaften und sündigen Konstitution heraus, lebt der Chassid in der Freude, auch wenn ihm Krankheit, Not, Verlust oder Leid zuteil wird. Er weiß, er muß durch diese Zustände hindurch, und er erleidet sie bewußt, aber die innere Freude hört nicht auf in ihm zu schwingen. So wird erzählt, daß Schüler ihren Meister fragten, wie man das Wort der Bibel verstehen solle: „man solle das einem auferlegte Leid in Freude empfangen und tragen". Der Meister schickte sie zu Rabbi Sussja, der ihnen die Frage besser beantworten würde. Sie gingen zu Rabbi Sussja und fragten ihn. „Wie soll ich Euch das beantworten, da mir doch nie im Leben ein Leid widerfahren ist", sagte Sussja. Sie aber wußten, daß sein ganzes Leben aus Not und Leid bestand, und da begriffen sie das Wort.

Diese Daseinsfreude und Bejahung ist eine heilige, eine vergeistigte Freude, die einem nicht geschenkt wird, die in geduldigem Trachten, im behutsamen Einziehen der ausbrechen wollenden Triebe und Affekte, in liebevoller Zuwendung zu aller Kreatur errungen wird. Nicht das „Später", das ewige Leben, die übersinnliche Welt, das Leben nach dem Tode oder die Seelenwanderung sind das Ziel. Jetzt, hier und heute ist die entscheidende Minute und der Ort. Aus diesem Bewußtsein lebt der Chassid. Als ein Schüler des verstorbenen Rabbi Mosche von Kobryn gefragt wurde, was für seinen Meister die Hauptsache war, antwortete er: „Immer das, womit er sich gerade befaßte."

Ausdruck dieser Freude ist auch der heilige Tanz, den die Chassiden zu festlichen Gelegenheiten tanzen und der alle vitale Geladenheit in Bewegung und Gebärde zum Ausdruck bringt.

So wird von Rabbi Mosche Löb erzählt: „Als er die Nachricht empfing, daß sein Freund, der Rabbi von Berditschew, erkrankt war, sprach er am Sabbat mal um mal seinen Namen und betete. Dann zog er neue Saffianschuhe an, schnürte sie fest, und tanzte. Ein Zaddik, der zugegen war, erzählte: »Eine Macht ging von dem Tanze aus, jeder Schritt war ein mächtiges Geheimnis. Ein unbekanntes Licht erfüllte das Haus, und wer zusah, sah die Himmelsschar mittanzen«."

Auch das gesprochene oder gedachte Wort, sei es die Anrufung Gottes oder die Wiederholung des Namens eines, an den man denkt oder um den man betet, oder das Gebet selbst, haben magische, gestaltende, bindende oder zerstörende Kraft.

Baalschemtow sagt: „Wenn Du redest, hege das Geheimnis der Stimme und des Worts im Sinn, und rede in Furcht und Liebe, und besinne, daß die Welt des Worts aus Deinem Munde spricht. Dann wirst Du die Worte erheben. — Besinne, daß Du nur ein Gefäß bist, daß Dein Gedanke und Dein Wort Welten sind, die sich breiten: die Welt des Worts, das ist die einwohnende Herrlichkeit, begehrt in dieser Rede von der Welt des Gedankens. Und wenn Du das Licht Gottes in Deinen Gedanken und Dein Wort gezogen hast, dann sei dies Deine Bitte, daß die segnende Fülle sich aus der Welt des Gedankens über die Welt des Worts ergieße. Dann wird auch Dir werden, wessen Du bedarfst. Darum heißt es: »Laß uns Dich finden in unseren Bitten!« In unseren Bitten selber läßt Gott sich finden. — Der Mensch soll alle Dinge der Welt mit all seinem Denken, Reden, Handeln einen, auf Gott zu, in Wahrheit und Einfalt. Denn kein Ding der Welt ist außerhalb der Einheit Gottes gesetzt. Wer aber ein Ding anders als auf Gott zu tut, trennt es von ihm."

Es ist nicht so sehr die Lehre als ihre Verwirklichung im Leben, die Ehrfurcht zum Menschen und noch mehr die heilige und bewundernde Ehrfurcht vor den Meistern, den Zaddikim, den Rabbis, die das Leben der Chassidim kennzeichnet. Sie entzünden sich an den Erzählungen, Begebenheiten und Aussprüchen ihrer zahlreichen Meister, aus denen ihnen immer neue Glaubenskraft zuströmt.

So sei hier Einiges von der Glut des Lebens, der Lehre und des Gebets der geistigen Führer der Chassiden aus zwei Jahrhunderten, die Martin Buber in heiliger Liebe und Ehrfurcht gesammelt und interpretiert hat, erzählt.

Der Dienst

Ein Schüler bat Rabbi Schmelke von Nikolsburg, ihn zu unterweisen, wie er seine Seele zum Dienste Gottes bereiten solle. Der Rabbi schickte ihn ohne viele Worte zu einem Gastwirt in einer entlegenen Stadt. Der Schüler fuhr dorthin und blieb mehrere Wochen in der Herberge. Er fand eigentlich nichts besonderes an dem schweigsamen Mann, nur daß er mit größter Sorgfalt sich seiner Geräte und des Geschirrs annahm und dabei still vor sich hin betete. Schließlich fragte er den Wirt, was sein vornehmlicher Dienst sei. „Mein vornehmstes Geschäft ist, die Gefäße recht zu säubern, daß auch nicht der kleinste Speisenrest an ihnen hafte, und auch alle Geräte zu putzen und trockenzuwischen, daß sich keines der Rost bemächtigte", antwortete der Wirt. Als der Schüler heimkehrte und dem Rabbi das Erlebte berichtete, sagte dieser: „Nun weißt Du, was Du zu wissen begehrtest." Und er begriff.

Und Baalschemtow sagt: „Dies ist das Geheimnis der Einheit Gottes, daß ich, an welchem Ort ich ein Endchen ihrer erfasse, die ganze fasse. Und da die Lehre und alle Gebote Strahlungen seines Wesens sind, so hält, wer ein Gebot bis auf den Grund in Liebe erfüllt und in diesem Gebot ein Endchen der Einheit Gottes erfaßt, die ganze in seiner Hand."

Wie man lernen soll, belehrt uns Rabbi Baruch. Seine Schüler fragten ihn, wie man die Lehren des Talmud verstehen solle, da doch Abaji dies und Raba etwas völlig anderes lehrte, wie könne man das zu einer Einheit werden lassen? Rabbi Baruch antwortete: „Wer Abajis Worte aufnehmen will, muß erst seine Seele an Abajis Seele binden, dann wird er die Worte in ihrer Wahrheit lernen, wie Abaji selber sie spricht. Und will er dann Rabas Worte aufnehmen, muß er seine Seele an Rabas Seele binden. Das ist gemeint, wenn es im Talmud heißt: »Wer ein Wort im Namen seines Sprechers spricht, dessen Lippen regen sich im Grabe« — wie die Lippen des toten Meisters regen sich seine Lippen."

Wie lebensnah und humorvoll und durchpulst diese Lehre und der Dienst ist, zeigt der Spruch des großen Maggids, der zu einem Schüler sagt: „Die zehn Grundsätze des Dienstes kann ich Dich nicht lehren. Aber Du magst zu einem kleinen Kind und zu einem Dieb in die Lehre gehen.

Drei Dinge wirst Du von dem Kinde lernen:

Es ist fröhlich, ohne eines Antriebs zu bedürfen;
keinen Augenblick verweilt es müßig;
und woran es Mangel hat, weiß es kräftig zu begehren.

In sieben Dingen wird Dich der Dieb unterweisen:

Er tut seinen Dienst in den Nächten;
erlangt er es nicht in der ersten Nacht, so wendet er die kommende dran;
er und seine Weggenossen lieben einander;
er wagt sein Leben um ein Geringes;
was er erbeutet hat, gilt ihm so wenig, daß er es um die schlechteste Münze hergibt;
er läßt Schläge und Plagen über sich ergehen, und es ficht ihn nicht an;

sein Handwerk gefällt ihm wohl, und er tauscht es für kein anderes ein."

Von der Heiligung allen Tuns erzählt der Rabbi Löb, wie er zum großen Maggid in die Lehre ging: „Daß ich zum Maggid fuhr, war nicht, um Lehre von ihm zu hören; nur um zu sehen, wie er die Filzschuhe aufschnürt und wie er sie schnürt."

Und der große Maggid selbst, der zu seinen Schülern über das Gebet und das Lehren spricht: „Ich will Euch die beste Art weisen, Lehre zu sprechen! Man soll sich selber gar nicht mehr fühlen, nichts mehr sein als ein Ohr, das hört, was die Welt des Wortes in einem redet. Sowie man aber die eigene Rede zu hören beginnt, breche man ab."

Ein anderer Rabbi sagte: „Eine Geschichte soll man so erzählen, daß sie selbst Hilfe sei. Mein Großvater war lahm. Einmal bat man ihn, eine Geschichte von seinem Lehrer zu erzählen. Da erzählte er, wie der heilige Baalschem beim Beten zu hüpfen und zu tanzen pflegte. Mein Großvater stand und erzählte, und die Erzählung riß ihn so hin, daß er hüpfend und tanzend zeigen mußte, wie der Meister es gemacht hatte. Von der Stunde an war er geheilt. So soll man Geschichten erzählen!"

Von der Macht des heiligen Tanzes wird erzählt, daß Baalschemtow am Abend des Festes der Freude an der Lehre mit seiner Gemeinde tanzte. Er tanzte mit der Schriftrolle in der Hand, dann gab er die Rolle weiter und tanzte. Da sagte ein Schüler des Baalschem zu einem anderen: „Jetzt hat unser Meister die leibliche Lehre aus der Hand getan und hat die geistige Lehre an sich genommen."

Wie man aus allem lernen kann, sagt uns der Rabbi von Sadagora: „Von allem vermag man zu lernen; alles vermag uns zu lehren. Nicht bloß alles, was Gott geschaffen hat, auch alles, was der Mensch gemacht hat, vermag uns zu lehren!" — „Was können wir, fragte daraufhin ein Chassid, von der Eisenbahn lernen?" — „Daß man um eines Augenblicks willen alles versäumen kann." — „Und vom Telegrafen?" — „Daß jedes Wort gezählt und angerechnet wird." — „Und vom Telefon?" — „Daß man dort hört, was wir hier reden."

Als man Rabbi Wolf eine Klage vorbrachte, daß einige Leute die ganzen Nächte beim Kartenspiel zubrächten, lächelte er und sagte: „Das ist gut. Wie alle Menschen wollen auch sie Gott dienen und wissen nicht wie. Aber nun lernen sie sich wach halten und bei einem Werk ausharren. Wenn sie darin die Vollendung erlangen, brauchen sie nur noch umzukehren — und was für Gottesdiener werden sie dann geben!"

Als derselbe Rabbi sah, daß ein Kutscher auf seine Pferde einschlug, sprach er zu ihm mit sanfter Stimme: „Nicht einmal zu schelten brauchst Du sie; wenn Du sie nur anzureden verstehst!"

Von dem Empfangen und dem Annehmen der Welt Gottes sagt Rabbi Heschel: „Der Mensch soll wie ein Gefäß sein, das willig empfängt, was sein Eigentümer dreingießt, sei es Wein, sei es Essig."

Doch geht kein Dienst Gottes über die Liebe; die Liebe zu Gott und zu seiner Kreatur rechnet am höchsten. So sprach einst Rabbi Abraham Jehoschua: „Zehnmal war ich auf dieser Welt. Ein Hohepriester war ich, ein Fürst war ich, ein König war ich, ein Exilarch war ich, zehnerlei Würden hatte ich inne. Aber keinmal hatte ich die Menschen vollkommen geliebt. Darum wurde ich wiedergesandt, um die Liebe zu vollenden. Gerät es mir diesmal, kehre ich nicht mehr wieder."

Ein sehr armer Chassid beklagte sich beim Rabbi Mosche von Kobryn, daß ihn die Not am Lernen und Beten hindere. Rabbi Mosche sagte zu ihm: „In unserer Zeit ist die größte Frömmigkeit, über alles Lernen und Beten, wenn man die Welt annimmt, wie sie steht und geht."

Von der Zuerkennung des Leids zu jedem Geschöpf sagt Rabbi Nachmann: „Könnten wir unsere Leiden an den Nagel hängen und stünde es uns frei, die zu wählen, die uns am besten gefielen, jeder holte sich die seinen wieder, denn alle anderen würden ihn noch schlimmer dünken."

Wie man sich zum Gebet und zum geistigen Sein bereiten soll, belehrt uns Rabbi Baruch. Am Vorabend des Passachfestes verbrannte er das Gesäuerte, verstreute die Asche und sprach den Spruch und deutete ihn: „Aller Sauerteig, der in meinem Bereich ist, alles Gärende in mir; was ich erblickt und was ich nicht erblickt habe, wenn mich auch dünkt, ich hätte mich in mir gut umgesehen, so habe ich mich gewiß noch gar nicht recht umgesehen; was ich verbrannt, und was ich nicht verbrannt habe. Der böse Trieb redet mir zu, ich hätte alles verbrannt, aber nun merke ich erst, ich habe ihn nicht verbrannt; darum bitte ich Dich, Gott, es sei vertilgt und vertan, wie Staub der Erde!"

Wenn der Mensch mit Gott und der Kreatur eins wird, so erlebt er die Welt nicht mehr mit den Sinnesorganen, sondern innen in sich. So spricht Rabbi Pinchas: „Es heißt im Buch »Die Pflicht der Herzen«, wer sich in der rechten Weise führe, der sehe mit dem Auge, das kein Auge ist, und höre mit dem Ohr, das kein Ohr ist. Und so ist es in der Tat. Denn oft, wenn einer zu mir kommt, Rat von mir zu erfragen, vernehme ich, wie er selber die Antwort spricht."

Das Gebet

Der Chassid ist nicht so sehr Meditierender als Betender. Er spricht die Jahrtausende alten Gebete, die schon Moses und Aaron zu Gott gebetet haben. Es sind ihm aber die Gebete nicht nur Mantrams, nicht nur Wiederholungen heiliger Worte und Anrufungen. Er müht sich, den Inhalt seiner Seele in jedes Wort des Gebets hineinzulegen und sich so Gott selbst in dem Vehikel des Gebets darzubringen. Aber er spricht auch frei zu seinem Gott, den er sich nahe weiß.

So wird berichtet, daß in einer Gegend die Chassidim allesamt nicht reich waren. Der Rabbi Uri, der in jener Gegend zu Gast weilte, verwunderte sich sehr darüber und fragte den Strelisker Rabbi nach der Ursache. Der Rabbi rief einen seiner Chassidim herein und sagte zu ihm: „Es ist eine Zeit der Gnade; der Wunsch, den Du jetzt aussprichst, soll sich Dir jetzt erfüllen." — „Wenn ich wünschen darf, sagte schüchtern der Chassid, so wünsche ich, daß ich allmorgendlich das Gebet »Gesegnet der da sprach, und die Welt ward«, so sagen kann, wie unser Rabbi es sagt."

Tag um Tag erneuert der Mensch sein Gebet, erneuert er die Absichten zum Guten und die Ausrichtung, und Tag um Tag gelingt es ihm nicht, zur Vollkommenheit zu gelangen. So prüfte der Rabbi von Berditschew an jedem Abend die Werke dieses Tages und tat Buße um jeden Mangel, den er fand, und sprach: „Levi Jizschak wird es nicht mehr tun". Dann redete er zu sich: „Levi Jizschak, das hast Du doch auch gestern gesagt!" und wieder: „Gestern hat Levi Jizschak nicht die Wahrheit gesprochen; aber heute spricht er die Wahrheit." Er pflegte zu sagen: „Wie eine Gebärende im übergewaltigen Schmerz sich verschwört, sie wolle nicht mehr bei ihrem Manne liegen, und vergißt ihren Schwur, so bekennen wir an jedem Versöhnungstag unsre Schuld und unsre Umkehr und fahren fort zu sündigen, und Du fährst fort zu vergeben!"

Derselbe Rabbi Levi Jizschak war einmal unterwegs und mußte in einer Herberge übernachten. Die Herberge war voller Gäste. Es gab dort nur ein Paar Tefillin, die jeder Gast schnell über den Arm zog, betete und sie dem Nächsten weitergab. Rabbi Jizschak stand etwas abseits, dann ging er zu einer Gruppe von jungen Leuten und redete sie an: „Ma ma ma, wa, wa wa!" Die jungen Leute erstaunten. „Was staunet Ihr denn, habt Ihr nicht mit Eurem Gott in dieser Sprache gesprochen?" fragte der Rabbi. Einer der jungen Leute fing sich schnell und gab ihm zur Antwort: „Wißt Ihr denn nicht, daß das kleine Kind, das noch nicht sprechen kann, mit seiner Mutter in dieser Sprache spricht, keiner kann es verstehen, nur die Mutter weiß, was gemeint ist!" Als der Berditschewer Rabbi diese Antwort vernahm, wußte er, daß sie von Gott kam, und er tanzte vor Freude.

Rabbi Michal befahl seinen Söhnen: „Betet für Eure Feinde, daß es ihnen wohlergehe. Und meinet Ihr, dies sei kein Dienst Gottes: mehr als alles Gebet ist dies ein Dienst Gottes!"

Der Maggid von Kosnitz betete: „Ich stehe vor Dir, Gott, wie ein Botenknabe und warte, wohin Du mich schickst."

Und Rabbi Mosche Löb sprach: „Wie leicht ist es für einen armen Mann, sich auf Gott zu verlassen — worauf sonst könnte er sich verlassen? Und wie schwer ist es für einen reichen Mann, sich auf Gott zu verlassen — alle seine Güter rufen ihm zu: »Verlaß Dich auf mich!«"

Es wird von dem heilenden Gebet, von der Macht des betenden Gedankens erzählt. „Der heilige Baalschemtow betete einst um das Leben eines kranken Knaben. Er ließ ein Wachslicht gießen, heftete es an einen Baum, zündete es an und sprach einen langen Spruch. Das Licht brannte die ganze Nacht. Der Knabe genas. — Als der große Maggid um eine solche Heilung betete, wußte er das Wort des Spruches nicht mehr. Auch er zündete ein Licht an und rief im Gebet Baalschemtow um Hilfe. Der Knabe genas. — Als Rabbi Mosche Löb von Sasow eine ebensolche Heilung bewirken wollte, sprach er: »Wir haben nicht mehr die Kraft, es auch nur zu tun. Aber erzählen will ich die Begebenheit, und Gott wird helfen.« Und das Werk geriet."

Rabbi Salman, der große Betende, sprach einmal mitten im Gebet: „Ich will nicht Dein Paradies, ich will nicht Deine kommende Welt, ich will nur Dich allein!"

Ein andermal fragte er einen Schüler: „Mosche, was ist Gott?" Der Schüler schwieg verlegen. Der Meister fragte noch einmal, eindringlicher: „Warum schweigst Du?" — „Weil ich es nicht weiß!"

— „Weiß ich es denn? sprach der Raw. Aber ich muß sagen; denn so ist es, daß ich es sagen muß: Er ist deutlich da, und außer ihm ist nichts deutlich da, und das ist Er!"

Rabbi Elimelech deutete den Sinn des Psalms: „Denn gut ist Gesang unserem Herrn. Gut ist es, wenn der Mensch bewirkt, daß Gott in ihm singt."

Wenn der Mensch mit Gott eins ist, ist er eins mit allen Dingen und mit der ganzen Welt. Er hört mit den Augen und sieht mit den Ohren, wie es die Zen-Meister sagen. So wird von Rabbi Scholomo erzählt, daß er, während er Tee oder Kaffee trank, ein Stück Zucker in der Hand zu halten pflegte. Der Sohn verwunderte sich darüber und fragte, warum er das tue. Der Vater öffnete die Hand und forderte den Sohn auf, von dem Zucker zu kosten. Der Sohn nahm den Zucker in den Mund. Es war keine Spur von Süßigkeit darin. Später erzählte der Sohn: „Bei wem alles eins ist, der kann mit der Hand wie mit der Zunge schmecken."

Rabbi Mosche von Kobryn lehrte: „Wenn Du ein Wort von Gott sprichst, geh Du mit allen Deinen Gliedern in das Wort ein." Ein Schüler fragte: „Wie soll das möglich sein, daß der große Mensch in das kleine Wort hineinkomme?" „Wer sich größer dünkt als das Wort, sagte der Zaddik, von dem reden wir nicht."

Der Baalschemtow sagte einmal: „Wehe, die Welt ist voll gewaltiger Lichter und Geheimnisse, und der Mensch verstellt sie sich mit seiner kleinen Hand."

Einst erzählten nach dem Tode des großen Maggids sich die Schüler Geschichten aus seinem Leben. Rabbi Schneur Salman berichtete, daß sein Meister jeden Morgen um Sonnenaufgang an den Teich ging und dort lange verweilte. „Er lernte das Lied, mit dem die Frösche Gott lobpreisen. Es dauert sehr lange, bis man dieses Lied lernt", sagte er.

Rabbi Pinchas sagte über das Gebet: „Das Gebet, das der Mensch betet, das Gebet selbst ist Gottheit. Nicht, wie wenn Du etwas von Deinem Gefährten erbittest: ein ander Ding ist er, ein andres Dein Wort. Nicht so im Gebet, das die Wesenheiten eint. Der Beter, der wähnt, das Gebet sei ein ander Ding als Gott, ist wie der Bittsteller, dem der König das Verlangte reichen läßt. Wer aber weiß, daß das Gebet selber Gottheit ist, gleicht dem Königssohn, der sich aus den Schätzen seines Vaters holt, was er begehrt."

Rabbi Jechiel Michal lebte in großer Armut, doch verließ ihn die Freude nicht für eine Stunde. Jemand fragte ihn, wie er jeden

Tag beten könne: „Gesegnet, der mir alles, dessen ich bedarf, gewährt"? Er wisse doch, daß ihm alles, wessen ein Mensch bedarf, mangele. „Sicherlich ist, wessen ich bedarf, eben die Armut, und die ist mir ja gewährt", antwortete der Zaddik.

Die Liebe

Doch mehr als die Lehre und der Dienst ist die Liebe. Nur der Liebende erlebt Gott in Seiner leuchtendsten Glorie. Durch alle Geschichten der Chassidim, angefangen mit dem Wirken und Lehren des Baalschemtow bis zum heutigen Tag, zieht der rote Faden der Liebe. Es ist nicht nur ein Gebot des Buchstabens, ein unerreichbares Ideal, es wird gelebt und verwirklicht, und jeder kleinste Gläubige trägt dieses Gebot in seinem Herzen. Alle Einigung mit Gott geht nicht nur den Weg des Dienstes und der Ausrichtung und des Gebets, sie geht den Weg der Liebe; erst in ihr wird die Unio mystica verwirklicht. So sagt Rabbi Pinchas: „Fromm sein ist mir lieber als klug sein; aber lieber als fromm und klug sein, ist mir gut sein."

Ein Vater kommt einst zu einem Rabbi und beklagt sich über seinen Sohn, daß er ungeraten sei und andere Wege gehe, als der Vater es meine. Er bittet ihn um Rat, was er tun könne, um den Sohn wieder an die Familie zu binden. Der Rabbi schaut ihn lange und durchdringend an, dann sagt er nur das eine Wort: „Mehr lieben".

Und Rabbi Schalomo sagte: „Ach, könnte ich doch den größten Zaddik so lieben, wie Gott den größten Bösewicht liebt!"

Als der Sassower Rabbi einem übel berüchtigten Menschen sein letztes Geld hergab, empörten sich seine Schüler darüber. „Soll ich denn wählerischer sein als Gott, der es mir gegeben hat?!" fragte der Meister.

Rabbi Mosche Löb war bis spät in die Nacht in die Lehre vertieft, als ein Mann an sein Fenster klopfte und um ein Nachtlager bat. Der Rabbi sah, daß es ein Betrunkener war, und wollte ihn fortjagen. Dann aber sprach er zu sich: „Wenn Gott sich mit ihm verträgt, kann ich mich ihm weigern?" und er ließ ihn herein und bereitete ihm das Lager.

Rabbi Schmelke wurde von einem Schüler gefragt, wie er das Gebot der Nächstenliebe erfüllen könne, wenn sein Genosse ihm Böses tue. Der Rabbi antwortete: „Du mußt das Wort recht verstehen: Liebe Deinen Genossen als etwas, was Du selbst bist. Denn alle Seelen sind Eine; jede ist nur ein Funken aus der Urseele, und sie ist ganz in ihnen allen, wie Deine Seele in allen Gliedern Deines Leibes. Es mag sich einmal ereignen, daß Deine Hand sich versieht und Dich selbst schlägt; wirst Du da einen Stecken nehmen und Deine Hand züchtigen, weil sie keine Einsicht hatte, und Deinen Schmerz noch mehren? So ist es, wenn Dein Genosse, der eine Seele mit Dir ist, Dir aus mangelnder Einsicht Böses erweist; vergiltst Du ihm, tust Du Dir selber weh." — „Wenn ich aber einen Menschen sehe, der vor Gott böse ist, wie kann ich den lieben?" fragte der Schüler. — „Weißt Du nicht, sagte Rabbi Schmelke, daß die Urseele aus Gottes Wesen kam und jede Menschenseele ein Teil Gottes ist? Und wirst Du Dich seiner nicht erbarmen, wenn Du siehst, wie einer seiner heiligen Funken sich verfangen hat und am Ersticken ist?!"

Rabbi Pinchas sagte: „Wenn Du siehst, daß einer Dich haßt und Dir Leid zufügt, sollst Du Dich stark machen und ihn mehr lieben als zuvor. Dadurch allein kannst Du ihn zur Umkehr bringen ... So mußt Du, wenn Dein Genosse sich in seiner Seele von Dir entfernt, ihm näherkommen als zuvor, um den Riß auszufüllen."

Der Maggid von Sloczow sprach zu seinen Schülern: „Es tut nichts not, als Gott zu lieben. Willst Du etwas tun und merkst, es möchte Deine Liebe mindern, wisse, es ist Sünde; willst Du etwas tun, und merkst, daraus wird sich Deine Liebe mehren, wisse, Dein Wille ist in Gottes Willen geschickt."

Rabbi Henoch sprach: „Auch die Völker der Erde glauben, daß zwei Welten sind; »auf jener Welt« sagen sie. Der Unterschied ist dies: sie meinen, die zwei seien voneinander abgehoben und abgeschnitten, Israel aber bekennt, daß beide Welten im Grunde eine sind und daß sie eine werden sollen."

Als ein Schüler dem Gerer Rabbi klagte, daß er unablässig lerne, bete, sich mühe, gut zu sein und Gutes zu tun, und dennoch nicht merke, daß er dadurch wahrhaft Gott näher komme, antwortete dieser: „Es ist im Namen Elias gelehrt: Der Mensch nehme die Thora auf sich, wie ein Ochs sein Joch und ein Esel seine Last. Sieh, wie der Ochs des morgens aus dem Stall auf das Feld geht und pflügt und heimgeführt wird, und so Tag um Tag, und nichts ändert sich ihm, aber das gepflügte Feld bringt seine Frucht."

Rabbi Mendel und Rabbi Eleasar begegneten sich zum ersten Mal. Sie gingen ohne Gefährten in eine Stube, setzten sich einander gegenüber und schwiegen eine Stunde lang. Dann ließen sie die anderen ein. „Nun sind wir fertig“, sagte Rabbi Mendel.

Ein Chassid kommt zu Rabbi Abraham von Stretyn und fragt ihn, er habe gehört, der Rabbi habe geheime Mittel, um die Furcht Gottes zu erlangen. Der Rabbi antwortete: „Zur Furcht Gottes weiß ich bei mir kein Mittel. Aber wenn Ihr wollt, könnt Ihr eins für die Liebe Gottes erhalten!“ — „Das ist mir noch erwünschter, gebt es nur her!“ rief der Chassid. „Das Mittel ist Liebe zu den Menschen.“

Rabbi Nochum von Tschernobil gab einst einem Mann, der ihm seine große Not klagte, eine größere Geldsumme. Der Mann ging schnurstracks in eine Kneipe und vertrank das Geld. Einige Chassidim sahen das, kamen zum Rabbi und machten ihm große Vorwürfe, wieso er einem solchen Bösewicht so viel Geld geben konnte. Der Rabbi war darob sehr erzürnt und rief aus: „Ich fasse Gottes Eigenschaft beim Zipfel, »des Guten, der guttut den Bösen und den Guten«, und ihr wollt sie mir aus den Händen reißen?!“

Wie die Liebe vom Menschen zur Kreatur und umgekehrt von der Kreatur zum Menschen strömt und alles Daseiende erfaßt, lehrt uns eine Geschichte von Rabbi Baruch. Seine Tochter war krank. Der Arzt verschrieb ihr eine Arznei. Der Rabbi fuhr in die Kreisstadt, um die Arznei zu besorgen. Er mußte in der Herberge übernachten. Abends ging er in der Stube auf und ab, betrachtete die Flaschen und sprach zu sich selbst. „Wenn es Gottes Wille ist, daß meine Tochter Reisel genese, bedürfte es keiner Arznei. Aber wenn Gott Seine Wundermacht allen Augen offenbarte, hätte kein Mensch mehr die Wahl, denn alle würden wissen. Damit den Menschen die Wahl verbleibe, kleidet Gott sein Tun in den Wandel der Natur. So hat er die Heilpflanzen erschaffen. — Aber warum sind es Gifte, die man dem Kranken eingibt? Die Funken, die von der Ursünde her in die Hüllschalen gefallen waren und sich in Steine, Gewächse und Tiere einwandelten, sie alle steigen durch die Weihe des Frommen, der in Heiligkeit an ihnen arbeitet, in Heiligkeit sich ihrer bedient, in Heiligkeit sie verzehrt, zu ihrem Quell empor. Wie sollen aber die Funken erlöst werden, die in die bitteren Gifte und Giftkräuter fielen? Daß sie nicht verstoßen bleiben, hat Gott sie den Kranken bestimmt, jedem die Träger der Funken, die der Wurzel seiner Seele zugehören. So ist der Kranke selber ein Arzt, der die Gifte heilt.“

Es gibt keine Vollendung ohne tägliche Erneuerung; der Glaubende und Betende muß die Welt in sich und die Welt um sich immer wieder neu erleben, immer wieder neu muß er an sich arbeiten. So pflegte der Rabbi von Zans zu erzählen: „In meiner Jugend, als mich die Gottesliebe entzündete, meinte ich, ich würde die ganze Welt zu Gott bekehren. Aber bald verstand ich, es würde genug sein, wenn ich die Leute meiner Stadt bekehrte, und ich mühte mich lang, doch wollte es mir nicht gelingen. Da merkte ich, daß ich mir immer noch zu viel vorgenommen hatte, und ich wandte mich meinen Hausgenossen zu. Es ist mir nicht geglückt, sie zu bekehren. Endlich ging es mir auf: mich selbst will ich zurechtschaffen, daß ich Gott in Wahrheit diene. Aber auch diese Bekehrung habe ich nicht zustande gebracht."

Man könnte sich fragen, wo ist in dieser Lehre die Meditation und wo ist hier die Praktik der Meditation. Die wahre Meditation bedarf nicht immer der Praktik. Der Mensch, der am Herzen Gottes ruht, der sich in Gott und Gott in sich erlebt, der steht in der Mitte Gottes, in der Mitte der Dinge, in der Mitte seines Selbst, der steht in der permanenten Meditation. Wer so sein ganzes Sein von Morgen bis Morgen, im Tun, im Essen, im Lieben, im Gespräch, im Schweigen, im Gebet heiligt, der ist eins mit Gott und mit der Welt. So lehrt uns die chassidische Lehre und noch mehr das Wirken und Leben der Chassiden, wie der Mensch zu einer Heiligkeit im Alltag gelangen kann und wie er allen Alltag in Freude, Liebe und betendes Tun verwandeln kann. Auch hier, wie beim Zen, wie beim Yoga wird alle Lust des Lebens durch den Glaubenden zur Freude erhoben. Es geschieht ein Leben im Glanz und in der Glorie Gottes.

DER ISLAM

Islam heißt „Ergebenheit in den Willen Gottes". Islam ist der Glaube der Moslim, der größten Bruderschaft verschiedener Rassen und Stämme, die der Lehre des letzten großen Propheten aus den Offenbarungsreligionen folgen. Muhammed wurde von Gott inspiriert und lehrte die Gesetze des Seins, die Gott — „Allah" — ihm diktiert hat. Quran heißt das letzte heilige Offenbarungsbuch. Es ist das einzige Buch der Lehre des Islam. Quran heißt „das was gelesen werden wird". Es ist eine tolerante Lehre, die des Islam. Sie lehrt, die anderen Religionen, besonders die des Judentums, des Christentums, des Buddhismus und des Hinduismus, alle Lehren, denen ein geschriebenes heiliges Wort zugrunde liegt, zu achten und zu befolgen. In ihrer Moral und Ethik unterscheidet sie sich nicht von anderen Lehren. In ihrer Toleranz gegen die anderen geht sie weiter als die Christen und Juden. Sie erkennt wie die letzteren nur einen Gott. Das zentrale Gebet des Moslem heißt: „La ilaha il Allah; Muhamed il Rasul Allah!" (es gibt keine Gottheit außer Gott; Muhamed ist der Prophet Gottes). Der Islam erkennt nur das Dasein Eines Gottes an, der die Welt regiert. Ihm stehen Engel dienend zur Seite. Satanas als sein Widerpart bedrängt die Seelen der Kreaturen. Allah sendet zu Zeiten seine Boten, Begnadete aus, um die Menschen aus der Sündhaftigkeit und Bedrängnis zu heben. Sie sind nur Menschen! So wird auch Christus als der größte und heiligste Prophet verehrt und seiner Lehre der Liebe wird gefolgt. Er wird aber nicht als Gott anerkannt, als Gottessohn nur insofern, als jeder Mensch ein Kind Gottes ist. Es gibt im Quran keine Heiligenverehrung, alle Menschen sind einander gleich und Brüder als Kinder Eines Gottes; eingeschlossen sind auch die Andersgläubigen. Der Quran lehrt religiöse Toleranz gegen Andersgläubige. Er kennt keine Inquisition noch Verbrennungen von Ketzern. Er kennt keine Priesterkaste, die sich zu weltlicher Macht erhebt. Er erhebt keinen

Anspruch auf Mission, wenn er auch seine Lehre für die vollendetste hält. Aus der Geschichte wissen wir, daß die Moslim, die eine Welt eroberten, weder in den buddhistischen, noch hinduistischen, noch zoroastrischen, noch jüdischen, noch christlichen Ländern es unternommen haben, die Menschen zum Islam zu bekehren, weder durch Gewalt noch durch Überredung.

Der gläubige Moslem steht wissend und erlebend unter Gottes Hand. Er weiß den Allmächtigen stets gegenwärtig; aus diesem Wissen handelt er nach Seinen Gesetzen. Fünfmal am Tag verpflichtet ihn der Quran, sich mit Gott zu verbinden und zu ihm zu beten. Morgens schon erschallen helle Kinderstimmchen, die die Verse der Quran singen. Jeder Moslem kennt den Quran; er liest ihn täglich und rezitiert seine Verse, ja er unterhält sich mit seinen Mitmenschen und flicht die Verse des Quran in das Gespräch ein. Er ist gehalten, mindestens einmal im Monat den Quran ganz durchzulesen. So hat er eine ganz lebendige Herzensbeziehung zu dem Lehrbuch seines Gottes. Fünfmal am Tage, zu ganz bestimmten Stunden, verrichtet er in gewohnter und für alle Moslim absolut gültiger Weise das Gebet „Namaz". Zu den Zeiten, wenn der Imam oder Muedzin von dem Minaret, dem Turm der Moschee, sein: „La ilaha il Allah; Muhamed il Rasul Allah" verkündet, erhebt sich der Gläubige, wo er auch gerade sei und was er auch tue, wendet sein Angesicht gegen Mekka, sammelt sein Herz und seine Gedanken auf den Allmächtigen und sagt: „Allah ist groß!" In diesem Gebet, dieser Hinwendung zu Gott, vergißt er sein kleines Ich, seine gegenwärtigen Nöte und Wünsche, seinen Hader; er steht als kleiner Mensch, als ein Staubkörnchen aus dem Weltall dem Schöpfer der Welt gegenüber. Millionen von Brüdern gleich welchen Standes, Besitzes oder welcher Rasse stehen gleich ihm vor Allah. Nichts und keiner steht zwischen ihm und Gott. Dann kniet er nieder und spricht: „Ehre Dir, mein Herr, Du Großer!" und sich aufrichtend, sagt er: „Allah hört, wer ihn rühmt; unser Gott, Dein ist aller Ruhm." Dann fällt er nieder vor seinem Gott in Dankbarkeit und Demut und betet: „Herr, unser Gott, vergib mir und sei mir gnädig und führe mich, bewahre mich und erhebe mich." Wieder fällt er nieder, dann setzt er sich mit gekreuzten Beinen hin und sagt: „Alle Ehren Dir, Allah, alle Reinheit des Herzens. Friede sei mit Dir, o Prophet! Der Segen Allahs sei auf seinen Gütern; Friede sei mit uns und mit Gottes frommen Dienern. Ich bekenne, da ist kein Gott außer Gott, und ich bekenne, daß Muhamed sein Diener und Prophet ist."

Nach Gebet und Meditation und Erforschung seiner selbst geht der Moslem gereinigten Sinnes und gefestigten Gemüts an seine Arbeit. Der Morgen wird mit diesem Gebet begonnen und der Tag damit beschlossen. In der Zwischenzeit wird dieses Gebet dreimal verrichtet. Es wird nicht verrichtet nach Gutdünken, sondern zu ganz bestimmten Stunden, die für alle in der Welt gleich gelten. So pulst das Leben des Moslem in einem fünffachen Rhythmus, von dem das Gebet den zentralen Bestandteil bildet. Diese meditative Praktik bedeutet, daß den Verlockungen der Sinne, den Ausbrüchen der Affekte und Triebe, dem Haß und Neid eine Grenze gesetzt wird, die nur wenige Stunden dauert. In der Besinnung auf Gott und in deren Wiederholung werden die Triebe durch den Geist in ihre geheiligte Ordnung zurückgedrängt. Dieses fünffache Gebet, dem die Welt des Islam unterworfen ist, bildet eine mächtige und lebendige Kraft der Gleichheit und Brüderlichkeit. Im Gebet und vor Gott sind die Moslim eine große unterschiedslose Familie.

Fritz Bleiber, ein Kenner des Islam, sagt: „Die Einheit der islamischen Welt dokumentiert sich auf drei Gebieten, die für die Harmonie des Zusammenlebens von ausschlaggebender Bedeutung sind: im religiösen Credo, im Recht und in der Grundauffassung von den menschlichen Beziehungen. Vorschriften des Qurans bedeuten Kanon des persönlichen Lebens. Im Islam ist die Idee der menschlichen Bruderschaft noch außerordentlich lebendig. Der Islam kennt kein ich, nur ein wir. Man spricht Menschen mit »Bruder« an. Daher fehlen Gefühle der Zurücksetzung und Minderwertigkeit. Wie angenehm das Leben innerhalb einer Gemeinschaft verläuft, deren Glieder von diesem Übel nicht befallen sind, kann der Abendländer bloß ahnen. Der Moslem bekundet echte Friedensliebe und hat eine starke Abneigung gegen Zank und Streit."

Außer dem täglichen fünffachen Gebet gibt es große und kleinere gemeinschaftliche Meditationen. So versammeln sich die Moslim an jedem Freitag in der Moschee zum gemeinsamen Gebet. Der Monat Ramadan ist ausschließlich der Askese, dem Fasten, der Gewissenserforschung und dem Gebet gewidmet. Die höchste Pflicht des Moslem ist aber die Pilgerfahrt nach Mekka. Arm und Reich unternehmen diese beschwerliche Reise, die voller Entbehrungen ist, die aber willig und still erduldet wird zu Ehren des Höchsten und die das geistige Band zwischen Kreatur und Schöpfer noch fester und inniger bindet.

*

So wie der Hinduismus die Lehre Christi in die Mahabharata aufgenommen hat, insbesondere die ihm gemäße Bergpredigt, und Christus als den zehnten Avatar, also als Wiederverkörperung und Fleischwerdung des Gottes Vishnu erkennt, so bezeichnet der Quran Christus als den größten Propheten und den erhabensten und nachfolgewürdigsten Lehrer und Mahner der göttlichen Liebe und der Erlösung des Menschen. Wenn er für den Hindu Gott selbst ist, ist er für den Moslem, der außer Gott nichts Göttliches anerkennt, ein Mensch, aber ein Begnadeter, ein Bote Gottes. Es ist bemerkenswert, wieviele Varianten der Auffassung über die Person Christi in den christlichen Konfessionen und Sekten vorhanden sind, vom Sohn Gottes, über den Logos, hinab zum entmythologisierten Jesus und schließlich zu den Deutungen eines *Binet-Sanglé,* der das Bild eines Schizophrenen zeichnet. Der Quran setzt Jesus dem ersten, ungeborenen Menschen Adam gleich. Gott schuf Adam aus Lehm. Dann befahl er ihm zu leben, und so kam er ins Dasein (Sure III-59).

Über die unbefleckte Empfängnis und die Geburt Christi spricht der Quran (Sure XIX-16-34): „Und erwähnt in den Schriften Marias. Sie entfernte sich von ihren Leuten und ging in ein Zimmer, das nach Osten lag. Und sie suchte die Einsamkeit. Dann kam Er, Unser Geist, über sie und hatte die Gestalt eines vollkommenen Mannes angenommen. Sie sagte: »O, ich suche Einkehr zum Erhabenen, sei Du gottesfürchtig!« — Er sprach: »Ich bin nur ein Bote unseres Gottes, daß ich Dir einen fehlerlosen Sohn verkünde.« — Sie sagte: »Wie kann ich einen Sohn haben, wenn kein Sterblicher mich je berührt hat, da ich doch keusch bin!?« — Er sprach: ›So sei es! Dein Herr spricht: es ist einfach für mich. Und so sei es, er wird eine Erlösung für das Menschengeschlecht und eine Gnade von Uns, das ist beschlossen.‹ Und sie empfing ihn, und sie ging hinweg an einen fernen Ort. Und die Geburtswehen kamen, da verbarg sie sich in dem hohlen Stamm einer Palme. Sie seufzte: »O, wäre ich gestorben, bevor dieses geschah, und wäre zunichte geworden und vergessen worden!« Da rief einer von unten und sprach: »Gräme dich nicht! Der Herr hat ein erquickendes Bächlein da unten fließen lassen, und schüttle die Palme, es werden dir reife Datteln zufallen. So iß und trink und werde getröstet, und wenn Du einem Sterblichen begegnest, sage: ich habe Fasten gelobt dem Allmächtigen und darf diesen Tag zu keinem Sterblichen sprechen!«

Dann brachte sie ihn zu ihrem eigenen Volk. Sie sprachen: O

Maria, Du bringst da ein erstaunliches Ding. O, Schwester Aarons! Dein Vater war kein sündhafter Mann, noch war Deine Mutter eine Hure. Dann wies sie auf ihn. Sie sagten: Wie sollen wir zu einem sprechen, der in der Wiege ist, zu einem Knaben? Er aber sprach: O, ich bin der Sklave Gottes, Er gab mir die Schrift und bestellte mich zum Propheten und gab mir den Segen, wo ich auch sei, und er machte mich nicht hochmütig und eitel. Friede mit mir am Tage meiner Geburt und am Tage, da ich lebend erhoben werde. Das war Jesus, Sohn Marias. Das ist die Bestätigung der Wahrheit, an der sie zweifeln."

Und von Jesus heißt es dann in der Sure III-49: „Und will ihn zum Boten machen über das Volk Israel. Er wird sagen: »Ich komme zu Euch mit einem Zeichen von Eurem Herrn. Ich forme für Euch aus Lehm einen Vogel, ich hauche darauf, und er lebt, durch Gottes Willen. Ich heile den, der blind geboren wurde, und den Aussätzigen, und ich erhebe den Toten zum Leben, durch Gottes Willen. Und es ist mir gegeben, Euch zu sagen, was ihr essen sollt und was ihr in Euren Häusern aufbewahren sollt. Seht, darin ist der Auftrag an Euch, wenn Ihr Glaubende sein wollt.«"

Und in der Sure V-75 heißt es: „Der Messias, Sohn der Maria, war kein anderer Bote, als wie sie auch vor ihm schon gewesen waren. Und seine Mutter war ein heiliges Weib. Und sie beide aßen von den Gaben der Erde wie andere Sterbliche . . ."

Der Quran sagt, daß Christus weder erschlagen noch gehängt worden sei, sondern von Allah in den Himmel erhoben wurde, und daß er in diese Welt wieder hineingesandt wird, bevor das Ende der Tage kommen wird, um die Welt zu erlösen, und daß alle Glaubenden ihn als Boten Gottes annehmen werden: „Und weil sie sagen: Wir erschlugen den Messias, Jesus, Sohn Marias, Allahs Boten. Sie erschlugen ihn nicht und sie kreuzigten ihn nicht, sie nehmen es denn an. Sicherlich erschlugen sie ihn nicht! Denn Allah nahm ihn auch zu sich. Allah war immer mächtig und weise!"

*

So wie Christus für die, die an ihn glaubten, kam, so kam für jedes Volk sein Bote, um es aus der Niederung des Geistes zu erheben: „Und für jedes Volk ist ein Abgesandter. Und wenn ihr Abgesandter kam, ward ihre Sache unter ihnen mit Gerechtigkeit entschieden und sie wurden nicht benachteiligt" (X-47). Und: „Bereits ließen wir für jedes Volk einen Abgesandten erstehen" (XVI-36).

Weil der Islam nicht an eine Rasse oder ein auserwähltes Volk sich wendet, sondern alle Menschen meint, hat er auf ein kompliziertes Ritual verzichtet, weil ein Ritual das Gemeinsame des Glaubens der anderen nur verschleiern würde. Es ist derselbe Gott, den alle Menschen und Völker anbeten, wenn sie ihn auch mit verschiedenen Namen nennen.

Drei Grundlagen lehrt der Quran: Gottesfurcht und Gehorchen seinen Geboten; rechtes Handeln; und als Ende des Wegs die erlösende Glückseligkeit. Das rechte Handeln betrifft nicht nur den Moslem, sondern jeden Gottgläubigen. „Nein, wer auch immer sich Seinem Willen völlig unterwirft und gute Taten verrichtet, der hat seinen Lohn bei seinem Herrn, und über solche soll keine Furcht kommen, noch sollen sie traurig sein“ (Sure V-69).

Über allem aber steht Gottes Allwissen und seine Allgegenwart. Nichts ist vor Ihr verborgen. Dreizehn Lehrsätze enthält der Koran über diese Eigenschaft Gottes:

1. Wahrlich, Gott ist der große Kenner des Unsichtbaren.
2. Gott weiß, was du verbirgst und was du offenbarst.
3. Gott weiß, was du im geheimen und was du öffentlich tust.
4. Gott weiß, was in deinem Herzen ist.
5. Gott weiß, was du nachts und was du bei Tage tust.
6. Gott kennt eure Geheimnisse und eure Beratungen.
7. Gott weiß, wo ihr ab und zu geht und wo ihr euch aufhaltet.
8. Gott kennt die Geheimnisse und die im Unterbewußtsein liegenden Antriebe.
9. Gott kennt die Unehrerbietigkeit der Augen.
10. Gott ist mit dir, wo du auch bist.
11. Gott hält Wache über dir.
12. Gott wird deine Handlungen gewahr.
13. Sie wollen ihre Unternehmungen vor den Menschen verstecken, aber sie können sie nicht vor Gott verbergen.

„Darin, daß wir uns als unter der Allgegenwart Gottes stehend empfinden, liegt ein gewaltiger Ansporn für unsere Moral. Denn, wer wollte noch sündigen, wenn er sich dabei von Gott beobachtet fühlt! Durch ihre moralische Wirkung fügt diese Lehre den Schlußstein in einen Gedankenbau, der ganz darauf hinzielt, unsere Charakterbildung auf die höchst mögliche Stufe irdischer Vollendung zu erheben. Von der Selbstvervollkommnung führt der Weg zur Selbsterlösung“ — sagt *Maulana Sadr Ud Din.*

Der Grund, weshalb der Quran auch den Propheten und Christus nicht die Eigenschaft Gottes oder eines übersinnlichen Wesens oder eines Engels zuerkennt, ist, weil er sagt, daß jedes Wesen nur vom Wesen seiner eigenen Art ein Vorbild empfangen könne. Einem übersinnlichen Wesen kann der Mensch sagen: „Du bist anders als ich, du hast leicht reden, man solle gegen die Triebe und Affekte ankämpfen, wenn Du selbst keine hast!"

Wie in allen Religionen wird der Armut vor dem Reichtum der Vorzug gegeben. Gott ist der Freund der Armen. Dem Reichen wird aufgegeben, für die Bedürftigen zu sorgen und eine Armensteuer, „Zakat", zu entrichten. Die Fürsorge für Waisen, Witwen und Krüppel ist durch den Quran geregelt. Die Bestimmungen für das Erbe sind so, daß niemals ein Sohn zuungunsten der anderen Geschwister alles erben kann; die Erbschaft wird unter allen Geschwistern und sogar ferneren berechtigten Verwandten verteilt. So kommt es innerhalb der Familien nicht zu Zwistigkeiten, Haß und Entfremdungen, weil alle gerecht beteiligt werden.

*

Wie in allen Religionen gibt es im Islam meditative und mystische Individuen, Lehrer oder Gruppen, deren Ideal die Armut, die Askese, die Abgeschiedenheit, das Gebet, die Freude, die Meditation ist. Man nennt sie *Sufi,* sie sind die Weisen und Heiligen unter den Moslim und erfreuen sich wie die Yogis, die Starzen, die Zen-Meister, die Zaddikim, der größten Verehrung. Als erster Sufi-Meister gilt *Ali,* der Schwiegersohn Muhammeds, von dem Muhammed sagte: „Ich bin die Stadt des Wissens und Ali ist ihr Tor!"

Die Etymologie des Namens Sufi ist nicht ganz geklärt. Es wird angenommen, daß er von dem grobwollenen Mantel *„Ssauf"*, den einer der ersten Sufi-Meister Abul-Haschem-al Kufi († 767) getragen hat, stamme. Manche nehmen an, er könne von „Sophia", was auf griechisch Weisheit bedeutet, oder von dem arabischen Wort Reinheit „Ssafa" herkommen.

Imam Djafar Ssadek (700—765), der „Schatzmeister der Geheimnisse Gottes", wurde gefragt, wer besser sei, ein duldsamer Armer oder ein dankbarer Reicher. Er antwortete: „Der duldsame Arme ist besser, weil das Herz des reichen Mannes bei seinem Geldbeutel ist, das Herz des armen Mannes aber bei Gott."

Ein anderes Mal sagte er: „Gott hat auf Erden ein Paradies und eine Hölle. Das Paradies ist dort, wo Du Deine Arbeit im Namen Gottes erfüllst, und die Hölle ist dort, wo Du die Arbeit Gottes übernimmst und sie nicht ehrlich erfüllst."

Auf die Frage, wie Muhamed überzeugt wurde, daß alles, was Gott ihm offenbart habe, nicht vom Satan sei, hat er geantwortet: „Wenn Gott einen Menschen zu seinem Botschafter macht, gibt Er ihm zuerst Ruhe und Festigkeit im Glauben. Dann nimmt dieser Mensch alles wahr, was von Gott zu ihm kommt, so wie er mit seinen Augen etwas gesehen hat!"

Von *Oweiss Karani* aus Jaman, der ein armer Hirt war und, von keinem als Mystiker erkannt, in voller Abgeschiedenheit lebte und zu Gott sprach, wird erzählt: Er hungerte lange Zeit, ohne daran zu leiden. Als er einmal mehrere Tage nichts zu essen hatte, fand er auf der Straße ein Goldstück. Er sagte sich, daß es sicher jemand verloren habe, und nahm es nicht. Er wollte etwas Gras abpflücken, um es zu essen; da sah er ein Schaf auf sich zukommen, das in seinem Maul ein frisch gebackenes Brot hielt. Er dachte: es hat es vielleicht von jemandem geraubt. Er wollte weitergehen, da sprach das Schaf zu ihm: „Ich bin der Diener dessen, dessen Diener Du bist. Nimm diese Speise Gottes aus der Hand Seines Dieners". Als er seine Hand ausstreckte, um das Brot zu nehmen, war es schon in seine Hand gelegt, und das Schaf war verschwunden.

Von *Maleke Dinar* wird berichtet, er sei eines Tages nach langem Fasten sehr hungrig gewesen. Er wünschte etwas Fleisch zu essen. Er ging zum Fleischer und kaufte ein Stück Fleisch. Der Fleischer war darüber sehr erstaunt und schickte einen Knaben, zu beobachten, was Maleke Dinar mit dem Fleisch machen würde. Der Knabe kam zurück und erzählte, Maleke habe sich an einen einsamen Platz begeben, dort das Fleisch aus der Tasche herausgeholt, daran gerochen und gesagt: „O mein Ich, mehr als dieses Riechen kannst du nicht bekommen." Dann habe er das Fleisch einem Bettler gegeben.

Er sagte öfters zu sich selbst: „O mein Ich, denke nicht, daß ich aus Feindschaft gegen Dich so handle, sondern weil ich weiß, daß diese Qual nicht lange dauern wird, denn dies alles ist vergänglich; aber wenn du noch ein paar Tage duldest, wirst du Güter erlangen, die nicht vergänglich sind."

Es wird von der großen Demut des *Hassan Basri* (642—728) berichtet. Von jedem Menschen, den er traf, sagte er sich, daß dieser besser sei als er selbst. Eines Tages sah er am Ufer des Tigris einen

Neger mit einer Frau sitzen und trinken. Er sagte sich wieder, daß dieser besser sei als er selbst. Aber sein niederes Ich, der lauernde Sinn in ihm, flüsterte ihm zu, daß der Neger, der mit einem fremden Weibe sitze und Wein trinke, nicht besser sein könne als er selbst. In diesem Augenblick näherte sich ein Boot dem Ufer und kippte um, und sieben Personen fielen ins Wasser. Der Neger warf sich ins Wasser und rettete sechs der Verunglückten. Dann sprach er zu Hassan: „Wenn du besser bist als ich, o Führer der Gläubigen, so rette du den siebenten! Erfahre, o Hassan, daß das, was wir tranken, reines Wasser ist, unsere einzige Nahrung, und dieses Weib ist meine Mutter. Ich wollte dich nur prüfen, ob du die Welt noch mit deinen äußeren oder inneren Augen siehst!"

Hassan fiel ihm zu Füßen und bat um Verzeihung und sagte: „Bei Gott, du bist mein Meister! Ich bitte dich, wie du die Ertrinkenden gerettet hast, so rette auch mich vor meiner niederen Natur, vor meiner Eitelkeit!" Der Neger segnete ihn und sprach: „Dein Auge sei sehend!" Erst in diesem Augenblick wurde Hassan erlöst und erleuchtet. Er hat nun niemals mehr gesagt, daß er besser sei als irgendein Mensch, und sogar, wenn er einen Hund sah, sagte er: „Bruder! Du bist besser als ich!"

„Die Vollkommenheit ist dies — sagte er —, daß du in dir kein Stäubchen von Feindschaft findest."

„Der weltliche Mensch wird immer drei Arten von Sehnsucht und Leid beim Tode haben: daß er nicht satt war mit all dem, was er gesammelt hat, daß er nicht erreicht hat, was er erhofft hatte, und daß er keinen Vorrat gesammelt hat für den Weg, den er vor sich hat."

Der große Mystiker *Fozeil Ayaz,* der früher ein berüchtigter Räuber war, sprach zum Kalifen Harun al Raschid, der ihn besuchte: „Betrachte die Alten deines Volkes als deine Väter, die Jungen als deine Brüder und die Kinder als deine Kinder und handle dementsprechend mit ihnen. Du wirst dann von aller Sünde und Schuld frei sein. Betrachte dein Land als dein Haus und seine Bewohner als deine Familie. Sei freigebig zu ihnen, wie du zu deinen Brüdern bist, sorge für sie, wie du für deinen Vater sorgst und sei ihnen gut, wie du zu deinen Kindern gut bist. Laß deine Seele aufwachen und wisse, daß du am jüngsten Gerichtstag für den Zustand eines jeden deiner Untertanen verantwortlich bist. Ja, wenn ein altes Weib eine Nacht ohne Brot und hungrig schläft, wirst du, o Kalif, dafür antworten müssen."

Rabea Adwia, die Mystikerin, saß in einem Hain, umringt von Gazellen, Rehen, Ziegen und Hirschen. Als der Sufi-Meister Hassan Basri sich ihr näherte, um sie zu begrüßen, flohen die Tiere. Er fragte Rabea, warum sie vor ihm flöhen. Sie antwortete: „Was hast du heute gegessen, o Hassan?“ Er sagte: „Zwiebel mit Fett.“ Darauf antwortete Rabea: „Wenn du das Fett der Tiere gegessen hast, wie kannst du da erwarten, daß sie nicht vor dir fliehen?!“

Maleke Dinar erzählt, daß er eines Tages zu Rabea ging und sah, wie sie aus einem zerbrochenen Krug Wasser trank, auf einer Matte saß und ihren Kopf auf einen Ziegelstein legte. Er war erschüttert und sagte: „O, Rabea! Ich kenne viele, die reich sind; wenn du es willst, so kann ich von denen etwas für dich verlangen!“ — Sie antwortete: „Weißt du nicht, daß ihr Schöpfer und mein Schöpfer ein und derselbe ist, und glaubst du, daß Er die Armen vergißt, weil sie arm sind, und den Reichen gibt, weil sie reich sind? Wenn Er alles weiß, so brauch ich mich Ihm nicht in Erinnerung zu bringen! Wenn Er es so will, so wünsche ich auch das, was Er will.“

Im Frühling ging sie eines Tages in ein Haus und versank in Meditation. Die Dienerin sagte zu ihr: „O Herrin, komm heraus und schaue die wunderbare Kunst Gottes im Garten an!“ — Sie erwiderte: „Komm du herein in dies Innere und schaue den Künstler selber an! Das Schauen des Schöpfers macht mir das Schauen der Geschöpfe unnötig!“

Rabea betete: „O Gott, was Du mir von der Welt geben willst, gib es Deinen Feinden, und was Du mir im Himmel geben willst, gib es Deinen Freunden, denn Du selber genügst mir!“

Ibrahim Adham (achtes Jahrhundert) war König von Baktrien; er gab sein Königreich auf und zog den göttlichen Mantel der Armut an. Einmal kam einer und brachte ihm tausend Dinar und bat ihn, sie anzunehmen. Ibrahim sagte: „Ich nehme von keinem Bedürftigen etwas.“ Der Mann erwiderte, daß er kein Bedürftiger, sondern ein reicher Mann sei. Darauf fragte ihn Ibrahim: „Brauchst du noch mehr, als du schon besitzest?“ Der Mann bejahte es. Darauf sagte Ibrahim: „Dann gehe deinen Weg, denn du bist das Oberhaupt aller Bedürftigen. Dein Zustand ist mehr als Dürftigkeit, es ist Bettelei!“

Jemand sagte zu Ibrahim: „Gib mir einen Rat!“ — Er sagte: „Öffne, was du verschlossen hast, und verschließe, was du geöffnet hast.“ — Der Mann verstand ihn nicht. „Öffne deinen Geldbeutel und werde freigebig, und verschließe deinen Mund und werde schweigsam", erklärte Ibrahim.

Er sprach: „Armut ist ein Schatz, den Gott nur Seinen Geliebten gibt ... Das Kennzeichen des wahren Mystikers ist, daß sein Herz sich immer mehr in Andacht versenkt, seine Worte immer mehr Lobpreisungen Gottes sind, seine Taten immer mehr aus Diensten bestehen und seine Augen immer mehr die Wunder der Werke Gottes und dessen Herrlichkeit sehen."

Zun Nun, der Ägypter, sagte: „Der Durchschnittsmensch hat seine Sünden zu sühnen, und der erwachte Mensch hat seine Nachlässigkeit zu sühnen, denn für diesen ist die Nachlässigkeit eine Sünde."

Von *Bayezid Bastami*, dem Sufi-Meister, der das Al Fana fi-Allah, die Unio mystica, das Samadhi erlebte, wird erzählt, daß er einmal einem Hund, der bei den Moslim als unrein gilt, den Weg freigab. Ein Jünger fragte ihn, warum er das getan habe, da doch Gott den Menschen über alle Wesen erhoben habe. Bayezid antwortete: „Dieser Hund sprach zu mir: »Sind wir, Bayezid, im Ursprung nicht eins? Was ist meine Schuld, wenn Gott mich mit der Haut eines Hundes bedeckt hat, und was ist dein Verdienst, wenn Gott dich mit der Krone des Königs der Mystiker gekrönt hat?« Diese Worte hatten mich veranlaßt, den Weg dem Hunde frei zu geben."

Ein Jünger des Mystikers Butorab Nakhaschabi war von glühendem Herzensfeuer besessen. Butorab riet ihm, Bayezid aufzusuchen. Der Jünger erwiderte: „O Herr! Wer täglich den Gott von Bayezid sieht, braucht nicht den Bayezid selbst zu sehen." Da sagte Butorab: „O Jünger! Wenn du Gott siehst, siehst du ihn nur mit dem Grad des eigenen Sehvermögens. Wenn du Gott aber durch Bayezid siehst, wirst du ihn mit dem Sehvermögen Bayezids sehen können. Es gibt Sehen und Sehen!"

Bayezid sprach: „Dreißig Jahre lang habe ich gebeten: »Gott, tu so und so, gib dies und jenes!« Als ich die oberste Stufe der Erkenntnis erstieg, rief ich aus: »Gott! sei Du für mich und tu, was Du willst!«"

„Einmal rief ich an: »O Gott! Wie kann man zu Dir gelangen?« Eine Stimme sprach zu mir in meinem Inneren: »O Bayezid! Laß dich dreimal von dir scheiden, dann rufe nach mir!«" (zitiert nach H. Kazemzadeh-Iranschähr)

DIE GEISTIGE WELT DER INDIANER

So betet in alter Zeit und heute der Sioux-Indianer: „Großer Geist, dessen Stimme ich in den Winden vernehme und dessen Atem der ganzen Welt Leben spendet, erhöre mich!

Ich trete vor Dein Angesicht als eines Deiner vielen Kinder. Siehe, ich bin klein und schwach; ich brauche Deine Kraft und Weisheit.

Laß mich in Schönheit wandeln und meine Augen immer den purpurroten Sonnenuntergang schauen. Mögen meine Hände die Dinge achten, die Du geschaffen hast, und meine Ohren Deine Stimme hören!

Mache mich weise, damit ich die Dinge erkennen kann, die Du mein Volk gelehrt hast, die Lehre, die Du in jedem Blatt und jedem Felsen verborgen hast.

Ich sehne mich nach Kraft, nicht um meinen Brüdern überlegen zu sein, sondern um meinen größten Feind — mich selbst — bekämpfen zu können.

Mache mich stets bereit, mit reinen Händen und aufrichtigen Augen zu Dir zu kommen, damit mein Geist, wenn das Leben wie die untergehende Sonne entschwindet, zu Dir gelangen kann, ohne sich schämen zu müssen“ (Übers. Dr. Hermann Kopp).

Eines der schönsten und erhabensten Menschenbilder leuchtet uns aus dem Antlitz des nordamerikanischen Indianers, aus der Zeit, ehe der weiße Mann mit seinen Eroberungsgelüsten kam und das Land in seinen Besitz nahm. Auf unermeßlichem Land waren es wenige Menschen, die in voller Freiheit die Herren dieser Welt waren und doch brüderlich, als ältere Brüder, mit den Tieren, den Pflanzen, dem Himmel und der Erde verbunden waren. Wenn auch ihr Lebensstil ein primitiver war, zeichnete er sich durch eine hohe sittliche und geistige Kultur aus. Schon der Schöpfungsmythos, den wir hier kurz wiedergeben, weist ein tiefes Verständnis und eine kindliche Liebe zu aller Kreatur auf. Wie bei allen einfach strukturierten Völkern gibt es auch hier einen Pan-Sakramentalismus — alles Lebende und Seiende ist ein Teil vom Ganzen Gottes, ist Seine Emanation und eine Seiner vielen Erscheinungsformen, alles ist einander verwandt und durch geheimnisvolle Bande schicksalsmäßig miteinander verbunden. Alles Tun, gutes und böses, löst oder festigt diese Bande, oder es schafft unentwirrbare Knoten, die den Handelnden in ihre Maschen hineinziehen.

Das höchste geistige Wesen, der Schicksalslenker der Sioux-Indianer, ist ein unsichtbares, aber alles durchdringendes Wesen — „Das große Geheimnis". Es ist kein persönlicher oder personifizierter Gott, es ist ein, wie das Wort schon sagt, geheimnisvolles All. Die Sonne ist das schöpferische, das männliche Prinzip in diesem All, die Erde, das Plastische, das Mütterliche. Himmel, Wind, Regen, Donner, Blitz, Gebirge, Pflanzen und Tiere sind durchgeistigte, wirkende und bewirkte Seinsformen. Aus der Verbindung der Sonne mit der Erde ist alle Form und alles Lebende entstanden. In der Welt der Pflanzen und des Getiers steht ein geheimnisvolles, großes, „besonderes" Wesen — Isch-na-e-cha-ge, der Erstgeborene —, der sich auf der Erde und unter den Tieren und Pflanzen bewegt, ihre Bräuche, ihre Lebensweise und ihre Sprache versteht und sich ihnen allen verständlich machen kann. Noch ist er kein Mensch, und doch schon viel mehr als ein Mensch, Dacqué würde ihn den Prototyp, das Vor- oder Urbild des Menschen nennen. Er lebt in einem Zelt inmitten der Tier- und Pflanzenwelt, er wird von allen verehrt und gefürchtet.

Schließlich schafft er sich ein Ebenbild, einen Bruder, den Menschen, aus einem Splitter, den er sich aus dem großen Zeh zieht. Dieser erste Mensch ist der „Kleine Knabe-Mann", ein ahnungsloses, hilfloses Kind, mit dem die Ära der Menschen beginnt. Isch-na-e-cha-ge geleitet seinen kleinen Bruder durch die ihm fremde Welt, er zeigt ihm die Geschöpfe und lehrt ihn, mit ihnen Umgang zu pflegen. Soweit wäre der paradiesische Charakter gewahrt, und Friede herrscht noch zwischen dem ersten Menschen und der Welt der Geschöpfe.

Aber wie bei Adam durch die Schlange, wird diese Harmonie hier durch die Spinne „Unk-to-me" gestört. Mit scharfer Beobachtungsgabe nimmt sie wahr, wie durch die Unterweisungen von Isch-na-e-cha-ge der Kleine Knabe-Mann immer klüger und gewandter wird. Sie wittert Gefahr und verleitet die anderen Tiere dazu, den Kleinen Knaben-Mann umzubringen. Doch die Tiere, die ihn lieben, beachten ihren Rat nicht. Die Ungeheuer des Meeres dagegen ergreifen den Kleinen Knaben-Mann, töten ihn und verbergen seinen Leichnam auf dem Grunde des Meeres.

Isch-na-e-cha-ge sucht seinen Bruder, und da er allwissend und allsehend ist, findet er seinen leblosen Leib auf dem Meeresgrund. Er bringt seinen toten Bruder in ein Dampfbad, und durch ein Wunder wird der Kleine Knabe-Mann wieder lebendig. Wieder wandelt er unter den Tieren und erfährt von der Weise ihres Lebens und versteht ihre Sprache, er bewegt sich als einer Ihresgleichen. Aber erneut zettelt Unk-to-me Unfrieden und veranlaßt die Tiere, Krieg gegen den Kleinen Knaben-Mann zu führen.

Isch-na-e-cha-ge eilt zu Hilfe und lehrt den Kleinen Knaben-Mann Wurfgeschosse und Pfeile zu handhaben. Sie verschanzen sich hinter Felsen, und als die feindlichen Tiere kommen, bewerfen sie sie mit Steinen und Pfeilen, so daß sie flüchten müssen. Schließlich stürzen die Insekten zur Unterstützung der Tiere auf den Kleinen Knaben-Mann und fliegen ihm in Augen, Mund, Nase und Ohren. Da ruft ihm Isch-na-e-cha-ge zu, eine steinerne Keule gegen einen Fels zu schleudern. Er tut es. Es entstehen Funken, die auf das trockene Gras der Prärie fallen, plötzlich brennt die Prärie, und alle Tiere der Erde, der Luft, des Wassers und unter der Erde fliehen. Sie sehen die Überlegenheit des Kleinen Knaben-Mann und bitten um Frieden. Der Friede wird geschlossen, aber die Tiere müssen sich verpflichten, dem Menschen Fleisch und Felle zu liefern, die er jedoch nicht ohne Mühe und Gefahr bekommen soll. Nur die Insekten wollen sich durchaus nicht unterwerfen und werden daher zu Peinigern des Menschen. Die Vögel dagegen versprechen, die Insekten für ihre Widerspenstigkeit zu strafen und sie zu vertilgen.

So entstand durch Hinterlist und Neid der erste Tod, die Vernichtung, der Krieg, das Vertilgen eines Wesens durch das andere.

Von der Sintflut wird hier berichtet, daß sich einmal hoher Schnee bis über die Berge türmte. Die Tiere waren hungrig und kamen an die Behausung des Kleinen Knaben-Mann. Sie sahen ihn und Isch-na-e-cha-ge in einer Schlucht schlafend. Sie dachten, sie lägen im Sterben, und wollten sie zerreißen. Aber da entfaltete die Sonne ihre ganze Kraft, der Schnee schmolz, und viele Tiere, besonders die gefährlichsten, ertranken. Isch-na-e-cha-ge und der Kleine Knabe-Mann bauten sich ein Kanu, sie nahmen einige Tiere mit und wurden gerettet.

Es kam aber eine Zeit, da das Geschlecht sich im Kleinen Knaben-Mann regte. Er ging durch das Land und paarte sich mit den Weibchen der Tiere — den Vögeln, den Bärinnen und Wölfinnen, den Bieberinnen. Er weilte immer eine Zeitlang bei ihnen, sie bauten Hütten miteinander, es wurden Kinder geboren. Ähnelten die Kinder den Tierweibchen, so blieben sie Tiere, ähnelten sie aber dem Kleinen Knaben-Mann, so wurden sie die Vorfahren des Menschengeschlechts. Damit erklärt der Indianer, daß Menschen so oft Tieren gleichen, weil sie von dieser oder jener Tiergattung ursprünglich abstammen. Daher nahmen sich in allen Völkern die Menschen ihre Tiervorfahren zu Totems, zu heiligen, beschützenden Zeichen, zu Wappensymbolen.

So sieht der Indianer das Werden und Entstehen des Menschengeschlechts und seine nahe Verwandtschaft mit allem Lebenden.

Der Indianer weiß sich sein Leben lang beschirmt und beobachtet vom „Großen Geheimnis", er lebt unter Seinen Augen und Seinen Ohren, er lebt in Seinem Lichtkegel. So ist das ganze Leben erfüllt und erleuchtet von dem Odem seines unbekannten Gottes.

Gesinnung, Gesittung und Glaube prägen sein Dasein; es sind Stille, Ehrfurcht vor allem Seienden, Liebe, Mut, Rechtlichkeit und Einsamkeit. Er hat den Hang und den Mut zum Alleinsein. All sein Tun und Verhalten ist durchdrungen von Gebet. Er steht allein zu seinem Gott, ohne Vermittlung von Kirche oder Priestern.

Das Gebet vollzieht sich in der Einsamkeit. Morgens, nachdem er das reinigende und auflockernde Dampfbad genommen hat, geht er zum Fluß, zum Quell, zum Berg in der Stunde des Sonnenaufgangs. Er wäscht sich das Gesicht mit dem kalten Wasser, dann steht er reglos mit erhobenen Händen, wie unsere frühchristlichen Beter, mit dem Gesicht zur aufgehenden Sonne. Reglos steht er da und meditiert, betet ohne Worte, versenkt sich in die unerschöpflich schöne und erhabene Natur und ist voll Dank. Er wünscht sich nichts; alles, was das „Große Geheimnis" ihm geben kann, ist in ihm selbst, ist die Anteiligkeit an dem großen Gott und dem großen Geschehen der Schöpfung. So durchtränkt vom Gebet geht er zu den Seinen und zu seiner Arbeit. Das Tier ist seine Nahrung außer geringen Früchten der Erde. Es opfert sich ihm dar, wie es in dem Vertrag aus der Zeit des Schöpfungsmythos gelehrt wird. Wenn er es erlegt, kniet er andächtig vor ihm nieder und betet für es und dankt ihm für das Opfer, das es seinetwegen gebracht hat.

Sein größter Stolz ist Besitzlosigkeit, ist Besitz nur der notwendigsten Dinge und völlige Freiheit von allen Dingen des Begehrens. Er macht sich nicht nur frei von Besitz, auch frei von Begierden, Lüsten und Trieben. Keuschheit ist ihm oberstes Gebot. Er ißt, um sich zu erhalten, er liebt, um seine Sippe zu mehren, er liebt auch mit Leidenschaft, aber alles wird getragen von dem Bewußtsein des Inneseins Gottes, des „Großen Geheimnisses".

Wenn er seinen Feind tötet, trägt er dreißig Tage Trauer um den Getöteten und denkt an die Lieben, die ihn betrauern. Liebe zu Besitz gilt als Schwäche. Wenn Kinder zu sehr an ihren Spielsachen hängen oder von Dingen Besitz ergreifen wollen, erzählt die Mutter ihnen abschreckende Geschichten von solchen Menschen und von den schlechten Eigenschaften, die sie durch diese Sucht bekommen. Gegen die Zivilisation der Weißen sind sie darum immun, weil ihnen Luxus, Bequemlichkeit, Fortschritte der Technik nichts bedeuten. Sie verachten den Menschen, der glaubt, daß das Leben erst in der Umgebung von Wohn- und Gebrauchsgegenständen beginnt. Für den Indianer endet das wirkliche Leben dort, wo es für den Weißen erst lebenswert wird.

Sein Wesenszug ist Verschwiegenheit, Zuverlässigkeit, Mut und Ehrlichkeit. Mehr noch als die Ehe gilt die Freundschaft, weil sie eine von geschlechtlichen Trieben freie Bindung für das Leben darstellt. Der Indianer bricht nie seinen Schwur, er ist ihm heilig.

Fragt man ihn: „Was ist Schweigen?", so antwortet er: „Es ist das große Geheimnis! Das heilige Schweigen ist Seine Stimme." Und fragt man ihn: „Welches sind die Früchte des Schweigens?", wird er sagen: „Selbstbeherrschung, aufrechter Mut, Ausdauer, Geduld, Würde und Ehrfurcht. Schweigen aber ist der Grundpfeiler des Charakters."

„Hüte in der Jugend Deine Zunge, sagte der alte Häuptling Wawashaw, dann wird Dir vielleicht im Alter ein Gedanke reifen, der Deinem Volke nützlich sein kann." So berichtet Ohyesa, der beste Kenner der Indianer.

Der Indianer entwendet keinen fremden Besitz, einmal weil er ihn respektiert, dann weil er es nicht für wert hält, etwas wegzunehmen und sich anzueignen. Ebenso verhaßt, ja, unverständlich ist ihm das Lügen. Der Lügende belügt letzten Endes nur sich selbst, denn das „Große Geheimnis" sieht und hört alles, wie kann man es hintergehen! Er ist aufrichtig und gerade und begreift nicht, wenn er angelogen oder betrogen wird. Er ist tolerant und freundlich und hört geduldig zu. Gegen die christlichen Missionare bestand und besteht wohl auch heute noch eine Abneigung, weil der Indianer es deutlich erlebt, daß der Christ oft anderes lehrt, als er tut. Mit seinem kindlich reinen Gemüt spürt er deutlich diese Diskrepanz. So berichtet Ohyesa, daß ein Missionar einst versucht habe, einer Schar von Indianern die Wahrheiten seiner heiligen Religion nahezubringen, indem er ihnen von der Erschaffung der Welt in sieben Tagen, von dem Sündenfall unserer Ureltern, die den Apfel aßen, erzählte. Die höflichen Indianer hörten ihm aufmerksam zu. Nachdem sie ihm gedankt hatten, erzählte einer von ihnen eine sehr alte Geschichte über den Ursprung des Maises. Der Missionar gab bei diesem Bericht deutlich seine Mißachtung zu erkennen, indem er ärgerlich sagte: „Was ich Euch vorgetragen habe, sind geheiligte Wahrheiten; doch was Du da erzählst, ist nur Fabel und Lüge." — „Mein Bruder, erwiderte der beleidigte Indianer, Du scheinst mit den Anfangsgründen der Höflichkeitslehre nicht recht vertraut zu sein. Wir haben, wie Du sahest, diese Formen gewahrt und Deinen Geschichten geglaubt. Warum weigerst Du Dich nun, den unseren Glauben zu schenken?"

Für die Aufrichtigkeit und unerschütterliche Ehrlichkeit gibt es bei ihnen genug Beispiele. So wurde in den achtziger Jahren des vorigen Jahrhunderts die Geschichte des berühmten Crow Dog (Krähenhund) von Mund zu Mund erzählt. Crow Dog tötete 1881 den Siouxhäuptling Spotted Tail (gefleckter Schweif), weil er ein notorischer Bösewicht war und seine Macht mißbraucht hatte. Nach der Tat begab sich Crow Dog seelenruhig zum Sheriff und ließ sich verhaften. Er wurde zum Tode verurteilt. Kurz vor der Vollstrekkung bat er die Behörden, ihm zu gestatten, seiner Frau und der Sippe Lebewohl zu sagen. Unter Bewachung eines Sheriffs durfte er sein 200 Meilen entferntes Dorf aufsuchen. Der Sheriff blieb an der Grenze seines Bezirks zurück und ließ sich von Crow Dog das Versprechen geben, daß er am nächsten Morgen zu ihm zurückkehren würde. Wer am nächsten Morgen nicht kam, war Crow Dog. Der Sheriff ging zu der Frau von Crow Dog und erfuhr, daß er die Absicht gehabt hatte, allein zum Gefängnis zurückzukehren. Es kam denn auch die Nachricht, daß Crow Dog im Gefängnis eingetroffen sei. Über diesen Vorfall war die Öffentlichkeit so beeindruckt, daß man das Verfahren wieder aufnahm und Crow Dog freisprach.

Von Kindheit auf wird der Indianer zum Mut, zum Ertragen

von Hunger, Kälte, Hitze, Durst und Not erzogen. Er ist innerlich und äußerlich abgehärtet, er ist kühn und ritterlich. Sein eigenes Leben ist ihm nicht viel wert, wenn es darum geht, es für einen anderen Menschen einzusetzen. Ein alter Häuptling unterrichtete einen jungen Indianer, der im tiefsten Winter nach Büffeln suchte, um seinem hungernden Stamm zu helfen: „Laß dich vom Wege einer braven Tat nicht durch Kälte oder Hunger, nicht durch Schmerz oder Furcht vor Leiden, nicht durch die bleckenden Zähne der Gefahr und nicht einmal durch die packenden Kiefer des Todes abbringen."

Wenn der Indianer in das mannbare Alter kommt, sucht er sich eine Gefährtin. Es gibt keine kirchliche Heiratszeremonie. Das verlobte Paar geht in die Einsamkeit der Berge, dort vermählt es sich im Angesicht der erhabenen Natur, in Fasten, Meditation, Gebet und Schweigen. Nach einer Woche kehren sie als Ehepaar heim und werden von der Gemeinde anerkannt. Sie fertigen sich einen Wigwam und gehen ihren Pflichten nach. Die Erziehung des Kindes beginnt schon vor der Geburt. Die werdende Mutter richtet ihre Gedanken und guten Wünsche auf die Frucht ihres Leibes, sie schließt es in das Gebet ein und arbeitet innerlich an sich selbst und an dem entstehenden Menschenwesen. Kommt die Zeit der Entbindung, so will sie allein mit dem Ereignis sein. Sie geht in die Einsamkeit, in der Einsamkeit entbindet sie und kommt dann mit ihrem Kinde zu der Gemeinschaft zurück. Die Kinder der Indianer sind stille Kinder. Wenn das Baby schreit oder unruhig wird, so schaukelt die Mutter es sachte und singt mit leiser Stimme: „Still, still, Du störst das Schweigen des »Großen Geistes«." Bis zu zwei Jahren nährt sie es selbst. Sie hat das erste Wort in der Erziehung des Kindes. Erst mit acht Jahren wird der Junge dem Vater übergeben, der ihn in der Jagd und der Kriegskunst unterrichtet, der ihm das Bewußtsein der Menschenwürde und der Ehrfurcht vor dem Leben lehrt, der ihm selbst das Beispiel für ein tolerantes, freundliches, rücksichtsvolles, demütiges, zartes, gütiges Verhalten gibt. Jede Handlung wird mit einem stummen Gedächtnis des „Großen Geheimnisses" eingeleitet, es gibt nichts, das nicht in Seinem Namen begonnen wird. Ob es das Essen, das Schlafen, die Jagd, das Bereiten der Speisen, Feldarbeit oder das Fertigen von Gegenständen oder das Führen von Verhandlungen sei, immer flüstert der Indianer zu Beginn der Handlung: „Geist nimm Teil!" und immer hat er das Erleben Seiner helfenden und schützenden Gegenwart.

Der Indianer hat keine Angst vor dem Tode; wie er im Leben noch ganz nahe in der Natur ruht und unverbogen an ihr teilnimmt, so erlebt er auch seinen Tod. Er sieht den Tod in der Natur, das Sterben der Pflanzen und der Tiere, das völlig unpathetisch ist; ebenso unpathetisch sagt er ja zum eigenen Tod. Es gilt als Ehre, im kriegerischen Kampf zu sterben. Die Angehörigen und der Stamm trauern um den Verstorbenen und bestatten ihn in der freien Natur auf einem hohen Gerüst oder dem Geäst eines Baumes. Die Seele des Verstorbenen vereinigt sich nach dem Glauben des Indianers mit dem „Großen Geheimnis", oder sie unterliegt wie in der Lehre der Vedanta der Seelenwanderung, wobei, bei der engen Verwandtschaft des Menschen mit dem Tier, auch das Tier und Insekt in diesen Kreislauf mit eingeschlossen wird.

Was den Indianer, ähnlich anderen naturnahen Menschen, vor dem Menschen der Zivilisation auszeichnet und ihn dem Tier näher verwandt erscheinen läßt, ist der noch erhaltene Instinkt, das innere Wissen um die heilenden und verderblichen Kräfte in der Natur, und ein unbewußtes Wissen um die eigene Körperlichkeit, eine innere Organschau — eine hellseherische Gabe. Auch die Gabe der Vorahnung und der Erfühlung von gegenwärtig sich an entfernten Orten abspielenden Ereignissen. Ganz besonders trifft diese Hellschau auf Verwandte, Stammesgenossen und Freunde zu. Während der Inder diese Innenschau durch konsequente Yogaübung erlangt, ist sie dem Indianer infolge seiner größeren Naturnähe noch eigen.

Die Gabe des Hellsehens und des erleuchtungsartigen Erkennens früherer Daseinsformen ist bei den Indianern keine Seltenheit. Jack London berichtet in einer kleinen Novelle von einer Indianerin, die bei einer weißen Missionarin Dienste tat, daß sie schon bei dem Eintritt in den Dienst unentwegt das „Déjà-vu"-Erlebnis hatte. Vieles kam ihr bekannt und vertraut vor, und obwohl sie Dinge zum ersten Mal sah und Begegnungen erstmalig hatte, staunte sie, daß sie es alles schon wußte; sie begriff auch die Worte der ihr völlig fremden Sprache. Sie sprach voller Verwunderung die für sie neuen Worte aus, deren Sinn sie kannte. Dieses seltsame und für sie selbst unerklärliche Erlebnis durchstrahlte sie ganz, während die weiße Missionarsfrau völlig verständnislos diesem Phänomen gegenüberstand und die zarte, fast erschrockene Verwunderung der Indianerin für ein albernes Getue hielt.

Ohyesa berichtet über einen Indianer des Siouxstammes, der in der Mitte des vorigen Jahrhunderts als junger Mann ein seltsames

Erlebnis hatte. Er behauptete, er habe einen geistigen Bruder bei den Ogibwes, die seit Jahren mit den Sioux verfeindet waren. Er wußte sogar den Kampftrupp zu bezeichnen, zu dem sein Bruder gehörte. Während einer Jagd in der Nähe der Grenze der Ogibwes behauptete der Indianer, sie würden heute einem jagenden Trupp der Ogibwes begegnen, sein Bruder im Geiste würde dabei sein, er wäre ihm gleich an Gestalt und Gesicht und würde das gleiche Kampflied singen wie er. Er bat, man möchte sich dem Trupp gegenüber friedlich verhalten. Tatsächlich kam es noch am gleichen Abend zu dieser Begegnung. Wie staunten beide Trupps, als zwei fast gleiche Männer, die die Trupps führten, ohne Zeichen von Erstaunen aufeinander zugingen und sich herzlich, brüderlich umarmten. Man blieb mehrere Tage zusammen, rauchte die Friedenspfeife, tanzte und sang. Noch größer war das Staunen, als beide Krieger spontan dasselbe Kriegslied intonierten.

Diese Seelenhaltung mag vergangenen Zeiten angehören. Es leben nur noch wenige Indianer in Reservaten. Doch halten sie noch streng an ihren Bräuchen fest und sind stolz auf ihre Rasse und ihre geschichtslose Geschichte. Sie haben keine Technik entdeckt und keine Wolkenkratzer gebaut, sie haben nicht einmal eine Kirche errichtet und keine Gesetze geschrieben. Aber sie haben dem durch die Zivilisation degenerierten und verderbt gewordenen Menschen gezeigt, was ein Mensch ist, wie er ist als Bruder der Tiere und Pflanzen, als ein Gegenüber von Natur und Gott, gehorchend wenigen ins Herz geschriebenen Gesetzen, das Tier und den Gott in sich mit heiliger Würde tragend — milde, freundlich, zart, aufrecht, gerecht, mutig, ehrlich, ehrfurchtsvoll. „Laßt uns Verwandte von allen Kreaturen und allen Dingen sein“, bittet der Sioux-Indianer den „Großen Geist“.

Sein ganzes Leben steht in der Meditation, es steht in der Mitte des Daseins und ist noch nicht von den heilenden, heiligen, vitalen Kräften des Kosmos abgetrennt, entblößt und ausgelaugt.

Die Stämme und Kulturen sind inzwischen vergangen und fast legendär geworden. Möge es unseren Kindern aber noch über Generationen vergönnt bleiben, die Anschauung ihrer Jugend von dem treuen Diener und Freund Freitag aus Robinson Crusoe, von Lederstrumpf, Winnetou und Old Shatterhand erleuchten zu lassen!

URCHRISTENTUM

Vor nahezu zweitausend Jahren ergoß sich ein großes Licht über unsere Welt. Jesus Christus lebte unter uns, lehrte, wirkte Wunder, wurde erniedrigt, gepeinigt und zu Tode gemartert, und auferstand von den Toten am dritten Tage. Viele seiner engsten Schüler und Nachfolger glaubten unter dem Bann der Gegenwärtigkeit seiner Person, daß er ihnen ein befreites Israel verspreche und daß er der versprochene künftige König der Juden sei. Dasselbe wurde ihm von seinen Feinden zum Vorwurf gemacht, und das Todesurteil wurde für das Verbrechen der Anmaßung dieser Königswürde und der Aufwiegelung sowie der Gotteslästerung und beabsichtigten Tempelschändung ausgesprochen und vollstreckt. Die patriotischen Wünsche seiner Nachfolger zerbrachen.

Der Evangelist Johannes berichtet: Am ersten Tag der Woche findet Maria Magdalena den Stein vom Grabe weggewälzt, sie läuft zu Petrus, um ihn zu benachrichtigen. Petrus und ein anderer Schüler laufen zum Grabe, Simon Petrus steigt in das Grab hinab und findet es leer, nur die Leichentücher und das Gesichtstuch liegen dort. Dann steigt der andere Schüler, der zuerst an das Grab kam, hinab, er sieht es und wird von Glauben erfüllt; denn „sie wußten noch nicht aus der Schrift, daß er von den Toten auferstehen sollte" (Joh. 20).

Maria Magdalena geht auf Geheiß des Meisters zu den Schülern und verkündet ihnen, daß sie den Herrn gesehen habe. Am selben Tage des abends — die Schüler hatten aus Angst, daß die Juden nach ihrem Leben trachten würden, alle Türen verschlossen —, kam Jesus, stand mitten unter ihnen und sprach: „Friede sei mit Euch!" Er sprach es und zeigte ihnen seine Hände, Füße und seine Seite. Die Schüler frohlockten, als sie den Herrn sahen. Jesus sprach zu ihnen: „Friede sei mit Euch! Wie mein Vater mich aussandte, so

Christusantlitz vom Turnier Grabtuch

sende ich Euch aus." Dann hauchte er sie an und sprach: „Empfanget den Heiligen Geist! Wem Ihr die Sünden vergebet, dem werden sie erlassen; auf wem Ihr sie laßt, der behält sie."

Von diesem Augenblick an, von diesem zentralen Erlebnis der Auferstehung, wird das Christentum und die Lehre Christi eine geistige Wirklichkeit. Vierhundert Jahre des Urchristentums stehen im Zeichen der Auferstehung, der Begeisterung, der Vergeistigung, des Erlebnisses der Wirklichkeit der Gegenwart Christi, der Herzensgemeinschaft, des Dienstes am Nächsten, der inneren Freude, der milden Askese, des Gebets, der Meditation. Exoterisches und Esoterisches, Erde und Himmel haben keine trennenden Grenzen mehr. Durch den glühenden Glauben wird der Himmel auf die Erde herabgezogen, die Erde, so durchleuchtet von den Strahlen des Heiligen Geistes, wird ein geistiges Wesen.

In einer Epoche der höchsten Machtentfaltung des römischen Imperiums, der überheblichen Sattheit der Besitzenden, der Verflachung aller religiösen Bindungen, des Verfalls der Sitten und des Gewissens bricht eine bisher ungeahnte neue geistige Welt auf: die Welt des Glaubens, des Gebets, der Brüderlichkeit, der Besitzlosigkeit, der Anmut und eines Heldentums, das durch seine Furchtlosigkeit gegenüber den weltlichen Machthabern, den Traditionen und Bräuchen und sogar gegen Diffamierung der Person, gegen Peinigungen, Leid und Schmerz und Tod gekennzeichnet ist.

Im fünften Kapitel der Apostelgeschichte (V. 1—11) wird erzählt, daß alle, die zum neuen Glauben übergetreten waren (noch hießen sie nicht „Christen"), in selbstgewählter Besitzlosigkeit lebten und alles untereinander teilten. Ananias und sein Weib Saphira, die wohlhabend waren, verkauften ihr Gut; da sie aber in der Seele Rückversicherer waren, behielten sie einen Teil des Geldes für sich. Als sie das Geld Petrus bringen, fragt er Ananias, ob es alles wäre. Ananias bejaht es. Petrus macht ihm Vorwürfe, warum er sich vom Satan habe beeinflussen lassen. Ananias fällt tot zu Boden. Als sein Weib Saphira, von dem Geschehnis nichts ahnend, zu Petrus kommt und ebenfalls lügt, stirbt auch sie eines plötzlichen Todes.

Die Lehre Christi verbreitet sich rasch über das ganze Mittelmeergebiet. Die Lehre, die anfänglich nur den Israeliten zugute kam, wurde auch auf die „Heiden" übertragen. Saulus und Barnabas lehrten in Antiochien, dort nannten sich die Schüler zum ersten Male „Christen". Von Ort zu Ort gingen die Jünger und Jüngersjünger, sie lehrten die Frohe Botschaft, sie festigten die Seelen der Schüler, ermunterten sie, im Glauben zu verharren, und versicherten ihnen, daß das Himmelreich mit vielen Leiden und Peinigungen errungen werde. Sie legten die Hand auf die Presbyter der Kirchen, sie fasteten und beteten und gaben sie in Gottes Obhut. Immer wieder ertönt das Wort Christi: „Freuet Euch!“ Es ist nicht nur der damals übliche Gruß, es ist der Ausdruck der wirklichen Freude im Geiste, die das ganze frühe Christentum durchpulst, es ist ein immerwährendes Verharren in der Freude aus dem Erlebnis der Nähe des Herrn; einer Freude, vor der Verfolgungen, Gefängnis, Torturen, Erniedrigungen und schließlich der Märtyrertod als nichtig verblassen. In jeder Gemeinschaft, in der Christus unsichtbar, aber fühlbar gegenwärtig war, wurde von dem Jünger oder dem Presbyter das Brot gebrochen und Wein getrunken. In jener Zeit gab es nicht die Frage: ob es der wahrhaftige Leib des Herrn sei, oder nur ein Sinnbild zur Erinnerung seines letzten Mahls. Es war sein Leib! Geist und Leib waren zu jener Zeit noch nicht getrennt, und so war alles in Seinem Namen Getane und Erlebte Wirklichkeit!

So schreibt der Apostel Johannes (Erster Brief, 1): „Wir berichten Euch von dem, was wir sahen und hörten, damit Ihr Gemeinschaft mit uns habet; denn es ist unsere Gemeinschaft mit dem Vater und mit Seinem Sohn Jesus Christus. Und das schreiben wir Euch, damit Eure Freude vollkommen werde! Und so verkünden wir Euch die frohe Botschaft, die wir von Ihm erfahren haben: Gott ist Licht, und es gibt keine Finsternis an Ihm. Wenn wir sagen, daß wir Gemeinschaft mit Ihm haben, und wir wandeln in der Finsternis, so lügen wir und handeln nicht nach der Wahrheit. Wandeln wir aber im Licht, wie Er es tat, so haben wir Gemeinschaft miteinander, und das Blut Jesu Christi, des Sohnes Gottes, wäscht uns rein von aller Sünde... Bekennen wir in Demut unsere Verfehlungen, so wird Er, der gerecht und wahrhaftig ist, unsere Sünden verzeihen und uns von aller Unwahrheit reinigen... Wer Sein Wort befolgt, in dem hat sich die Liebe Gottes verwirklicht, daraus erkennen wir, daß wir in Ihm sind... Wer sagt, er sei in Ihm, der muß so handeln, wie Er gehandelt hat... Wer sagt, er stehe im Licht, und haßt noch seinen Bruder, der wandelt in der Finsternis!... Liebet nicht die materielle Welt noch das, was in dieser Welt ist. Wer sich dieser Welt verschreibt, der hat nicht die wahre Vaterliebe. Denn alles in dieser Welt ist Begierde des Fleisches, Begierde der Augen und Eitelkeit, sie sind nicht vom Vater, sondern weltlich. Die Welt vergeht und ihre Begierden. Wer aber Gottes Willen tut, bleibt in der Ewigkeit.“

Aber nicht nur der Glaube an die geistige Welt Christi, nicht nur das Leben in der Wahrheit, Aufrichtigkeit, Ehrfurcht und Demut sind die bewegenden Kräfte des jungen Christen. Das zentralste Erleben ist die Liebe, das Leben, Handeln, Verhalten und Denken in der Liebe, der Liebe zum Menschen, zu aller Kreatur als Weg zu Gott. Alles Leben und alles Seiende wird durch diese höchst vergeistigende Liebe zu Gott erhoben. So schreibt der Apostel Paulus in seinem ersten Brief an die Korinther (13): „Wenn ich mit Menschen- und Engelszungen redete, und hätte der Liebe nicht, so wäre ich ein tönendes Erz oder eine klingende Zimbel. Wenn ich die Gabe der Prophezeiung hätte und wüßte alle Geheimnisse und hätte alle Erkenntnis und allen Glauben, so daß ich Berge versetzen könnte, und hätte der Liebe nicht, so wäre ich ein Nichts. Und wenn ich all mein Hab und Gut verteile und gebe meinen Körper zur Verbrennung, und hätte der Liebe nicht, so hätte ich keinen Nutzen davon. Die Liebe ist langmütig und barmherzig, die Liebe neidet nicht, die Liebe erhebt sich nicht über andere und ist nicht hoffärtig. Sie ist nicht ungehorsam, sie sucht sich keinen Vorteil, sie erregt sich nicht, sie denkt nichts Böses. Sie freut sich nicht der Unwahrheit, sie steht in der Wahrheit. Sie beschützt alles, sie glaubt alles, sie erhofft alles, sie erträgt alles. Wenn alle Prophezeiungen aufhören und alle Zungen schweigen und alles Wissen leer wird, die Liebe höret dennoch niemals auf. Denn alles Wissen ist nur mangelhaft und zum Teil auch die Prophetie. Wenn es vollkommen wird, so wird das Mangelhafte aufhören. — Als ich ein Kind war, sprach ich kindlich, dachte kindlich und urteilte kindlich; als ich aber ein Mann wurde, fiel das Kindliche von mir ab. Jetzt sehen wir noch wie durch ein trübes Glas, wir erraten es nur, dann aber von Angesicht zu Angesicht; jetzt weiß ich es nur bruchstückhaft, dann aber werde ich erkennen, wie ich erkannt worden bin. Heute verbleiben uns die drei: Glaube, Hoffnung, Liebe; aber die Liebe ist die Größte unter ihnen.“

Der erste nach der Kreuzigung Christi, der für den Glauben stirbt, ist der Heilige Stephanus; das geschieht noch im Sterbe- und Auferstehungsjahr Christi. Von da ab reißt die Kette der Märtyrer nicht mehr ab. Die erste Massenverfolgung und -vernichtung von Christen geschieht in Rom unter Nero im Jahre 64. Da die Christen sich standhaft weigern, den Bildnissen der Kaiser Ehren zu bezeugen, wie sie Göttern oder Gott zukommen, werden sie als Staatsfeinde angesehen; so besteht immer die Möglichkeit, sie einzukerkern und zum Tode zu verurteilen. Bis zur Bekehrung des Kaisers Konstantin zum Christentum 312 und der Proklamation der christlichen Kirche zur Reichskirche leben die Christen in permanenter Lebensgefahr, der Märtyrertod ist fast eine Gewohnheit. Beim Lesen der alten Berichte überrascht es, mit welchem Gleichmut und welcher Freude und Abkehr von dem Erleiden der leiblichen Schmerzen die schrecklichsten und oft langanhaltenden Quälereien erduldet werden. Ganze Familien mit ihren unmündigen Kindern wurden hingeschlachtet. Dabei zeigten die Kinder unter der vergeistigenden Erziehung und unter dem Beispiel der Eltern und der Gemeinde die gleiche ekstatische und freudige Todesbereitschaft. Der Tod war kein Tod. Der Übergang von der irdischen Lebensform zu der himmlischen war nichts anderes als die Verwandlung der Raupe in die Puppe und in den Schmetterling. Der Himmel stand den frühen Christen offen.

Ein nicht unwesentlicher Abschnitt des Lebens der frühen Christengemeinschaften spielte sich unter der Erde, im Dunkel der Katakomben ab. Ob die Katakomben Zufluchtsstätten für die verfolgten Christen waren oder ob sie, ähnlich wie die Mysterienstätten der Göttin Demeter, alte Einweihungsstätten darstellten, ist nicht geklärt. Sie waren zugleich Begräbnisstätten der Gläubigen und der Märtyrer. Um die lieben und als Heilige verehrten Toten scharten sich die Lebenden. Die Toten in den Gräbern waren gleichsam die Puppen, in die sich die Seele versponnen hatte. Wie von dem guten und heiligen Menschen ein starkes lichtvolles Fluidum ausstrahlt, so erlebte man das gleiche Strahlen auch von den Leibern der getöteten Märtyrer. Ja sogar der Ort, den ein guter Mensch betritt oder in dem er sich aufhält, strahlt die Weihe der Person wider! Wenn der Tote bereits in den Nischen der Katakomben eingebettet ist, so ist seine Seele doch lebendig, und da der Himmel nicht in der Ferne ist und kein imaginärer Raum, sondern hier und jetzt, so erlebte man die fast spürbare Nähe des Verstorbenen.

Bis zum zweiten Jahrhundert kannten die Christen keine Darstellungen. Die Beziehung zu Christus dem Herrn und zu seinen Jüngern war noch eine so unmittelbare, lebendige und nahe, die schöpferische Phantasie aus dem Glauben eine so intensive, daß kein Bedürfnis zu einer Meditation an einem Bild, einem Abbild bestand. Der Heilige Augustinus (354—430) sagt noch: „Das Antlitz des Herrn im Fleische wird in der Verschiedenheit unzähliger Vorstellungen gewechselt und gebildet. Wie sein Antlitz war, ist uns gänzlich unbekannt."

Das Grab der Märtyrer wird wie das Grab Christi zum Altar, zum Tisch für die mystische Verwandlung von Brot und Wein in Fleisch und Blut des Herrn. Eines der frühesten Gebete zur Eucharistie aus dem ersten Jahrhundert lautet: „Wir sagen Dir Dank, unser Vater, für das Leben und die Erkenntis, die Du uns geoffenbart hast durch Jesus, Deinen Sohn. Dir die Ehre in alle Ewigkeit! Wie dieses auseinandergebrochene Brot einstens in den Weizenkörnern über die Berge hin verstreut war und zusammengebracht zum einheitlichen Ganzen wurde, so möge Deine Kirche von den Enden der Erde zusammengebracht werden zu Deinem Reich; denn Dein ist die Herrlichkeit und die Macht durch Jesus Christus in alle Ewigkeit!"

Die Darstellungen in den Katakomben sind noch keine Meditationsbilder, wie es die heiligen Ikonen und die abendländischen Plastiken des Mittelalters sind. Sie sind Illustrationen. Sie illustrieren gleichzeitig den Geist der frühen Epoche. Noch ist alles Erleben Christi unmittelbar, noch nicht in feste Dogmen eingezwängt. Der Herr tritt uns dort immer als strahlender Jüngling, als apollinischer Ephebe entgegen, er wird wie der Sonnengott im strahlenden Wagen oder als harfespielender und von friedfertigen Tieren umgebener Orpheus dargestellt. Immer wieder treten die Bilder der geistigen Erneuerung oder der Auferstehung vor uns, die Erwekkung des Lazarus, das Wunder des Jonas, das Heraussteigen Noahs aus der Arche, die drei Jünglinge im feurigen Ofen, Daniel in der Löwengrube, die Erweckung des Jünglings von Nain, der opfernde Abraham; immer wieder der Tod, die Auferstehung vom Tode, die Läuterung und die bedingungslose Todesbereitschaft als freudiger Übergang zum neuen geistigen Sein.

Zwischen diesen Bildern überall symbolische Zeichen, die Buchstaben Alpha und Omega, als Sinnbild des Anfangs und des Endes; das Konstantinische sieghafte Zeichen, die verschlungenen Initialen Christi, das Chi und Rho, und der „Fisch", das aus Buchstaben zusammengesetzte griechische Wort Ichthys, das „Jesus Christus Gottes Sohn Heiland" bedeutet. Dieser heilige, geheiligte und heilende Bildname wird in der Gestalt des Fisches immer wieder dargestellt und ist das beliebteste und wirksamste Christussymbol. Nach dem Bild des Johannes: „Von des Leibe werden Ströme lebendigen Wassers fließen!“ Christus ist der lebendige Strom, das sich stets Bewegende, das Reinigende, das Lebende. Der Anblick des Fisches vermittelt uns dieses strömende Element. Auf den Abendmahlsbildern, hinweisend auf die Wunder der Brote und der Fische und auf das letzte von Johannes berichtete Wunder, als der Auferstandene den Jüngern am See beim Fischfang begegnet, ein Feuer anlegt und die Fische brät, sehen wir den Fisch dargestellt, oft den Fisch, der die Brote, das eucharistische Mahl, auf seinem Rücken trägt.

Eine griechische Inschrift erläutert die heilige Bedeutung der Fischdarstellung: „O göttlicher Sproß vom himmlischen Ichthys (Fisch), empfange mit einem Herzen voller Ehrfurcht das Leben der Unsterblichkeit inmitten der Sterblichen. Verjünge Deine Seele, o mein Freund, in den göttlichen Gewässern mit den ewigen Strömen der Weisheit, die wahren Reichtum spendet. Empfange die leibliche Speise des Erlösers der Heiligen: Iß, trink und halte den Fisch in Deinen Händen.“

Und in der Aberkios-Inschrift aus dem 2.—3. Jahrhundert finden wir die geheimnisvollen Worte: „Der Glaube hat mich geführt und setzte mir vor als Speise den Fisch (Christus) aus dem lebendigen Quell, den unermeßlich großen, reinen, den eine Jungfrau gefangen, und diesen gab er den Freunden zur Immerwährenden Nahrung. Er hatte köstlichen Wein und spendete den Trank zugleich mit dem Brote.“ Hier ist mit dem Fisch der Heiland gemeint, die immerwährende Nahrung ist nicht nur das Mysterium der Eucharistie, sondern es ist der lebendige Christ, der von dem Worte und dem strömenden, lebenspendenden Wasser des Herrn sich immerdar labt.

Solange der Urchrist, als Feind des Staates und als Freund Gottes und Freund des Kosmos, in der freudigen Askese, in der Armut, in der Liebe, im Dienste, in immerwährendem Gebet und der Meditation (denn er stand in der Mitte der geistigen Welt) und in unmittelbarer Nähe des Todes (der mit dem Tod unserer Zeit keine Ähnlichkeit mehr hat) lebte, stand er in einer geistigen Spannung, die Leib und Seele gleichsam durchströmte und ihn transparent und leuchtend machte. Was Wunder, daß von den Reliquien der Heiligen noch Jahrtausende danach heilende Kräfte ausstrahlen und daß die Christen sie wie in jenen Tagen mit Inbrunst verehren.

Auch hat der Begriff des „Heiligen“ eine Wandlung erfahren. In jenen Tagen waren die Heiligen schon Heilige, als sie noch lebten. Ihr Denken, Handeln und Tun spielte sich vor den Augen der Gemeinde ab, sie wurden als die Kelche, voll vom Wein Christi, angesehen und verehrt, und es bedurfte durchaus nicht erst des Märtyrertodes, um sie zu Heiligen zu erklären.

Im Jahre 326 hören die Christenverfolgungen auf. Kaiser Konstantin wird Christ und erhebt die christliche Kirche zur Staatskirche. Der Samen des Christentums, der dreihundert Jahre im Schoße der dunklen Erde in den Katakomben eine leuchtende Frucht trug, geht nun auf, an der Oberfläche der Erde. Der Christ ist von der permanenten Gefahr des Todes befreit. Die Kirche der Urgemeinde, deren Macht im Gebet und in der Bildung der asketischen und ganz von Christus durchströmten Persönlichkeit bestand, wird nun zu einer Macht, die auch im weltlichen Raum ein Gewicht hat. Das Dogma wird gefestigt, es werden wunderbare Kirchen gebaut, es entsteht die herrliche Liturgie. Aber das Gesicht des Christen verändert sich. Wenn in jener Zeit ein Christ ein Christ war, so wird jetzt der Christ ein Jedermann. Wenn es in jener Zeit eine Gemeinschaft der Heiligen gab, so werden die Heiligen in der Gemeinschaft immer seltener! Sie flüchten in die Einsamkeit, zu Gebet, Meditation und Askese, weil der Lärm des lauten, satten und weltlichen Lebens ihrem Bedürfen nach Einigung mit Gott zu eng wird. So endet im vierten Jahrhundert das großartige Ereignis einer Gottesnähe, eines Herabziehens des Himmels zur Erde, einer allgemeinen Durchgeistigung des Kosmos mit heilenden göttlichen Kräften, einer Freudigkeit und Friedfertigkeit, wie wir sie uns nicht mehr vorstellen können, weil uns die Organe zum Verständnis und zum Erleben dieser Zustände verkümmert sind.

GEBET UND MEDITATION IN DER CHRISTLICHEN OSTKIRCHE

Ein Funke von der urchristlichen Freude und dem permanenten Auferstehungserlebnis hat sich in dem Christentum der Ostkirche erhalten, er war noch in dem einfachen Bauern des vorbolschewistischen Rußland lebendig. Und wenn man bedenkt, wie zäh die Traditionen, Gewohnheiten und die konstitutionellen Merkmale in einem Volke sind, wird es nicht Wunder nehmen, wenn, nach Überwindung des Materialismus, die alte, leuchtende Kraft der Christusliebe und der Brüderlichkeit, der Demut und der vom Besitz unabhängigen Freude wieder in die Herzen dieser Menschen einzieht.

Die Urchristen lebten ohne Ausnahme in der Askese (Askese bedeutet auf Griechisch „Übung", zunächst war die Übung und die körperliche Enthaltsamkeit der Athleten gemeint), sie stählten ihren Körper gegen Gelüste, Begierden, Verweichlichung und ihren Geist zum steten Gebet und zur Erlangung der Nähe Gottes. Nach dem vierten Jahrhundert wurde die Askese immer fadenscheiniger. Einzelne glühende Christen verließen die Gemeinde und den Lärm der Städte und Märkte, um sich ganz der Askese, dem Gebet und der Meditation zu widmen. Ihr Sinn ging dahin, sich Gott ganz darzubieten, den alten Adam mit der Sündenbehaftetheit abzustreifen und sich zum Werkzeug Gottes zu machen.

Der erste erwähnte Eremit (der in Einsamkeit Wohnende) war Paulus von Theben im dritten Jahrhundert. Historisch ist bereits der Heilige Antonius (251—356), der in die Einsamkeit der Wüste ging und in einer Höhle lebte. Mengen von Betenden und Verehrenden wanderten zu ihm, um seinen Segen zu erhalten. In seiner Nähe siedelten sich zahlreiche andere Anachoreten (zurückgezogen Lebende) an, hier entstand die erste Keimzelle der Klostergemeinschaften. Der Kopte, Heiliger Pachomius gründete 320 das erste Kloster in Tabennisi am Nil.

Allen Eremiten und auch in Gemeinsamkeit (Koinobie) lebenden Mönchen gemeinsam ist die Askese, die Übung in der Meditation, Freiheit von jeglichen Bindungen, von Besitz und Begierden, Reinheit des Körpers und des Geistes, höchste Enthaltsamkeit von Speise und Trank, höchste Selbstbeherrschung, Schweigen, Wachen, immerwährendes Gebet, Versenkung und Gottesschau.

Immer mehr Suchende verlassen im Laufe der Jahrhunderte die Welt, um Gott zu dienen, überall erstehen Klöster und Einsiedeleien. Der Heilige Basilius († 379) schafft die für den christlichen Osten bindende Mönchsregel. Im Abendlande gründet der heilige Benedikt von Nursia auf dem Monte Cassino 529 ein Kloster und verfaßt die erste westliche Mönchsregel. Klöster haben davor schon im Westen bestanden. Im Osten mehr noch als im Westen wurde der Eremit und der Mönch als ein Heiliger verehrt. Es ist bezeichnend für die geistige Situation des religiösen Menschen, daß er zwar dem Kaiser, dem Fürsten, dem Papst und dem Bischof die ihm zustehenden Ehren und Verehrungen erweist. Aber dem Mönch, dem Menschen, der sich freiwillig Gott darbringt, auf diese Welt verzichtet und den Abglanz Gottes in das leibliche Kleid hinabzieht, erweist er die größte Ehrfurcht und Liebe; denn er weiß, daß keine Macht und kein Reichtum dieser Welt größer ist als die Überwindung des kleinen stofflichen Ich und dessen Emporhebung zum Geist. Eine Macht und ein Leuchten ging von den Mönchen aus, sie waren das lebendige Gewissen des Volkes. Der Mönch wurde zum Berater und Tröster, Mahner und Seelsorger.

Im siebten Jahrhundert entstanden auf dem Berge Athos auf der griechischen Halbinsel Chalkidike die ersten Einsiedeleien auf den unwegsamen Felsen, in Höhlen. Der erste bekannte Hesychast (Hesyché = Stille, Reglosigkeit), Petrus Hagioritus, ließ sich 681 dort nieder. 963 gründet der Heilige Athanasius auf dem heiligen Berge das erste Kloster, die berühmte Lawra. Von dem „Hagion Oros“ wird die Übung der Hesyche, die schon Jahrhunderte vorher bestand, erneuert und verbreitet sich später über die Klöster der östlichen Christenheit bis zu den Hütten der armen Bauern Rußlands, bis ans Nordmeer und an die Grenzen des Altaigebirges.

Der Abt Dorotheus aus dem sechsten Jahrhundert weist schon den Weg: „Unser Leben ist nichts anderes als ein Weg zur Vervollkommnung, die aus der Beziehung zu Gott und zum Nächsten Gestalt gewinnt. Nimmt man Gott als den Mittelpunkt eines Kreises, so führt unser Weg zu Gott durch die Halbmesser, und in dem

Maße, wie alle Vorwärtsstrebenden dem Mittelpunkt, also Gott, näher kommen, nähern sie sich in gleicher Weise auch einander, und in dem Maße, wie sie einander sich nähern, kommen sie wiederum auch Gott näher, und eins fördert das andere. Die Liebe zu Gott ist durch die Liebe zum Nächsten bedingt und umgekehrt."

Der Heilige Makarius der Ägypter (300—390) schreibt in den „Geistlichen Homilien": „Es muß der Mensch vorerst dem Herzen sich nahen, er soll sich zum Guten zwingen — mag auch das Herz sich widersetzen —, beständig in zuversichtlichem Glauben Sein Erbarmen erwarten ... Er muß sich zum Gebete zwingen, so ihm das geistige Gebet mangelt. Und sieht Gott, wie er also kämpft und sich trotz seines widerstrebenden Herzens mit Kraft nötigt, so verleiht er das wahre Gebet des Geistes, spendet wahre Liebe, wahre Sanftmut, herzliches Erbarmen, wahre Güte; Er erfüllt ihn mit den Früchten des Geistes. — Die Krone alles edlen Strebens aber und der Gipfel der guten Werke ist das anhaltende Gebet. Durch dieses können wir auch die übrigen Tugenden von Gott erbitten und täglich erlangen. Durch das Gebet erhalten die würdig Befundenen Anteil an der Heiligkeit Gottes und der geistigen Kraft, es erfolgt gleichsam die Verbindung ihrer Geistesgesinnung mit dem Herrn in unaussprechlicher Liebe. Denn wer sich täglich zum anhaltenden Gebete nötigt, wird von der Liebe des Geistes zu göttlicher Liebe und feurigem Gottverlangen entzündet und empfängt die Gnade der heiligen Geistvollkommenheit."

Und der Heilige Nilus von Sinai schreibt „Über das Gebet": „Das Gebet ist eine Unterredung des Geistes mit Gott. Das Gebet ist ein Zweig vom Baume der Sanftmut und der Zornlosigkeit. Das Gebet ist ein Erscheinen der Freude und der Danksagung. Das Gebet ist die Heilung von Traurigkeit und Trägheit. Das Gebet ist ein Emporheben des Geistes zu Gott. Das gesammelte Beten ist höchstes Tun des Geistes. Der Zustand des Betens ist ein leidenschaftsloses Geschehen, das durch die höchste Liebe den weisheitliebenden und geistigen Sinn in himmlische Höhen entrückt. Wenn Dein Geist vom Verlangen nach Gott entflammt, mählich vom Leib losgelöst und vor allen Versuchungen, die aus der Sinnes- und Gedankenwelt kommen, behütet und nun von tiefer Ehrfurcht erfüllt wird, dann begreife, daß Dein Geist sich dem Ganzen des Betens nähert."

Johannes Climacus: „Das Gebet ist seinem Wesen nach die Vereinigung der Seele mit Gott. Seine Wirkungen aber und Früchte sind: Reinheit der Seele, Sammlung der inneren Kräfte, Versöhnung mit Gott, Tränen, Sühnung der Sünden, eine Brücke, die uns über Versuchung hinwegführt, Schutzmauer gegen Trübsale, Beschwichtigung der Kämpfe. — Ein Engelswerk ist es, eine Speise aller geistigen Wesen, die Freude der Ewigkeit, ein himmlisches Tun, eine Quelle der Tugenden, Schatz der Gnaden, der geistige Fortschritt, seelische Nahrung, Erleuchtung, Ausschluß des Kleinmuts, eine Stütze unserer Zuversicht, ein Trost in der Trauer. Der Reichtum der Mönche, der Schatz der Einsiedler, Offenbarung der kommenden Dinge, Beweis der göttlichen Barmherzigkeit. — Spricht man viele Worte im Gebet, so umschweben den Geist allerlei zerstreuende Bilder, aber die Andacht geht verloren. Redet man aber wenig oder spricht nur ein Wort im Gebet, so bleibt der Geist gesammelt."

Ein Zeitgenosse des Heiligen Makarius des Ägypters schreibt über das Schweigen: „O Schweigen und Stillesein! Du bist die Mutter der Rührung und der Spiegel der Sünden. Du nötigst uns zur Buße, Du lässest unsere Tränen fließen und unser Flehen aufwärtssteigen. Mit Dir zusammen wohnt die Demut. Von Dir wird die Seele hell. In Dir lehren die Engel. Aus Dir kommt Sanftmut und Friede den Menschen. O Schweigen und Stillesein! Du erleuchtest den Geist, Du erforschst die Gedanken und hilfst das eigene Selbst zu lesen . . ."

Im vierzehnten Jahrhundert erblüht auf dem heiligen Berge Athos erneut die Lehre der Hesyché. Sie wird durch die Mönche Gregor Sinaita († 1346), Nikolaus Kabasilas († 1371) und Gregor Palamas († 1360) gelehrt. Etwa dreißig Jahre später wurde die Lehre der Hesyché von dem Patriarchen von Konstantinopel Kallistus II., der vorher Mönch auf Athos war, und seinem Freund Ignatius Xantopouloi unter Zusammenfassung der alten Lehren und Schriften der Mönche in hundert Kapiteln („Centurie") zusammengefaßt. Dieses Lehrbuch der ostchristlichen Meditation durchlief alle östlichen Länder, es wurde in den Klöstern, in den Kirchen, in den Schulen und in den Palästen sowie in den Hütten mit heiliger Andacht gelesen und es wurde den Anweisungen und Praktiken nachgeeifert.

Im achtzehnten Jahrhundert, im Jahre 1782, also bereits in der Blütezeit der Aufklärung und der Französischen Revolution, veröffentlicht der Athosmönch Nikomedes, der Hagiorit, in der „Philokalia" (Tugendliebe) erneut die uralten Lehren des Hesychasmus. Zwölf Jahre später, wohl unabhängig von Nikomedes, stellt der russische Archimandrit Paisij (1722—1794) eine Philokalia zusammen, die 1794 in Petersburg erscheint. Beide Bücher gehen ihren Weg durch die Welt.

1884, bereits in der Blütezeit des Atheismus und des Materialismus, erscheint in Kasan in Rußland ein Buch: „Otkrowennye raskasy strannika duchownomu swoemu otzu" (Aufrichtige Erzählungen eines Pilgers, seinem geistlichen Vater mitgeteilt). Dieses Buch macht nicht nur die Runde durch Rußland, es wird ins Deutsche, Französische und Englische übersetzt. Auch dieses Buch ist ein Kind der Hesyché. Der Pilger steht unmittelbar unter dem Eindruck der Lehren der Centurie und der Philokalie. So ist die Meditationsschule der Hesyché, die mit dem Anachoretentum des dritten Jahrhunderts beginnt, nicht nur eine literarisch-historische Angelegenheit, sondern bis heute ein lebendiger Quell des Glaubens, der Askese (Übung), der Hesyché (Reglosigkeit), der Theoria (geistiger Schau).

Ähnlich wie die Übungen des Yoga und der Pfad der Achtsamkeit im Satipatthana geben die Centurie und die Philokalia, und auch die Erzählungen des Pilgers, genaue Anweisungen zur Übung der Meditation und zur Erlangung der Ekstase, des „Außer-sich-Seins", oder des Enthusiasmus, des „In-Gott-Seins".

Nicht unähnlich dem achtfachen Pfad des Yoga und der Lehre Buddhas, steht im Vordergrund der Lehre und Übung die Askese, körperliche Zucht, nach dem Wort Christi: „Gürtet Eure Lenden." Abkehr von Lüsten und Begierden, Besitz, Bindung, Neid, Stolz, Geiz, Eifersucht, Ehrgeiz, Geltungsdrang, Jähzorn, Verdruß, Laune, Unlust, Trägheit, Bosheit. Gehorsam und Demut sowie Wachheit des Geistes sind die positiven Forderungen. Der Mensch soll sich von den Banden des Stofflichen, von seinem Körper als Träger der Triebe und Begierden, lösen.

Neben der Askese wird das Wachsein, die Tätigkeit und die Aufmerksamkeit gelehrt. Der Meditierende soll nie untätig sein, er soll sich vor keiner auch noch so geringen Arbeit scheuen. Er soll während jeder Arbeit das Christusgebet verrichten, und dennoch soll er gleichzeitig seine Aufmerksamkeit auf die Arbeit und auf das Gebet richten. Der „russische Pilger" sagt dazu: „Um das geistliche Licht zu erlangen und ein aufmerksamer Mensch zu werden, mußt Du einen beliebigen Text der Heiligen Schrift nehmen und so lang als möglich Deine ganze Aufmerksamkeit und all Deine Gedanken darauf richten. Dann wird vor Dir das Licht eines inneren Verständnisses aufleuchten. Beim Gebet kann man desgleichen vorgehen. Willst Du, daß es rein sei, von guter und lieblicher Beschaffenheit, mußt Du ein kurzes Gebet wählen, aus wenigen aber starken Worten bestehend, und es viele Male und anhaltend wiederholen."

Aus der Askese und der Achtsamkeit, der Wachheit und dem Gebet soll die „Apatheia", der Gleichmut und die Leidenschaftslosigkeit hervorgehen, eine Unerschütterlichkeit der Seele.

Der Myste wird zum Schweigen angehalten; aus dem Schweigen sprießen die heiligen, heilenden Kräfte der Andacht und des Lauschens auf die Stimme Gottes.

Hesyché heißt Reglosigkeit, Stille, Befriedung. Der Betende soll im Gebet und in der Meditation seinen Körper anfänglich kurze Zeit, später stundenlang reglos halten, sei es in sitzender, stehender, liegender oder knieender Haltung. Wenn er in einer Haltung ermüdet, soll er eine andere Haltung annehmen. Er soll seinen Blick in sein Inneres richten, in die Herzensgrube. Der Gedanke entsteht im Gehirn, er soll sich also zuerst auf diesen Ort konzentrieren, doch hat ein solcher Gedanke noch keine Wärme; erst wenn der Gedanke aus dem Gehirn in das Herz herabsteigt und vom Herzblut umflossen wird, bekommt er Kraft und wird beflügelt.

Die Hesyché lehrt nicht viel Gebete, sie lehrt das Wiederholen des Stoßseufzers, den der eine Schächer am Kreuz ausstieß: „Herr, Christe, erbarme Dich meiner!"

So führt Gregor Sinaita aus: „Der Ursprung des geistigen Gebets ist die Wirksamkeit oder läuternde Kraft des Heiligen Geistes und die geheime heilige Handlung des Geistes. Gleichwie der Anfang der Hesychia: Entsagung und Freiwerden von allen Sorgen ist; die Mitte: erleuchtende Kraft des Heiligen Geistes und Anschauen; das Ende: Verzückung und Entrücktwerden des Geistes zu Gott . . .

Während man sein Gebet darbringt, soll man sich dann und wann auf einen niederen Stuhl setzen, wenn man müde ist vom Stehen, oder sich auf einem Lager ausstrecken, bis der Körper wieder gekräftigt ist — doch soll man bei den verschiedenen Lagen nicht aufhören, das Gebet weiterzusprechen . . . In der Frühe des Morgens sitze auf einen kniehohen Sitz nieder, führe Deinen Geist aus dem Kopf herunter ins Herz und halte ihn dort fest. Verbeuge Dich, bis es Dir Schmerzen bereitet, und Brust, Schulter und Hals kräftig angespannt, rufe ständig in Deinem Geist und Deiner Seele aus: »Herr Jesus Christus, erbarme Dich meiner!« Darauf richte den Geist auf den anderen Teil des Gebets und sprich: »Sohn Gottes, erbarme Dich meiner!«

Und indem Du diese Hälfte mehrere Male wiederholst, sollst Du die Worte dabei nicht umstellen; denn Pflanzen, die man oftmals umpflanzt, fassen nicht gut Wurzel. Beherrsche auch den Wechsel des Atems, damit Du nicht unnötig atmest; denn der Hauch des Atems, der aus dem Herzen quillt, verdunkelt den Geist und läßt die Gedanken ihre Wege gehen. Das Ausatmen entfernt den Geist aus dem Herzen und bringt ihn entweder in die Knechtschaft des Nichtwissens oder zwingt ihn, der unbewußt dort ist, wo er nicht sein soll, eine andere geistige Beschäftigung zu wählen ... Halte den Geist fest, soviel Du nur kannst, und schließe ihn ein in Deinem Herzen, und übe Dich anhaltend und ohne Aufhören im Anrufen des Herrn Jesus, so schlägst Du den Versuchungen, die immer an Dich herantreten, durch den Namen Gottes unsichtbare Wunden und vernichtest sie zuletzt und rottest sie ganz aus ...

Was das Beten betrifft, so soll man langsam und gedehnt das Gebet sprechen. Einige lehren, man solle es laut hersagen, andere wieder raten zum stillen Gebet, gleichsam nur mit dem Geiste. Ich rate zu beidem. Denn bald hat der Verstand keine Kraft zu sprechen, bald der Mund, und man wird von Verzagtheit befallen. Darum soll man es mit dem Verstand und mit dem Munde tun, aber es geziemt sich, dies leise und ruhig zu tun, damit die Stimme die Aufmerksamkeit und Empfänglichkeit des Verstandes nicht störe und seine Arbeit nicht unterbreche. Und so lange soll man fortfahren, bis der Verstand alle Fertigkeiten im geistigen Tun erworben hat und fortgeschritten ist, und erst dann, wenn er vom Geist die Kraft erhalten hat, wird er stark sein und in rechter Weise beten können. Dann wird man es nicht mehr nötig haben, die Worte mit dem Mund auszusprechen, denn nunmehr vermag er das Gebet allein mit dem Geiste zu verrichten ... Der Verstand des Betenden wird von allen äußeren Dingen losgetrennt, seine Augen sind nach Innen gerichtet und erblicken das in ihm wirkende geistige Licht. Da löst sich der Geist, in einem Geiste mit Gott unaussprechlich vereint, vom Stoffe los und wird unkörperlich und lichtartig."

Kallistus und Ignatius lehren in der Praktik der Meditation, daß der Betende und Meditierende fünf Tugenden entwickeln müsse, ehe er zu dem Verrichten des Herzens- oder Jesusgebets reif ist: „Zuerst muß er das Vertrauen haben, das reine und unbekümmerte Vertrauen in den, von dem er geführt wird, so daß er glaubt, Christus in ihm zu sehen und ihm selber zu gehorchen ... Zweitens die Wahrhaftigkeit. Wahr muß er sein in Tat und Wort und im genauen Bekenntnis seiner Gedanken, denn es steht geschrieben: »Auf Wahrheit beruhen alle Deine Worte« (Psalm 118, 160)... Das Dritte ist die Verleugnung des eigenen Willens. Denn es heißt, daß der Mönch den Willen gerne unterordnen soll... Das Vierte ist, nicht zu widersprechen, denn Widerspruch und Streit geziemen sich nicht für den wirklich Frommen... Widerspruch und Streiterei haben ihren Ursprung im geistigen Hochmut und in einem von Mißtrauen erfüllten Sinn... Fünftens bedarf es des ehrlichen Bekennens der Geheimnisse unseres Herzens, so als ob wir immer vor dem höchsten Thron des Allmächtigen stünden."

Immer wieder wird auf das Schweigen ganz besonderer Wert gelegt: „Wer seinen Mund vor den mißgünstigen Reden bewahrt, hält sein Herz frei von Begierden; und wer sein Herz von Begierden reinigt, schaut allezeit den Herrn. Und wenn Du alle Werke des Lebens in eine Schale legst, das Schweigen aber in eine andere, dann wirst Du sehen, daß die Wagschale des Schweigens mehr Gewicht hat."

Immer soll der Mensch für alles danken, ob ihm Gutes, Gewöhnliches oder Böses zu tragen auferlegt wird: „Daß Du in allem Dank sagen sollst, hast Du im gotterfüllten Apostel Paulus den besten Führer, wenn er spricht: »Bei allem danket« (1. Thess. 5, 18), und der Heilige Isaak: »Ein Mund, der immer dankt, empfängt den Segen des Herrn, und die Gnade Gottes senkt sich in das Herz, das in Dankbarkeit verharrt«..."

Die Übungen des Atmens werden nicht unähnlich wie die Pranayama und die in der Satipatthana beschrieben: „Du weißt, Bruder, daß der Atem, den wir einziehen, Luft ist; wir atmen sie aber nur unseres Herzens wegen ein. Denn die Luft ist die Ursache unseres Lebens und der Wärme in unserem Leibe. Das Herz zieht daher den Atem an und treibt die eigene Wärme durch den Atem wieder hinaus, um sich so Kühlung zu verschaffen. Die Urheberin oder besser die Dienerin dieser Einrichtung ist die Lunge, von Gott zwar als ein zerbrechliches Gebilde erschaffen, aber doch imstande, die umgebende Luft wie ein Blasebalg und ohne Schmerzen hinein- und hinauszupumpen. So zieht das Herz die kalte Luft an und stößt die warme wieder hinaus und erweist der Kreatur unentwegt den Liebesdienst zu ihrer Erhaltung... Du aber, wenn Du in Deiner Zelle sitzest und Deinen Geist sammeln willst — ziehe durch die Nase ein, durch die der Atem zum Herzen kommt, treibe ihn an und dränge ihn ins Herz hinunter, zusammen mit der eingeatmeten

Luft. Wenn er da eintritt, wird alles, was nachher kommt, voll Freude und Jubel sein; so wie ein Mann, der lange von zu Hause fort war, nach seiner Rückkehr nicht weiß, was er vor Freude anfangen soll, ebenso wird der Geist, nachdem er sich mit der Seele vereinigt hat, von unaussprechlicher Freude und Lust erfüllt werden ..."

Der Heilige Chrysostomos sagt: „Der Mönch muß, ob er nun esse oder trinke, ob er sitze oder aufwarte, ob er unterwegs sei oder irgend etwas tue, ohne Unterbruch sagen: »Herr Jesus Christus, Sohn Gottes, erbarme Dich meiner!« Ohne Unterlaß sollst Du daher dem Namen Jesu anhaften, so daß Dein Herz den Herrn austrinke und der Herr Dein Herz, damit zwei werden in einem ..." Und Klimakus: „Das Gebet ist ein Gespräch des Geistes mit Gott."

Zu der Atmung kommen geistliche Übungen während des Gottesdienstes und des Gebets hinzu. Das sind die Kniebeugungen und das sich Niederwerfen zur Erde. Es werden am Tage dreißig solcher Kniebeugungen vorgeschrieben. Noch wichtiger als die Kniebeugung ist aber die körperliche und die geistige Reglosigkeit, die Ruhe. Klimakus sagt dazu: „Ein Ruhender ist, wer das Unkörperliche im Hause seines Leibes abzugrenzen sucht, was allen Lobes würdig ist. Und: ein Ruhender ist der, welcher sagt: »Ich schlafe, aber mein Herz wacht«, der gewissermaßen dem Leib die Zellentüre schließt, dem Wort die Türe des Mundes und den Geistern das Tor im Inneren."

Über den durch das Herzensgebet erzeugten Geisteszustand schreibt der Heilige Diadochus: „Wer allezeit seinem Herzen einwohnt, tritt ganz aus dem Zeitenflusse dieses Lebens heraus. Er wandelt im Geiste und kennt die Begierden des Fleisches gar nicht. und da er die Tugenden zur Schutzwehr seiner Schritte gemacht hat, werden sie gleichsam zur Beschützerin seines ganzen reinen Lebens."

Auch führt das stetige Gebet zu einer Kraft der Konzentration und der Imagination, wie sie sonst Sterblichen nicht eigen ist. Der Heilige Basilius sagt dazu: „Eine unbeschreibliche Kraft der Bilder war in ihnen, da sie einen reinen und nicht zerstreuten Geist hatten, so daß sogar der Ton des Wortes Gottes in ihnen war."

Eine unirdische lichte Freude quillt im Überfluß aus diesem Gebet, dem Erlebnis einer Gottesnähe und Gotteskindschaft nach dem Worte Jesu: „Wer von dem Wasser trinkt, das ich ihm geben werde, wird in Ewigkeit nicht dürsten" (Joh. 4, 14) und: „Wenn einer dürstet, so komme er zu mir und trinke; wer an mich glaubt, aus dem werden, wie die Schrift sagt, Ströme lebendigen Wassers fließen. — Er sagte dies im Hinblick auf den Geist" (Joh. 7, 38, 39).

Zur Hilfe des Gebets wird der Rosenkranz benutzt. Der Betende läßt in den Zäsuren des Gebets die Finger über die Perlen gleiten, es beten die Finger das Gebet gleichsam mit.

Der russische Pilger, der auf der Gottessuche das weite Land durchwandert, fragt einen Starez: wie er denn beten solle? Das Herzensgebet verrichtet er bereits nach Väter Art. Da weist ihn der Starez auf seine Gebetsschnur und gibt ihm den Rat, das Herzensgebet dreitausendmal am Tage zu verrichten. Es mag diese Anweisung mechanisch erscheinen, ebenso wie die Forderung der Hindus, die Mantrams tausende Male zu wiederholen. Doch das berichtet der Wanderer: „Ungefähr zwei Tage lang fiel mir das Beten schwer, dann aber wurde es so leicht und wünschenswert, daß ich, wenn ich das Jesusgebet nicht sagte, ein Verlangen verspürte, es zu beten, und es entfloß meinen Lippen auch schon viel bequemer und leichter als früher, und ohne daß ich mich dazu zwingen mußte ... Ich gewöhnte mich so sehr an das Gebet, daß ich, sobald ich es auch nur kurze Zeit unterließ, das Gefühl bekam, als fehle mir etwas, als hätte ich etwas verloren; dann fing ich wieder an zu beten, und in demselben Augenblick wurde es mir leicht ums Herz."

Dann schildert er den Zustand der Unio mystica, des Samadhi oder Satori: „Eines Morgens früh war mir, als hätte mich das Gebet geweckt. Als ich das Gebet zu sprechen begann, da wurde mir leicht und froh ums Herz! Es war, als sprächen Zunge und Lippen die Worte ganz von selbst, ohne irgendwelche Nötigung. Also verbrachte ich den ganzen Tag in großer Freude und mir war, als hätte ich mich von allen äußeren Dingen losgelöst und schwebte in einer anderen Welt."

Er berichtet dieses Erlebnis seinem Starez, der ihm erlaubt, von nun an die Gebete nicht mehr zu zählen, sondern sie so zu verrichten, wie er es mag. Der Pilger berichtet dann: „Sehr oft träumte mir, daß ich bete, und wenn ich tagsüber jemanden traf, erschienen mir alle Menschen ohne Ausnahme so lieb und nah, als wären sie meine Verwandten, obgleich ich mich mit ihnen gar nicht beschäftigte. Meine Gedanken beruhigten sich von selber, in meinem Herzen verspürte ich von Zeit zu Zeit ein Gefühl der Seligkeit und Wärme. Meine einsame Hütte auf dem Feld aber hatte sich für mich in einen Palast verwandelt, und ich wußte nicht, wie ich Gott dan-

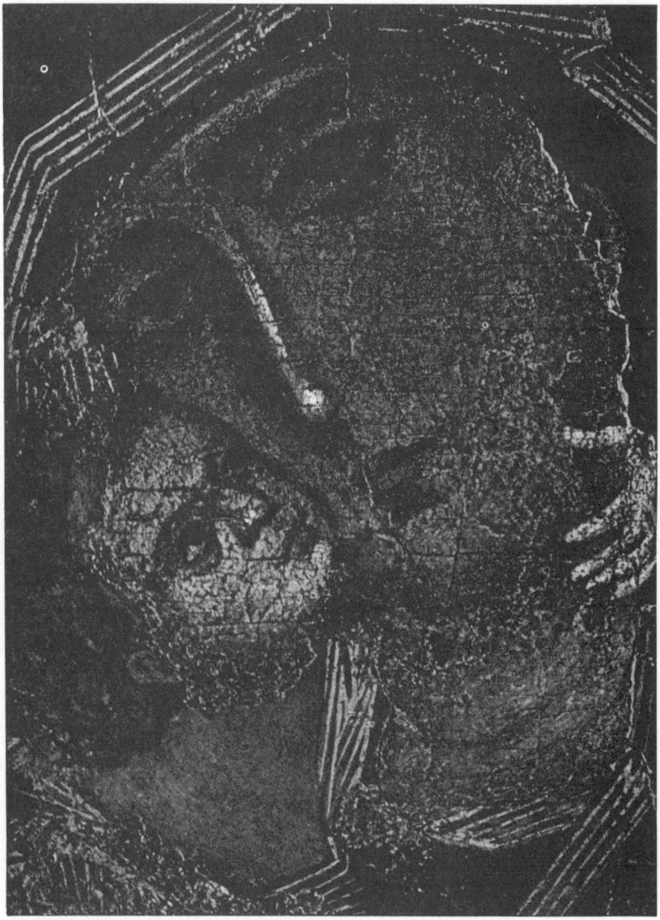

Wundertätige Mutter Gottes von Wladimir

ken sollte, daß er mir, dem verruchten Sünder, einen Lehrmeister und Retter wie den Starez gesandt hatte."

Der Wanderer erzählt, wie er im Walde von einem hungrigen Wolf angefallen wird. Er schlägt nach ihm mit dem Rosenkranz, den er von seinem verstorbenen Starez geerbt hat, und der Wolf läuft weg. In der Herberge erzählt er beim Flicken des Rosenkranzes die Begebenheit. Ein alter Lehrer sagt dazu: „In Urzeiten, vor dem Sündenfall Adams, waren alle Tiere zahm und dem Menschen zugetan. Der Starez nun, dem diese Gebetsschnur gehörte, war heilig. Was aber bedeutet Heiligkeit? Nichts anderes als die Rückkehr in den sündenlosen Zustand des ersten Menschen vermöge frommer Übungen. Wird aber die Seele geheiligt, so ist auch der Leib heilig. — Die Gebetsschnur war nun ständig in den Händen dieses Geheiligten; folglich war durch die Berührung und Ausdünstung der Hände eine heilige Kraft in sie eingegangen, die Kraft des sündenlosen Zustands des ersten Menschen. Hier haben wir das Mysterium der geistigen Natur! Und diese Kraft wird von den Tieren bis auf den heutigen Tag empfunden!"

*

Unter dem Erlebnis des Jesusgebets steht die östliche Christenheit, dessen stärkste Repräsentanz früher und unter den Gläubigen auch jetzt noch Rußland war. Diese freudige Gläubigkeit, das Einwohnen in Gott, in Christo, in der Mutter Gottes, den Heiligen und Seligen und den noch lebenden heiligmäßigen Starzen und Mönchen, ist das Charakteristikum des russischen einfachen Menschen. Ähnlich den Urchristen war der Zug zu Gott, zu der verklärten geistigen Welt ein so starker, daß das Haften an den Dingen dieser Erde, an Besitz, Genuß und sogar am Leben nur gering war. Der einfache russische Bauer bedurfte nur der unbedingt notwendigen Dinge, die sich von Jahrhundert zu Jahrhundert nicht veränderten. So blieben seine einfache Holzhütte, seine Kleidung, seine Speisen, seine Gebräuche die gleichen. Leicht löste er sich vom Besitz und auch von persönlichen Bindungen. Das Wort: „Bog dal, Bog wsjal" (Gott hat gegeben, Gott hat genommen) ist nicht nur ein Sprichwort, es ist der beweisendste Ausdruck der Seelenhaltung. Armut ist, wie beim Japaner (Nabi), keine Schande, kein Zeichen eines Mangels, sondern ein christliches Gebot. Dem nicht Besitzenden stehen die Pforten des Paradieses offen. In keinem westlichen Land gibt es die Verehrung des Armen, des Schwachen, des Geistesschwachen. Im östlichen Christentum steht neben dem, man möchte sagen, immer gegenwärtigen Erlebnis der Auferstehung Christi (daher ist das Osterfest das höchste und beglückendste Fest des Russen) die Bergpredigt Christi an zentraler Stelle:

„Selig sind, die da geistig arm sind, denn das Himmelreich ist ihrer.

Selig sind die Weinenden, denn sie sollen getröstet werden.

Selig sind die Sanftmütigen, denn sie werden das Erdreich besitzen.

Selig, die da hungern und dürsten nach Gerechtigkeit, denn sie sollen satt werden.

Selig sind die Barmherzigen, denn sie werden Barmherzigkeit erfahren.

Selig sind, die reinen Herzens sind, denn sie werden Gott schauen.

Selig sind die Friedfertigen, denn sie werden Gottes Kinder heißen.

Selig sind, die um der Gerechtigkeit willen verfolgt werden, denn das Himmelreich ist ihr.

Selig seid Ihr, wenn Euch die Menschen um meinetwillen schmähen und verfolgen und reden allerlei Übel wider Euch, so sie daran lügen.

Seid fröhlich und getrost, es wird Euch im Himmel wohl belohnt werden!"

Jedes Wort dieser Predigt ist mit leuchtenden Buchstaben in das Herz des östlichen Christen eingezeichnet. Er verehrt den Bettler, den Geistesschwachen, den „Jurodivui", den Besitzlosen, den Alten, den Demütigen und den Sanften. Er übt Barmherzigkeit an jedem, der bittend sich an ihn wendet. Er ist demütig und steht in brüderlicher Liebe zu dem Nächsten, ja er verachtet nicht einmal den Verbrecher, den er aus seiner Gesinnung heraus den „Unglücklichen" nennt. Die größte Liebe und Verehrung aber bezeugt er dem Mönch, dem Menschen, der aus freiem Entschluß sich dem Gebet und der Askese zuwendet und der zwischen ihm, dem weltlichen Menschen, und Gott ein Bindeglied des Fürbittenden, des sich von den Banden der Begierden Befreienden darstellt. Unter den Mönchen nehmen die Starzen eine hervorragende Stellung ein. Sie sind das, was in Indien die Yogis, in Japan die Zenmeister, in China die Weisen und bei den Chassiden die Zaddikim sind. Sie sind Menschen, die sich zur höchsten Klarheit, Reinheit und Vollkommenheit geformt haben. Sie sind die lebenden Schutzpatrone der östlichen Christen.

Junge und Alte wallfahrteten tausende von Kilometern zu den

Klöstern und Einsiedeleien (Skit), um vor einem als heilig verehrten Starez sich niederzuwerfen und um seinen Segen zu bitten. Es wird niemandem einfallen, nach dem Muster westlicher Journalisten, ihm Fragen zu stellen und ihn in Diskussionen zu verwickeln. Das Erlebnis, einen Menschen gesehen und vielleicht berührt zu haben, der sich selbst für die anderen überwunden hat und dessen Leben ein stetes Opfern und ein sich Läutern bedeutet, strahlt nachhaltig auf den Pilgernden zurück. Tyciak sagt von den Starzen: „Nicht menschliches Tun eigentlich wird hier beschrieben. Gewiß, diese Männer sind Heroen, sie leben in unerhörter Strenge. Dennoch sind sie mehr Heroen des Lassens als des Tuns. Ihre Strengheiten sind nicht menschliche Leistungen — sie sind vielmehr Ausdrucksformen einer pneumatischen Bewegtheit, sie stellen die Radikalität einer inneren Welt dar, sie wollen den himmlischen Zustand im irdischen Bilde festhalten. So ist denn das Fasten, die Einsamkeit, das jahrelange Schweigen nur der Ausdruck einer angelischen Lebensform, die in Enthaltsamkeit und Reinheit, in innerem Lob und göttlicher Stille vor Gott verströmt. Diese Menschen überlassen sich Gott. Sie sind Heroen der Stille, der Demut, der Liebe. Immer wieder sprechen die Texte von der Sanftmut und Milde, der allumschließenden Güte dieser Pneumatiker."

Allen Starzen eigen ist die Freundlichkeit, Sanftheit und Bruderliebe, ob es Sergij Radoneschskij, Nil Sorskij, Nikodemus der Hagiorit, Paissij Welitschkowskij, Feofan, Leonid, Makarij von Optina, den Dostojewski in seinem „Starez Sossima" verherrlichte, Amwrosij, Foefan von Wyschen und der letzte Heilige der russischen Kirche, Serafim von Sarow, sind.

Der heilige Wanderer Hryhorij Skoworoda († 1794) schildert sein Erlebnis der Unio mystica mit den Worten: „Ein Strom von unaussprechlicher Süßigkeit erfüllte meine Seele, mein ganzes Inneres entbrannte wie im Feuer und es schien mir, als ob ein Feuerstrahl in meinen Adern kreiste. Ich fing an, nicht zu gehen, sondern zu laufen, wie getragen von einem sonderbaren Entzücken, ohne meine Hände und Füße zu fühlen, als ob ich gänzlich aus Flammensubstanz gebildet wäre, getragen im kreisläufigen Raum. Die ganze Welt verschwand vor mir. Nur das Gefühl der Ruhe, der Zuversichtlichkeit, der Ewigkeit belebte mein Dasein. Tränen ergossen sich stromweise aus meinen Augen und verbreiteten eine harmonische Rührung durch mein ganzes Wesen. Ich sank in mich selbst zurück, empfand etwas wie eine Zusicherung kindlicher

Liebe, und ich habe mich seit dieser Stunde geweiht zu kindlichem Gehorsam dem Geiste Gottes gegenüber."

Und Iwan Kirejewskij († 1865) schreibt: „Wesentlicher als alle Bücher und jegliches Denken ist es, einen heiligen orthodoxen Starez zu finden, der Dein Führer sein kann, dem Du jeden Gedanken mitteilen darfst und von dem Du nicht seine eigene, mehr oder weniger vernünftige Meinung hören mußt, sondern das Urteil heiliger Väter."

Dostojewski läßt in den Worten und Handlungen des Starez Sossima seine eigene Weltanschauung kund werden. Sossima spricht überschwenglich über die Schönheit der Welt: „Nur wir beide schlafen nicht, ich und jener Jüngling, und wir kommen in ein Gespräch über die Schönheit dieser Gotteswelt und über ihr großes Geheimnis: jedes Gräschen, jedes Käferchen, die Ameise, die goldene Biene, alle wissen sie ja, daß man nur so staunen muß, ihren Weg, obgleich sie keinen Verstand besitzen. Von Gottes Geheimnis geben sie Zeugnis, ohne Unterlaß erfüllen sie es selber — und ich sehe: das Herz des lieben Jünglings entflammte. Er erzählte mir, er liebe den Wald, die Waldvöglein, er verstehe alle ihre Pfiffe, jedes Vöglein vermag er anzulocken. »Nichts kenne ich, was schöner wäre, als im Wald zu sein — spricht er — ja alles ist schön!« »Das ist wahrlich so — antwortete ich ihm — alles ist schön und herrlich, weil alles die Wahrheit ist. Blicke nur auf das Pferd: ein großes Tier, das dem Menschen nahesteht, oder auf den Stier, der ihm Nahrung gibt und für ihn arbeitet, mürrischen und nachdenklichen Wesens, schaue ihre Augen an: welche Sanftmut, welche Anhänglichkeit an den Menschen, der ihn oft erbarmungslos schlägt, welche Gutmütigkeit, welche Zutraulichkeit und welche Schönheit liegt in seinem Blick! Rührung überkommt einen sogar, wenn man sich darauf besinnt, daß er keine Sünde kennt. Denn alles ist vollkommen, alles außer dem Menschen ist sündlos, und mit ihnen, den Tieren, ist Christus noch früher als wir!«"

„Bei manchen Gedanken wirst Du in Ratlosigkeit stehen, besonders wenn Du hinschaust auf die Sünde der Menschen, und Du wirst Dich fragen: »Soll man es mit Gewalt versuchen, oder in demütiger Liebe?« Entscheide Du aber immer so: »Ich werde es mit demütiger Liebe versuchen«. Bist Du dazu entschlossen ein für alle mal, so wirst Du auch die ganze Welt besiegen können. Die liebevolle Demut ist ja eine Gewalt, die stärkste von allen, und es gibt nichts, was ihr an Macht gleichkäme!"

Und nochmal sagt er: „Liebet die ganze Schöpfung Gottes, die ganze Welt und jedes Sandkörnchen auf Erden. Jedes Blättchen, jeden Lichtstrahl Gottes habet lieb. Liebet die Tiere, liebet die Pflanzen, liebet jedes Ding. Wirst Du aber jedes Ding lieben, dann wirst Du auch Gottes Geheimnis in den Dingen fassen. Brüder, fürchtet Euch nicht vor der Sünde des Menschen, liebet den Menschen auch in seiner Sünde, denn solches ist schon der Liebe Gottes ähnlich ... Liebe erkauft alles, Liebe rettet alles!"

Auch die kleinen Dinge sind der Liebe und der Achtung wert. Einige Menschen waren entrüstet, daß manche Bauersfrauen, die zu Starez Amwrosij von Optina kamen, ihn um kleine Dinge des Alltags befragten. Er sagte ihnen: „Meine Lieben, wie könnt ihr nicht verstehen, daß ihr ganzes Leben in diesen Kleinigkeiten versteckt liegt; ihre Seelenruhe hat den gleichen Wert wie die von Leuten mit oft sehr unnötigen Ansprüchen!"

Vom Starez Makarij von Optina wird erzählt, seine kleine Holzhütte, angefüllt mit Büchern und heiligen Ikonen, nach Weihrauch duftend atmete einen paradiesischen Geist. Nach kurzer Begegnung und Unterredung mit dem Starez änderte der Besucher seine Meinung und Anschauung, vieles, was ihm vorher undeutlich und verschwommen erschienen war, sah er nun klar und begriff es.

Der Heilige Serafim von Sarow, der letzte Heilige der orthodoxen Kirche, von dem viele Wunderheilungen und das Wunder der Levitation berichtet werden, der große Liebende, begegnete jedem Besucher mit dem Gruße: „Christus ist auferstanden, Du meine Freude!"

Margarita Woloschina berichtet von einem Hirten Makarius im Ural bei Werchoturje: „Wenn dieser Hirte bei Sonnenaufgang betet, knieend, das Gesicht der Morgenröte oder abends der untergehenden Sonne zugewandt, dann steht die ganze Herde, Kühe, Schafe und Ziegen, Kopf an Kopf unbeweglich in derselben Richtung."

Welch ein Strahlen geht von diesen heiligen Betern und Liebenden aus. Nur aus solcher höchster Vervollkommnung wird die Persönlichkeit transparent und ein konzentrierter Träger pneumatischer Kräfte. Askese, Gebet, Fasten, Reglosigkeit sind nur die ersten Schritte dazu. Gewinnt der Geist die volle Herrschaft über die erdgebundene Person, so kann er tun und gehen, wohin er will.

So berichtet Leo Tolstoi von den drei Starzen, die auf einer kleinen Insel auf dem Nordmeer in völliger Einsamkeit wohnten. Ein Bischof, der nach dem Solowezki-Kloster unterwegs war, hörte von ihnen und beschloß, sie zu besuchen. Er fand am Ufer drei uralte, bärtige, zahnlose Greise, die sich tief vor ihm verneigten. Der Bischof fragte sie, wie sie beteten. Die Greise erwiderten: „Wir beten so: Ihr seid drei, wir sind drei, erbarmt Euch unser!“ Der Bischof war darüber erstaunt und verwundert und begann sie zu belehren, wie man betet. Er sagte ihnen das Vaterunser vor, bis sie es auswendig konnten. Sie dankten ihm überschwenglich für die Belehrung. Dann bestieg er das Schiff, frohen Herzens, eine gute Tat vollbracht zu haben. Sie segelten schon eine Weile, als auf dem Horizont seltsame Wolken sich bildeten, die schnell näher kamen. Plötzlich erkannten die Fahrgäste, daß es die Gestalten der drei Starzen waren. Sie verneigten sich tief vor dem Bischof und klagten, daß sie das eben erlernte Gebet wieder vergessen hätten. Er möge die Gnade und die Geduld haben, sie wieder zu belehren. Da begriff der Bischof und die Fahrgäste. Der Bischof bekreuzigte sich, beugte sich zu den Starzen herab und sagte: „Gott wird Euer Gebet auch so erhören, Ihr frommen Greise. Nicht ich habe Euch etwas zu lehren. Geht und betet Ihr für uns Sünder.“ Der Bischof verneigte sich bis zur Erde vor den Starzen. Diese aber wandten sich um und gingen über das Wasser zur Insel zurück. Und bis zum frühen Morgen ging ein Licht von dort aus, wo die frommen Starzen verschwunden waren.

*

Die heiligen Starzen und die Mönche und die namenlosen Pilger, die das Land betend durchqueren, sind nur die Exponenten eines Volkes, das im Grunde seiner Seele demütig und religiös ist. Sein Sinn hing nicht an Besitz, nicht an Sinneslust, nicht an Genuß, es haftete am Geiste Gottes. Das Wort des Heiligen Gregor von Nyssa wurde hier zur Wirklichkeit: „Eine Seligkeit ist uns verheißen, die unsere Sehnsucht übersteigt, eine Gnade, die unsere Natur übersteigt.“ Gott, Christus, die allerbarmende Mutter Gottes, die Heiligen und die Engel sind keine fernen Illusionen, sie sind wirklicher als alle Wirklichkeit dieser Erde. Gott selbst ist der immer Gütige, der Menschliche, der Erbarmende. „Immer wieder klingt es so in den liturgischen Gebeten. Fast in jedem Gebete steht neben der Hoheit Gottes seine sich neigende Erbarmung, seine Menschenfreundlichkeit. Der Ostchrist ist ein Betender und ein Schauender, er denkt weniger in kunstvollen Distinktionen. Für ihn gehen geistliche und leibliche Schau ineinander über. Er ist kein eigentlicher Gottsucher, er hat Gott, er lebt in Gott. Der russische Christ hat seine Heimat im neuen Äon. Er ist der Mensch, der allezeit die Erde verläßt, um in der neuen Welt zu atmen. Er ist der große Pilger, der Wallende zur ewigen Stadt. Das Göttliche durchwallt bei ihm alle Lebensfasern. Die Auferstehung Christi ist für ihn die zentralste Tatsache des Weltgeschehens", sagt Tyciak.

Das östliche Christentum lebt in dem Bewußtsein der glorreichen Auferstehung. Das Leiden Christi und die furchtbaren Marter der Heiligen sind ihm nur Wege zu dieser endgültigen Verklärung, sie sind nur ein Hindurch. Der Geist aber siegt, auch über Leid, Qual, Erniedrigung, Beleidigungen, Not, Armut und Krankheit. So kennt die Ostkirche keine Stigmatisation, weil sie nicht auf Christi Leiden, sondern auf Seine Glorie ausgerichtet ist. Sie stellt auch auf den Ikonen die Heiligen und Märtyrer nicht als Leidende und Duldende, sondern als Verklärte dar. Diese jahrhundertealte Pflege des Geistigen erklärt, daß das Volk auch jetzt in der Säkularisation seinen Charakter als Demütige, Geduldige, Brüderliche, Gastfreundliche, Einfache, Besitzlose behalten hat; das ist noch der Abglanz der religiösen Gesinnung, der nach Überwindung des Materialismus wieder zu hellem Leuchten entflammen wird.

Wladimir Solowjew, der große christliche Philosoph, sagt vom säkularisierten Menschen: „Der Mensch, der glaubt, er habe das Recht zu handeln, wie er will, und die Welt nach seinem Willen zu verändern, steht auf schwachen Füßen, auf seiner sittlichen Gebrechlichkeit und seinem Eigenwahn. Er wird notgedrungen anderen Gewalt antun und andere vernichten, bis er selbst der Vernichtung anheimfällt. Er glaubt sich stark und mächtig, doch wird er von ihm unbekannten Kräften beherrscht; er ist stolz auf seine Freiheit, doch ist er der Sklave von Äußerlichkeiten und Zufällen. Nur mit der Wiederkehr des Glaubens an die übermenschliche Güte, das heißt an Gott, kehrt auch der Glaube an den Menschen wieder, der durch diesen Glauben aus seiner Vereinsamung, Schwäche und Gefangenschaft heraustritt als freier Teilhaber Gottes und Träger der Kraft und Glorie Gottes."

*

Man kann nicht über die östliche christliche Kirche und Gläubigkeit schreiben, ohne das Meditationsobjekt der Heiligen Ikone zu erwähnen. Die Ikone steht als religiöses Objekt zwischen dem Gläubigen, dem Betenden und Meditierenden, und der geistigen Welt, sie ist, wie Hackel es ausdrückt, „das Tor, durch das die diesseitige Welt mit dem Jenseits verknüpft wird. Sie ist das Transparent einer göttlichen Welt".

Der noch naturgebundene östliche Mensch erlebt die diesseitige sowie die geistige Welt mit den Sinnen. Wenn er den kirchlichen Raum betritt, betritt er damit den Vorraum zum Paradies. Der ganze heilige konzentrische Raum mit seiner Weihe, dem Gold und den lebhaften Farben der Ikonen, den goldenen Lampaden mit dem roten ewigen Licht, das mild gedämpfte Licht, der Weihrauch sind dazu angetan, den Menschen aus der Härte des Alltags in eine andere Sphäre hineinzuheben. Christus der Auferstandene, der Lehrer, die Muttergottes, die Heiligen schauen den Betenden milde und streng an. Mehr noch als im indischen Raum ist die Ikone ein heiliges Meditationsobjekt. Sie begleitet den Gläubigen den ganzen Weg seines Lebens. Zur Taufe und zu vielen anderen großen Gelegenheiten in seinem Leben bekommt er von den liebsten Menschen eine Ikone geschenkt, mit der er gesegnet wird. Meist sind es alte, von Geschlecht zu Geschlecht vererbte, verehrte Bildwerke. In jeder Hütte befindet sich eine Ikonenecke, vor der das ewige Licht brennt. Keiner betritt den Raum, ohne die Kopfbedeckung abzunehmen und sich vor der Ikone tief zu verbeugen und zu bekreuzigen. Bei Brand und Flucht wird die Ikone als erstes gerettet. Alles Hab und Gut mag verderben, die Ikone muß gerettet werden, denn sie ist die Beschützerin der Familie; in ihr sind wie in einem konservierenden Prisma alle Gebete, aller Dank, alle Demut und Aufopferung der Leiden über Jahrhunderte gesammelt und aufgespeichert; sie ist eine strahlende Kraft. Die Ikone steht als sakraler Gegenstand in der Mitte des Lebens des Ostchristen. Er trägt ein Kreuz oder ein Medaillon auf der Brust, er nimmt seine persönliche Ikone mit auf Reisen und in den Krieg, ja sie wird ihm, wenn er gestorben ist, an das Grabkreuz gehängt. Er spricht zu ihr, er vertraut ihr seinen Kummer und seine Freude, ihr, nicht dem Stück Holz — dem oder der Heiligen, die sie darstellt —, doch vollzieht sich zwischen ihm, dem Holz der Ikone, und den Heiligen eine mystische Einheit, die sich dem intellekuellen Verstehen entzieht.

Es ist aber nicht nur die „Anbetung", die aus der Ikone einen sakralen Gegenstand macht. Es ist bereits der Weg ihres Entstehens. In der orthodoxen Kirche wird die Ikonenverehrung der Verehrung von Reliquien gleichgestellt. Im Gegensatz zum Abendland ist die Herstellung von Ikonen ausschließlich den Mönchen in den

Klöstern vorbehalten. Es ist eine anonyme Kunst. Es handelt sich auch nicht um Kunstwerke im abendländischen Sinn. Wenn es Kunstwerke sind, dann doch darum, weil die Heiligkeit, die Beschaulichkeit, die Demut und die strenge handwerkliche Kunst des schaffenden Mönchs das Werk zu einem Kunstwerk machen. Jeder Handgriff, das Bereiten des Holzes, das Anrühren der Farben, das Auflegen des Goldgrundes sind vorgeschriebene, sakrale Handlungen. In der Hermenia der Berges Athos und in dem Stoglaw aus dem russischen Mittelalter werden genaue Anweisungen für die Ikonenherstellung und noch mehr für den Charakter des Malers gegeben. So heißt es im Stoglaw in den Anweisungen zur Ikonenmalerei: „Es geziemt dem Maler, friedlich, demütig und fromm zu sein. Kein Schwätzer und Spaßmacher soll er sein, noch streitsüchtig und gehässig. Auch darf er kein Trinker oder Fresser oder gar Totschläger sein. Vielmehr hat er zu seinem Heile die seelische und körperliche Reinheit zu wahren und unverheiratet und rein zu bleiben. Er hat seinen Beichtvater zu befragen und nach dessen Belehrung bei Fasten und Gebet, und in Enthaltsamkeit und Demut, ohne jede Ungehörigkeit und Schande zu leben und mit großem Eifer und Hingabe die Abbilder unseres Herrn Jesu Christi und seiner allerreinsten Gottesmutter, der heiligen Propheten und Apostel, der heiligen Märtyrer und seligen Frauen und der hohen Priester und seligen Väter darzustellen ... Und wenn die jetzigen Meister geloben, so zu leben und alle diese Lehren zu beherzigen, und in frommen Werken eifrig sind, so wird der Zar ihnen gnädig sein, und auch die Bischöfe werden für sie sorgen und sie mehr ehren als gewöhnliche Leute."

Ein Malermönch belehrt seinen Novizen, wie er malen und die Farben anrühren soll. Er möge an einem wolkenlosen Morgen bei Sonnenaufgang betend und singend, bei frohlockender Stimmung in den Stall gehen und ein frisches Ei holen. Er soll bei trockener Luft, vor den Mund ein Tuch gelegt, das Eiweiß mit der Zinnoberfarbe verrühren. Währenddessen soll er vor sich hin das Lied: „Schmücke dich, frohlocke, freue dich, du Königsstadt Jerusalem" singen. Nur so wird die Farbe bindende und leuchtende Eigenschaft gewinnen.

In der Hermenia des Berges Athos heißt es, vor der Bereitung der Ikone solle der Malermönch das Weihegebet sprechen: „Du göttlicher Herr von allem, was da ist, erleuchte und erhelle meine Seele, das Herz und den Geist Deines Dieners, führe seine Hand, daß er würdig und vollkommen Dein Bild, das Deiner allerreinsten Mutter und aller Heiligen beschreiben könne zu Deinem Ruhm und zur Verherrlichung und Zierde Deiner heiligen Kirche, zur Nachlassung der Sünden derer, welche dieselben verehren und mit Ehrfurcht begrüßen und auf deren Urbild die Ehre übertragen."

Der Maler bleibt anonym. Wenn es einige wenige Namen von bekannten und verehrten Malermönchen gibt, wie Alimpij († 1114), dem ein Engel, als er krank zu Bett lag, die Ikone fertiggemalt hat, oder Polujekt Nikiforow, der am 3. September 1191 auf eine Ikone hinten schreibt: „diese Ikone habe ich mit dem Munde gemalt, weil ich keine Hände habe", oder der größte unter ihnen, Andrei Rublew (1370—1427), oder Dionissij, Theofan der Grieche, Daniel der Schwarze, der goße Sünder Michail, Jemelian Moskwitin, Prokopij Tschirin, Simon Uschakow... sie haben Berühmtheit erlangt, weil ihre Ikonen überirdisch schön waren, daß die Gläubigen danach besonders verlangten. Sie selbst aber vermieden es, ihren Namen auf die Ikone zu setzen.

So handelt es sich um ein zweifaches Mysterium, das Mysterium des in heiliger Andacht, Gebet und Meditation Schaffenden, und das Mysterium der Jahrhunderte in Kirchen und Stuben sich Versenkenden, Betenden und Dankenden.

Der Religionsphilosoph Iwan Kirejewskij (1806—1865) beschreibt sein Erlebnis vor der Ikone der Muttergottes Iverskaja, zu der Jahrhundertelang Geistesschwache, Geisteskranke, Epileptiker und Hysterische in Hoffnung auf Heilung pilgerten: „Ich stand einmal in der Kapelle der Iberischen Muttergottes zu Moskau, schaute das wundertätige Bild der Muttergottes an und dachte nach über den kindlichen Glauben des Volks, das vor ihm betete. Einige Frauen und Greise knieten, schlugen das Kreuz und verbeugten sich tief. Mit großem Vertrauen schaute ich auf die heiligen Züge, und nach und nach wurde mir das Geheimnis dieser wunderbaren Kraft klar. Ja, es ist nicht bloß ein Holzbrett mit einem Bildnis... ganze Jahrhunderte sog die Ikone Ströme von leidenschaftlichen Aufwallungen des Herzens auf, von Gebeten trauernder, unglücklicher Menschen. Sie mußte sich füllen mit der Kraft, die aus ihnen strömt ... Sie wurde zu einem lebendigen Organ, zu einer Begegnungsstätte zwischen dem Schöpfer und Geschöpf... da fiel ich auf die Knie und betete demütig vor ihr..."

Die schönste und verehrteste Ikone ist die der wundertätigen Muttergottes von Wladimir, die 1155 von Konstantinopel nach

Wladimir, und 1395 von dort nach Moskau gebracht wurde. Man nennt sie die „Mutter der russischen Erde“. Theodor Studita betet vor dem Muttergottesbild: „Da ich im Bild Dich schaue, Du Mutter meines Herrn, trete ich mit Furcht und Sehnsucht hin, um Dich zu küssen. So reiche Gnade ward in Wahrheit Dir zuteil, daß selbst Dein Bild von Wunderwirkung überfließt.“

So werden Gott und die geistige Welt der Heiligen und Engel, die irdische Kreatur, das Abbild Gottes — die heilige Ikone — und der betende Mensch, dessen ganzes Leben zu einem Gebet wird, durchströmt von den heiligen Kräften der Liebe. Alles Sein, aller Stoff und aller Geist wird in diesen „Gottesdienst“ einbezogen. So werden die hymnischen Worte des Symeon des Jüngeren, des Theologen (960—1022) zu einem jubelnden Bekenntnis: „Du bist ein flutend Feuer, ein erquickend Wasser, verzehrest und fließest doch von Wonne über und befreist von Verderbnis. Menschen machst Du zu Göttern, die Finsternis zum Lichte, führest aus der Unterwelt zurück, beschenkst die Toten mit Unvergänglichkeit, führest aus der Finsternis zum Licht. Schließest die Tür der Nacht mit Deiner Hand, umgibst das Herz mit Lichtschimmer, wandelst mich gänzlich um, verbindest mit Menschen Dich, machst sie zu Göttern; entflammst sie mit Deiner Liebe, Deiner Kindschaft, Deiner Gnade durch den Geist, vereinst als Gott auf wunderbare Weise das von Dir Getrennte ...“

GEBET UND MEDITATION IM KATHOLIZISMUS

Una Sancta, die Eine, heilige Kirche, die aus dem Geiste, dem Blute und dem Opfer Christi unseres Herrn stammt. Durch die Unvollkommenheit des Menschen, durch seinen Intellekt und sein Machtstreben sowie sein Mißtrauen ist im Laufe der Zeiten der Leib und Geist der einigen heiligen Kirche, der Kirche der Heiligen zerfallen in sich befehdende Gruppen. Christus ist einer und sein Opfer und seine Lehre sind eine und unverfälschbar, und doch gelang es den Menschen, sie verschieden zu deuten, und — o Zerrbild der menschlichen Unvollkommenheit und Gebrechlichkeit! — Haß, Zwietracht, Unduldsamkeit und gegenseitige Verachtung zu säen. Und jeder glaubt sich berechtigt, im Namen Christi gegen den anderen Christen zu kämpfen!

Wenn sich die ostchristliche Kirche entsprechend dem Charakter und Temperament der östlichen Bevölkerung im Wesentlichen auf das Gebet, die Kontemplation, die innere Schau beschränkte, entwickelte sich die Kirche des Abendlandes, entsprechend dem lebhaften, aktiven, auf Fortschritt und Kampf, auf Erreichen und Erlangen abgestimmten Charakter seiner Völker, zu einer missionierenden, kämpfenden, bewegenden und bewegten Kirche.

Die Ostkirche ist in ihrem Wesen statisch, die Westkirche ist dynamisch. Die Ostkirche hat im Laufe der Jahrhunderte in Struktur und Ritual ihren Charakter, wie sie die Heiligen Ambrosius, Basilius und Gregor von Nazianz prägten, behalten. Sie hat kaum Mission getrieben, sie hat keine Scholastik und kaum eine Apologetik gekannt; in ihr oder gegen sie sind keine nennenswerten Reformbewegungen entstanden. In ihr gab es keine Stigmatisierten und keine Ekstatiker. „Gospodi pomilui" — ist das immer wiederkehrende Gebet des Ostchristen: „Herr erbarme Dich!“. Er will Gott nicht ergreifen, ihn sich erkämpfen; er will nur Seine Gnade und seine Liebe, er macht sich klein und demütig und verwischt sich, seine Person, vor Gott.

Der Abendländer hat im Gegensatz dazu schon sehr früh seine Person, seine Individualität entwickelt und sie nicht zuletzt auch hypertrophiert. Er ist auf Entwicklung, Aggression, Kampf, intellektuelle Dispute, Fortschritt, Gestaltung, Macht, Besitz ausgerichtet, er kann heftig leiden, streiten und zweifeln. Die abendländische Kirche pulste in diesen mächtigen und ergreifenden Rhythmen mit: weltliche Machtergreifung, Kämpfe gegen die Häresie, kontemplierendes und dienendes, aber auch forschendes und lehrendes Mönchtum. Erwachen des Intellekts in der Scholastik, glühende Mystik, Kreuzzüge, Bekehrungen von Heiden, Heilige der Meditation, der Armut, der Selbstaufopferung, der Lehre, des religiösen Eifers, Reformation, Gegenreformation, Revolutionen, Märtyrer, Arbeiterpriester ... Eine Fülle von religiöser Hingabe, Aufopferung und Dynamik, wie sie dem Charakter und Temperament des abendländischen Menschen entsprechen. Aber alle Jahrhunderte hindurch läuft neben der Dynamik die Kontemplation, das Gebet, die Meditation, die Demut, die Askese, die Meisterung der Sinne, das Schweigen, die Einsamkeit. *Aldous Huxley* sagt: „Es steht fest, daß die mystische Schau, das unmittelbare und intuitive Gewahren Gottes das Endziel des menschlichen Lebens ist, daß Handeln nur Mittel zum Zweck ist; daß eine Gesellschaft nur insofern gut ist, als sie ihren Mitgliedern die Beschaulichkeit ermöglicht; und daß mindestens eine Minderheit von Beschaulichen für das Wohl jeder Gesellschaft unerläßlich ist.“

Alle Heiligen und Lehrer der Kirche, mögen sie in der Einsamkeit einer Höhle oder in der Abgeschlossenheit eines Klosters gebetet, gedient, Kranke gepflegt, das Kreuz zum Kampfe oder zur Mission erhoben haben, hatten die Meditation und die Askese für den wichtigsten Weg des Menschen zu Gott, zum Geist und zur Vollkommenheit erachtet.

Von den Anfängen der christlichen Lehren bis heute durchzieht diese Forderung wie ein roter Faden das Christentum.

Einer der einflußreichsten Mystiker des frühen Christentums, Dionysius Areopagita (um 500), schreibt in seiner „himmlischen Hierarchie“ und „über die göttlichen Namen“, daß Gott die Ursache alles Seienden ist. Um in Seine Nähe zu gelangen, bedarf es des persönlichen Bewußtseins um das unterschiedslose Wesen Gottes. Dieses ist bereits im Leben erreichbar durch Askese, Stille, Abgeschiedenheit, Schweigen, Beten, Schauen, Reinigung, Erleuchtung und Vollendung.

Der größte Kirchenlehrer und Heilige der katholischen Kirche, Augustinus (354—430), ein Prototyp des westlichen Menschen, des kämpfenden, zweifelnden, dynamischen, mit der „Unruhe des Herzens", gibt in seinen Schriften Anweisungen zur Meditation und stellt sie in der geistigen Reihenfolge als Höchstes hin auf dem Weg zur Vollkommenheit und Erleuchtung und als Weg zur christlichen Persönlichkeitsbildung.

Über die Askese sagt er: „Wenn ich erst mit meinem ganzen Wesen Dir anhange, Herr, dann wird nirgends Schmerz mir sein und Mühe, und mein Leben, ganz voll von Dir, wird erst lebendiges Leben sein. Wen Du erfüllst, den richtest Du auf; ich aber, weil ich Deiner noch nicht voll, ich bin mir selbst jetzt zur Last. Es streiten noch meine jämmerlichen Freuden mit freuenswerten Kümmernissen, und wo der Sieg sein wird, ich weiß es nicht ... Wenn der Gerechte anfängt, Gottes Freund zu werden, so geschieht eine grundlegende Veränderung mit und in ihm."

Und über das Gebet: „Wir alle, wenn wir beten, sind Bettler Gottes. Wir stehen vor der Tür des großen Hausvaters, um etwas zu empfangen. Dieses Etwas ist Gott selbst. Es liegt dem Menschen nahe, vom Herrn allerlei Weltliches zu verlangen, statt Ihn selbst — gleich als könnte, was Er gibt, beglückender sein als der Geber selbst. Frage einen Reichen: »Du rufst Gott an, — warum?« — »Damit er mir Gewinn verschaffe.« Also nicht Gott, sondern Gewinn rufst Du an. Rufst Du Gott an, damit Du zu Geld, Erbschaft, zeitlicher Würde gelangst, so rufst Du solche Dinge an ...

Das Gebet ist ein Rufen des Herzens, nicht etwa der Stimme oder der Lippen. Im Inneren ertönt es, Gott hört es. Durch Glaube, Hoffnung, Liebe beten wir in immerwährender Sehnsucht. Zu gewissen Zeiten und Stunden aber beten wir auch in Worten, auf daß unsere Sehnsucht um so kräftiger sei. Da sollen wir das Gemüt von anderen Sorgen und Geschäften, welche die Sehnsucht nach dem Himmlischen, wenn ich so sagen soll, erkühlen, zu dem einen Geschäfte des Gebets zurücklenken. Die Worte des Gebets sollen uns aufwecken, daß wir uns das Ziel unseres Strebens vor Augen halten; sonst könnte gar erkalten, was schon lau zu werden angefangen, und könnte vollends erlöschen, was wir öfters hätten anfachen sollen.

Es ist somit keineswegs tadelnswert oder nutzlos, wenn man selbst viele Zeit auf das Gebet verwendet, sofern nicht andere pflichtmäßige Arbeiten dabei zu kurz kommen — obschon man auch da bei der Arbeit allzeit beten soll: durch inniges Verlangen nach dem ewigen Leben. Die Sehnsucht betet stets, auch wenn die Zunge schweigt. Hast Du immer Verlangen, so betest Du immer. Bleibt in Dir die Liebe, so betest Du immer, hast immerdar Sehnsucht.

Wie viele rufen mit ihrer Stimme, sind aber stumm im Herzen — aber auch wie viele schweigen mit den Lippen, rufen hingegen in heiliger Andacht, und Gott hört sie. Viel Liebe, nicht viele Worte, wenn Du betest!"

Herrliche Worte sagt er über das Denken und das Gedächtnis und die Kunst, sich von Gedankeninhalten leer zu machen: „Groß ist die Macht des Gedächtnisses. Welch schauerlich Geheimnis, mein Gott, welch tiefe uferlose Fülle! Und das ist die Seele, und das bin ich selbst! Was bin ich also, mein Gott? Was bin ich für ein Wesen? Ein Leben so mannigfach und vielgestalt und völlig unermeßlich! Mein Gedächtnis, siehe, das sind Felder, Höhlen, Buchten ohne Zahl, unzählig angefüllt von unzählbaren Dingen jeder Art, seien es Bilder, wie insgesamt von den Körpern, seien es die Sachen selbst, wie bei den Wissenschaften, seien es irgendwelche Begriffe oder Zeichen, wie bei den Bewegungen des Gemüts, die sich, wenn die Seele auch schon nicht mehr leidet, im Gedächtnis erhalten und also mit diesem in der Seele sind. Durch alles dieses laufe ich hin und her, fliege hierhin und dorthin, dringe vor, soweit ich kann, und nirgends ist Ende. Von solcher Gewaltigkeit ist das Gedächtnis, von solcher Gewaltigkeit ist das Leben im Menschen, der da sterblich lebt.

Was soll ich tun, Du mein Leben, Du mein Gott? Hinaus will ich selbst über diese meine Kraft, die Gedächtnis heißt, hinaus will ich über sie, um an Dich zu reichen, süßes Licht! Was sagst Du mir? Indem ich über meine Seele mich zu Dir erhebe, der Du dauerst über mir, werde ich auch diese meine Kraft, die Gedächtnis heißt, überklimmen, willens, Dich zu berühren, von wo man Dich berühren kann. Denn Gedächtnis haben Vieh und Vogel auch, wie fänden sie sonst Nest und Lager wieder und manches andere, woran sie sich gewöhnt; ja, sie vermöchten an keinerlei Dinge sich zu gewöhnen ohne Gedächtnis. So will ich denn hinaus auch über das Gedächtnis, um den zu berühren, der mich geschieden hat von den vierfüßigen Tieren und weiser mich geschaffen, als was da fliegt am Himmel. Auch über mein Gedächtnis will ich hinaus, um Dich — wo? — zu finden, Du wahrhaft Guter, Du wahrhaft verlässige Wonne, ja — wo Dich zu finden? Denn finde ich Dich draußen, und nicht bei mir im Gedächtnis, so bin ich ja Deiner nicht gedenk?"

Zum Leerwerden und Ausschalten der Gedanken bedarf es der Einsamkeit; der Mensch muß aus dem Lärm des Außenseins in die Stille des Innen sich bergen: „In der Menge ist es schwer, Christus zu sehen; eine gewisse Einsamkeit in unserem Geist ist nötig; in einer Art verborgener Schauung sieht man Ihn. Der große Haufe hindert, Jesum zu sehen.

Eine innere Einsamkeit ist das Gewissen, eine tiefe Einsamkeit, darin keines Menschen Fuß noch Auge dringt. Darin laßt uns gläubig wohnen! In der Einsamkeit entspringen Quellen des Geistes. Himmlische Wasser sprudeln im Herzen des Menschen, der mit Gottes Wort vertraut ist. Du hast gelesen, hast gelauscht; rein und klar und frommen Sinnes hast Du es aufgenommen in Deinem Herzen. In der Verborgenheit des Geistes, im guten Gewissen, da ist heilige Ruhe. Nun erhebt sich leise die Erinnerung in Deiner Seele, Erinnerung an Gottes Wort, so wie die Quellen rieseln, so wie Bächlein kräftig fließen. Da magst Du wohl mit Deinen Brüdern ruhen, süßer Hoffnung voll: »Wahrlich, mir ist gut; hier ist meine Hoffnung, hier ist die Verheißung Gottes. Er lügt nicht, ich bin des gewiß«.

Bleibe nie stehen auf dem Weg zur Selbstvervollkommnung: Immer mißfalle Dir, was Du bist, wenn Du gelangen willst zu dem, was Du noch nicht bist. Denn, wenn Du Dir gefielest, dann bleibst Du zurück. Wenn Du aber sprachst: »Genug« — war es auch Dein Untergang. Immer füg hinzu, immer wandle, immer schreite voran! Wolle nicht im Weg zurückbleiben, wolle nicht rückwärts kehren, wolle nicht abgehen. Rückbleibt, der nicht voranschreitet, rückwärts geht, der zu dem rückrollt, woraus er schon abschied; abgeht, der abfällt. Besser geht der Lahme auf dem Weg als der Läufer auf dem Abweg."

Kein Dienst der Seele und kein Weg zur Vollkommenheit ist aber denkbar, ohne die Liebe und ohne die Freude: „Etwas Großes ist der Glaube — aber er nützt nichts, wenn er nicht die Liebe einschließt; oder vielmehr: »Wenn ich alle Geheimnisse wüßte und Gabe der Weisheit und allen Glauben hätte, so daß ich Berge versetzte: ohne die Liebe ist's nichts«. Sage also nicht: Ich habe den Glauben, das genügt mir. Auch die Teufel glauben und zittern. Die Teufel glauben, sie lieben aber nicht; niemand aber liebt, der nicht glaubt. Hier ist die Liebe immer wieder zu erneuern aus dem Heiligen Geist, von Tag zu Tag, von Menschen, die da wollen, glauben, beten, die Vergangenes vergessen und sich strecken nach dem Kommenden.

Anfangende Liebe ist anfangende Heiligkeit, wachsende Liebe ist wachsende Heiligkeit, große Liebe ist große Heiligkeit, vollendete Liebe ist vollendete Heiligkeit — Liebe aus reinem Herzen, aus gutem Gewissen, aus ungeheucheltem Glauben.

Brachte Furcht es zuwege, daß Du nicht sündigest, die Liebe bringt es zuwege, daß Du selbst dann nicht sündigen wolltest, wenn Du es ungestraft könntest. Erst mußte Furcht obsiegen, damit die Liebe herrschte. Die Furcht ist Erzieherin; sie soll zurücktreten, um zur Liebe zu führen, zur Herrin!

Wie, unter Menschen selber darf kein Band der Liebe sein? Im Gegenteil, so sehr soll es sein, daß man zu glauben habe, kein sicherer Schritt zur Liebe Gottes kann geschehen als reine Liebe des Menschen zum Menschen . . .

Im Lande der Lebendigen müssen wir Wurzeln haben. Unsere Wurzel ist dort. Im Verborgenen ist die Wurzel; die Früchte kann man sehen, die Wurzel kann man nicht sehen. Unsere Wurzel ist unsere Liebe, unsere Früchte sind unsere Werke: nötig ist, daß deine Werke aus der Liebe hervorgehen, dann ist deine Wurzel im Lande der Lebendigen.

Die Freude des menschlichen Herzens über das Licht der Wahrheit, über den Reichtum der Weisheit, diese Freude eines menschlichen, edlen, reinen Herzens — o keine Lust der Sinne ist, die damit irgendwie verglichen werden könnte!

Dies ist der Sinn des Geheimnisses; behandle mit Ehrfurcht, was deiner Einsicht noch verborgen ist. Sei um so ehrfürchtiger, je dichter der Schleier!

Gleichsam absteigend zu uns beginnt die Gnade des Geistes mit der Weisheit und endet in die Furcht. Wir aber, aufsteigend, vom Unten zielend zum Höchsten, müssen beginnen mit der Furcht und enden in die Weisheit. Groß sind diese beiden Gaben, Weisheit und Enthaltsamkeit; Weisheit, durch die wir in Gottes Erkenntnis gebildet werden, Enthaltsamkeit aber, durch die wir dieser Welt nicht angebildet werden."

Mit Gott und mit aller Kreatur weiß sich der Schauende und der Liebende eins, es ist keine Trennung da: „Die vielgestaltige Güte Gottes kommt nicht nur zum Menschen, den Er nach Seinem Ebenbilde schuf, sondern neigt sich auch zu dem Tiere, das Er dem Menschen unterworfen hat. Von Ihm, von dem das Heil der Menschen, kommt auch den Tieren Heil. Nicht nur Himmel und Erde, nicht nur Engel und Menschen, sondern auch die kleinsten Lebewesen mit ihrem inneren Bau, auch die feinste Feder des Vogels, auch die Blume, die Blätter der Bäume —: alles hat Er nicht ohne feine Anordnung der Teile und eine Art Befriedigung gelassen. Um wieviel mehr sind die Reiche der Menschen, die Verhältnisse des Dienens und Herrschens eingeschlossen in die Gesetze Seiner Vorsehung! ...

Der dich heil macht, Der macht auch heil dein Pferd und dein Schaf, bis zum Kleinsten hinab. Oder würde es Der unter Seiner Würde halten, Heil zu schenken, Dessen Würde es erlaubte, Schöpfer zu sein?"

Erst aus der inneren Schau, aus dem Gebet, aus der Stille, aus der Freude und aus der Liebe erlangt der Mensch die Seligkeit und das Glück des in Gott Seienden: „»Seligkeit«, du hörst das Wort und atmest tief; du hörst es und seufzest. Denn bei allen Übeln sonst — der Drang nach Glück ist den vernünftigen Geschöpfen nicht verloren gegangen. Alle Menschen beherrscht der Drang nach Glück; das ist die feste Überzeugung aller, die nachzudenken begonnen haben ...

Gut ist die Erde mit der Höhe ihrer Berge, mit der Tiefe ihrer Täler, mit den Flächen ihrer Felder; gut ist das Landgut in seiner Geräumigkeit und Helle; gut sind die Lebewesen mit ihrem beseeltem Leibe; gut ist die sanfte, heilsame Luft; gut ist die bekömmliche, wohlschmeckende Speise; gut ist rüstige Gesundheit sonder Schmerz und Ermattung; gut das Menschenantlitz, das wohlgeformte, heitere in seiner frischen, lebensprühenden Schönheit; gut ist das Gemüt eines Freundes in der Süßigkeit seiner Teilnahme, in der Verläßlichkeit seiner Liebe; gut ist der Mann rechtschaffenen Sinnes; gut ist Besitz, der mühelos gewährende; gut ist das Lied im Wohlklang seines Rhythmus, im Ernste seines tiefen Sinnes — was alles noch? Gut ist dies und gut ist das — aber dies und das nimm hinweg und sieh, soweit du kannst, auf das Eine, wahre Gut: dann siehst du Gott — gut nicht durch anderes Gut, sondern Gut alles Guten! Wenn wir zu Ihm streben, leben wir gut. Wenn wir Ihn erreichen, leben wir mehr als gut: glückselig!

Die Zusammenfassung alles Einzelnen ergibt die großartige Schönheit des Alls, in dem auch das Böse wohl eingeordnet ist; denn indem es den ihm gebührenden Platz einnimmt, hebt es das Gute erst recht hervor; daß es um so erhabener im Vergleich zum Bösen erscheine."

*

In der abendländischen wie in der morgenländischen Kirche ersteht bereits seit dem vierten Jahrhundert das Mönchtum und das Einsiedlertum, die die Zellen der Gottesschau, der Meditation bilden. Der Heilige Benedikt von Nursia verfaßte die erste abendländische Möndsregel 529, die „Regula sancti Benedicti", in der Armut, Besitzlosigkeit, Keuschheit, Gehorsam, Arbeit und regelmäßige geistliche Übungen vorgeschrieben werden. Der Tag wird in sieben Gebetszeiten „Horae canonicae" eingeteilt, dazwischen wird körperliche Arbeit, Forschung, Erziehung, Pflege der Kranken und Bedürftigen, Lesen und Seelsorge verrichtet. Die Klöster werden zu gewaltigen Zentren der Philosophie und Wissenschaft; aus ihnen gehen die ersten Universitäten hervor, sie errichten die ersten Hospitäler, Alters- und Waisenheime, Krankenhäuser, sie begeben sich in die aufopferungsvolle und tödliche Pflege von Aussätzigen. Jenseits der Klostermauern verfällt die abendländische Welt dem Luxus, den Anfechtungen des Besitzes und dem Genuß.

Im Jahre 1170 am Weihnachtsmorgen, fünf Tage vor seiner Ermordung durch die Barone des Königs Heinrichs II. von England, predigte Thomas a Becket, Erzbischof von Canterbury, das Wort von dem inneren Frieden: „Erinnert Euch daran, wie unser Herr vom Frieden gesprochen hat. Er sagte zu seinen Jüngern: »Der Friede sei mit Euch. Ich gebe Euch meinen Frieden«. Meinte er damit einen Frieden, wie wir ihn verstehen? Das Königreich England im Frieden mit seinen Nachbarn, den Frieden der Barone mit dem König, des Hausvaters Aufzählen seiner friedlichen Gewinne, den rein gefegten Herd, den besten Wein bei Tisch für seinen Freund und sein Eheweib, das den Kindern Lieder singt? Jene Männer aber, seine Jünger, wußten nichts von diesen Dingen; auf weite Wanderschaften gingen sie und haben gelitten zu Land und zu Meer und Folter, Mißgeschick und Gefängnis und zuletzt den Märtyrertod erlitten. Was wollte er denn damit sagen? Wenn Ihr so fragt, so denkt daran, daß er auch sprach: »Nicht, was die Welt gibt, bringe ich Euch«. Und so brachte er seinen Jüngern Frieden, aber keinen Frieden, wie die Welt ihn gibt."

Im zwölften Jahrhundert, in einer Zeit des Reichtums, der Sattheit und Überheblichkeit sowie deutlicher Abkehr vom Weg des Geistes, in die auch die Angehörigen der Kurie verstrickt waren, bricht durch das gewaltige Wirken des geistigsten Christen, des Heiligen Franz von Assisi, eine neue Welt der christlichen Askese, der Armut, des Liebesdienstes, der immerwährenden Freude und des Gebets auf. Als Sohn reicher und stolzer Tuchkaufleute wächst Giovanni Bernardone in einem gepflegten, luxuriösen, ästhetischen Milieu auf. Er wird im provençalischen Geist weltlich erzogen und nimmt teil an allen Vergnügungen und Genüssen seiner Zeit. Da kommt plötzlich, und nicht durch eigenen Verdienst oder Meditation, eine Erleuchtung über ihn, die ihn zur Umkehr zwingt. „Die Schar der Freunde zog singend durch die Stadt, Giovanni ihnen voran mit einem Stab in der Hand, dem Zeichen des Führers. Auf einmal blieb Franz, wie er sich zu nennen pflegte, ein wenig hinter den anderen zurück. Er sang nicht mehr, er war in tiefes Sinnen versunken. Denn plötzlich hatte ihn der Herr berührt. Und eine solche Süße erfüllte sein Herz, daß er weder reden noch sich bewegen konnte. Nur jene Süße fühlte er und konnte nichts anderes wahrnehmen. Und so sehr war er der Empfindung der Sinne entrückt — er erzählte es später selbst —, daß er sich nicht von der Stelle hätte bewegen können, auch wenn man ihn in Stücke geschnitten hätte. Wie nun die Gefährten rückwärts schauten und ihn gewahrten, kehrten sie um und sahen betroffen: er war wie in einen anderen Menschen verwandelt."

Gegen den Willen der Eltern und der Freunde verschenkte er all seine Habe, sogar seine Kleider, und verschrieb sich nackend der Armut und der Besitzlosigkeit. Der Bischof von Assisi schenkte ihm ein Gewand. Im Büßersack, mit hartem Büßergürtel umgürtet, obdachlos geht er von nun an und bis an seinen Tod durch die Straßen Italiens. „In den Straßen beginnt er, wie trunken im Geiste, bei den Häusergruppen den Herrn zu preisen, und nach Vollendung des Lobspruchs macht er sich an die Arbeit, um Steine für die Wiederherstellung des fast zerstörten Kirchleins von San Damiano zu erwerben. Viele lachten über ihn und dachten, er wäre närrisch geworden; andere aber brachen vor Rührung in Tränen aus, da sie sahen, wie schnell er aus Leichtsinn und weltlichem Treiben zu solcher Trunkenheit der göttlichen Liebe gelangt war."

Alles, was er und seine Jünger fortan tun, geschieht in ungebrochener Freude und Seligkeit: „Und wie Franz und Bruder Egidio ihres Weges nach der Mark Ancona dahinschritten, frohlockten sie laut im Herrn, und der Heilige sang helle und laute Lieder zum Preise des Höchsten. Es waren Lieder in provençalischer Mundart. Gar groß war die Freude in ihnen, da sie überzeugt waren, daß sie jenen Schatz im Acker des Evangeliums gefunden hätten, den Schatz der hehren Frau Armut. Und die Liebe zu ihr ließ sie alles Irdische freien und frohen Herzens mißachten, als wäre alles nur Kot."

Daß sein Benehmen für jene Zeit als äußerst absonderlich galt, geht daraus hervor, daß berichtet wird: „Denn die Liebe und Furcht Gottes waren damals fast allenthalben im Lande erloschen, der Weg der Buße von niemand gekannt und gar für Torheit gehalten. So sehr hatte die Lockung des Fleisches, die Begierde der Welt, die Hoffart des Lebens überhandgenommen, daß man den Eindruck haben konnte, die ganze Welt sei diesen drei bösen Mächten verfallen."

Die Macht aber, die von ihrer Armut und Freude, von ihrem Gesang und besonders von ihren Predigten ausging, war so gewaltig, daß Vornehme und Geringe auf der Straße und sogleich ihre Gewänder auszogen, ihr Gut verschenkten und dem Heiligen nachfolgten. Ihre Armut und Askese hatte überzeugende Kraft. Einer aus dem Volke der Lauschenden berichtet: „Entweder beruht es auf höchster Vollkommenheit, und sie hängen wirklich Gott an, oder sie sind gewiß verrückt. Ihr Leben ist offenbar zum Verzweifeln elend, sie essen überaus wenig, gehen barfuß einher und kleiden sich verächtlich."

Ihre Askese war eine vollkommene, doch immer zeigten sie sich heiter, auch wenn sie schwere Krankheit, Schmerz und körperliche Unbilden auf sich nehmen mußten. „1216 besuchte der Cardinal von Ostia die allgemeine Ordensversammlug bei Sancta Maria di Portiuncula. Als der Cardinal hernach sah, wie die Brüder auf ebener Erde schliefen, auf einem Lager, fast wie Tiere, mit wenig Stroh, da rührte es ihn zu Tränen, und in Gegenwart des ganzes Gefolges sprach er: »Seht, da liegen die Brüder! Wie übel wird es uns anderen ergehen, die wir so viel Überflüssiges im täglichen Leben haben!«"

In seiner vom Papst Honorius III. 1223 bestätigten Ordensregel für die „Minderen Brüder" (fratres minores) verfügte der Heilige

Franz, „daß die Brüder nichts besitzen dürfen als ein Gewand mit Gürtel und Beinkleid und, wenn die Not dazu zwingt, dürfen sie Schuhe tragen".

Zu den Brüdern sprach er über die Armut: „Wisset, Brüder, die Armut ist in besonderer Weise der Weg des Heils: sie ist die Nahrung der Demut und die Wurzel der Vollkommenheit. Gar mannigfach, wenn auch verborgen, sind ihre Segnungen. Sie ist der im Acker verborgene Schatz, von dem das Evangelium sagt, daß man um seinetwillen alles verkaufen solle. Wer zu ihrer Höhe gelangen will, muß nicht nur der weltlichen Klugheit, sondern in gewissem Sinne auch der Wissenschaft den Abschied geben, um, auch solchen Besitzes ledig, die Kraft Gottes zu erfahren und sich nakkend in die Arme Christi zu legen. Durchaus keine wahre Befreiung vom Weltgeist ist es, wenn jemand die Besitztümer seines eigenen Denkens im Schreine seines Herzens verwahren und sich vorbehalten möchte."

Von der Demut in diesem Orden wird berichtet: „Es herrschte bei den Brüdern die Sitte, und jeder hielt sich daran, wenn einer dem anderen ein unrechtes oder aufgeregtes Wort gesagt hatte, sich sogleich vor dem beleidigten Bruder auf die Erde niederzuwerfen, dessen Fuß zu küssen und ihn demütig um Verzeihung zu bitten."

Ein ganz ähnliches Gespräch wie zwischen Buddha und Purna gibt es zwischen dem Heiligen Franziskus und Bruder Leo: „Sie wanderten zur Winterszeit von Perugia gen Santa Maria degli Angeli. Es herrschte eine solche Kälte, daß sie beide bitterlich froren. Da rief der Heilige Franz Bruder Leo, der ihm etwas vorausging, und sagte also: »Bruder Leo, wenngleich die Minderbrüder ein schönes Beispiel des guten und heiligen Lebens geben und viele Menschen erbauen — dennoch, schreibe es auf und merke es wohl: darin liegt nicht die vollkommene Freude!«

Als er ein wenig weitergegangen war, rief er ihn von neuem an und sprach: »Bruder Leo, und wenn ein Minderbruder Blinden das Augenlicht wiedergäbe, Krüppeln die freie Bewegung schenkte, böse Geister austriebe, Taube hören und Lahme gehen machte und Stummen die Sprache wiedergäbe, ja, wenn er einen Toten nach vier Tagen zu neuem Leben erweckte — schreibe: auch darin liegt nicht die vollkommene Freude!«

Und wie sie weiterschritten, rief er noch einmal: »Bruder Leo, Lämmlein Gottes, wenn ein Minderbruder die Sprachen aller Völker wüßte und alle Wissenschaften und Bücher beherrschte und könnte Weissagen und die Zukunft offenbaren und selbst ins heimlichste Gewissen der anderen sehen — schreibe: auch darin liegt nicht die vollkommene Freude!«

Und wie sie weiterschritten, rief er nochmals: »Bruder Leo, Lämmlein Gottes, könnte ein Minderbruder sogar mit Engelszungen reden und wüßte der Sterne Lauf und der Kräuter Heilkraft und könnte die Schätze der Erde aufzeigen und durchschaute die Fähigkeiten und Eigenschaften der Vögel, Fische, Tiere, Menschen, Wurzeln, Bäume, Steine und Wasser — schreibe es wohl und merke es gut: auch darin liegt nicht die vollkommene Freude!« ...

So sprach er wohl über gut zwei Meilen. Endlich ergriff Bruder Leo, der über all das höchlichst verwundert war, das Wort und sprach: »Vater, ich bitte Dich in Gottes Namen, so sag mir, worin die vollkommene Freude liegt?«

Der Heilige erwiderte ihm: »Wenn wir ganz durchnäßt vom Regen und von Kälte durchschauert, vom Straßenkot schmutzig und von Hunger gepeinigt nach Santa Maria degli Angeli kommen, und wenn wir dann an der Pforte läuten und der Pförtner käme und spräche: ‚Wer seid Ihr', und wenn er auf unser Wort: ‚Wir sind zwei Deiner Brüder', uns anführe und spräche: ‚Was, zwei Landstreicher seid Ihr und streift in der Welt umher und nehmt den Armen ihre Almosen weg!' — und er würde uns nicht aufmachen, sondern ließe uns stehen in Schnee, Wasser, Frost und Hunger bis in die Nacht hinein, — wir aber würden all die Unbilden und Beleidigungen ruhig und ohne Murren geduldig tragen und würden in Demut und Liebe denken, der Pförtner kenne uns wirklich gut und Gott werde ihm solche Worte auf die Zunge gelegt haben: da, lieber Bruder Leo schreibe, liegt die vollkommene Freude!

Und gesetzt, wir würden doch wieder anklopfen, und nun käme der Pförtner in helle Aufregung gegen die Plagegeister und würde uns ohrfeigen mit groben Schlägen und sagen: ‚Macht, daß Ihr fortkommt, Lumpenpack, geht zur Herberge! Wer seid Ihr denn? Hier gibt es kein Essen für Euch!' Oder er käme mit dem Knüppel und packte uns an der Kapuze und schlüge uns, daß wir nur so im Dreck und Schnee herumtaumelten, und versetzte uns Streich über Streich — dann, wenn wir alle die Unbill und Kränkung und Schläge mit Freude trügen im Gedanken, daß wir die Pein Christi, des Hochgebenedeiten, mit aller Geduld ertragen und auf uns nehmen sollen: o Bruder Leo, dann!

Denn über alle Gnadengaben des Heiligen Geistes, die Christus seinen Freunden gewährte oder gewährt, ist diese: sich selbst besiegen!«"

*

Wenn die Yogalehre nur kurze Gebete als Mantrams empfiehlt und die Heiligen Kallistus und Ignatius für die Meditation des Herzensgebets die kurzen Worte des „Kyrie eleison, Christe eleison" wählten, so waren die inbrünstigen Gebete des Heiligen Franz ebenfalls nur Stoßseufzer. „Der Heilige Franz stand in der Stille der Nacht von seinem Lager auf und, Augen und Hände zum Himmel erhebend, fing er in ganzer Hingabe und frommer Glut des Eifers zu beten an mit den Worten: »Mein Gott und mein Alles!« Unter vielen Tränen sprach er immer wieder die nämlichen Worte, und solange verweilte er darüber in Andacht, daß er bis zum Morgengrauen nur immer das gleiche wiederholte: »Mein Gott und mein Alles!«"

Und der Bruder Masséo erfreute sich der erbetenen Gnade der Demut und des göttlichen Lichtes in einem Maße, daß er beständig in einem Jubilieren war. Oft, wenn er betete, konnte er nicht mehr an sich halten, und mit gedämpftem Tone kam es hervor, wie das Gurren eines Täuberichs: „Uh, uh, uh!" Man sah ihn nur heiteren Angesichts, und als stiller beschaulicher Mann von vollendeter Demut hielt er sich für geringer als alle Menschen auf Erden. Als einst der selige Bruder Jakob von Fallerone ihn fragte, warum er immer denselben Ton von sich gebe, sagte er überglücklich: „Wenn man etwas hat, worin man alles Gute findet, so hat man kein Bedürfnis zu wechseln."

Die Entstehung der schönsten und erhabensten Hymne des Abendlandes wird folgendermaßen geschildert: „Wie der Heilige Franz sich so gepeinigt und gequält sah, seufzte er eines Nachts voll Mitleid mit sich selbst: »Herr, hab acht auf meine Hilfe in meinen Leiden, damit ich es geduldig ertragen kann!« Da ward ihm geistiger Trost zuteil, und er sprach zu sich selbst: »Also muß ich jubeln in meinen Gebrechen und Trübsalen und will im Herrn mich aufraffen und allezeit Dank sagen Gott dem Vater und seinem eingeborenen Sohn, unserem Herrn Jesu Christo, und dem Heiligen Geist für die große Gnade, die mir der Herr erwiesen hat, da er mich, seinen unwürdigen Knecht, seines Himmelreichs gewiß gemacht hat, während ich noch im Fleische lebe.« ... Und während er dasaß, dachte er eine Weile nach und begann: »Altissimo, omnipotente bon Signore ...«"

Herr Gott, ich preise Dich im Stillen um Deiner Werke Pracht.
Insonderlich der goldnen Sonne willen, die Du gemacht!
Denn schön ist meine königliche Schwester, gibt Morgenrot und Mittagshelligkeit,
Den Abendhimmel als der Künstler bester malt sie mit glühenden Farben allezeit.
Des Lenzes Blüten und des Sommers Ähren, des Herbstes Trauben dank ich ihr.
Kein anderes Geschöpf zu Deinen Ehren spricht lauter mir.

Herr Gott, ich preise Dich im Stillen um Deiner Werke Pracht,
Des Bruder Mondes und der Sterne willen, die Du gemacht!
Denn sie verklären meiner Nächte Dunkel und Frieden trinkt das Herz,
Blick ich empor, löst freundlich ihr Gefunkel mir jeden Schmerz.
Ich schau das Bild der Ewigkeiten im Sternenschein,
Und nimmer kann im Wandel ich der Zeiten ganz ungetröstet sein.

Herr Gott, ich preise Dich im Stillen um Deiner Werke Pracht,
Und um der Luft, der holden Schwester willen, die Du gemacht!
Sie blickt mit sanften Augen nieder, umkost mich lind
Und tränkt mit Lebensodem meine Glieder im Sommerwind.
Sie trägt die Wolken über alle Länder mit mütterlichem Sinn
Und läßt sie Regen träufeln, Segenspender zur Erde hin.

Herr Gott, ich preise Dich im Stillen um Deiner Werke Pracht,
Und um des Feuers, meines Bruders willen, das Du gemacht!
Denn schön und stark weiß er die Kraft der Erze zu bändigen in seiner roten Glut,
Demütig milde leuchtet mir die Kerze in treuer Hut,
Erwärmt er meine winterliche Zelle, bereitet mir das Mahl,
Verscheucht die Dunkelheit mit froher Helle aus Kammer, Gang und Saal.

Herr Gott, ich preise Dich im Stillen um Deiner Werke Pracht,
Auch um des Wassers, meiner Schwester willen, die Du gemacht!
Denn sie ist keusch und aufrichtig von Herzen und alles Schöne nimmt sie freudig auf,
Verklärt's durch rhythmisch-heitres Spiel und Scherzen im Wellenlauf.
Den Wanderer labt sie in der Sonne Gluten und Zunge Trockenheit
Und kühlt die Glieder wohlig in den Fluten ihm hilfsbereit.

Herr Gott, ich preise Dich im Stillen um Deiner Werke Pracht,

Heiliger Dominikus
Fra Angelico (1387–1455)

Vor allem um der Mutter Erde willen, die Du gemacht!
Der schöngegürtet, ewig wunderbaren, die Gras und Kräuter, Busch und Baum,
Die Tiere schuf, vom kleinsten unsichtbaren, bis zu den Riesen tief im Meeresraum,
Sie hat auch meinen schwachen Leib gestaltet, der wehrlos scheint, und dennoch seine Hand
Zum Werkzeug aller Werkzeuge entfaltet, und mit der Zunge leicht das Wort gesandt
In eines andern Brust, daß ein Gedanke mit mir ihn eint, ein Ton aus beiden klingt
Und so zuletzt ein Werk zum Danke aus zweier Menschen Doppelkraft entspringt.

Herr Gott, ich preise Dich im Stillen um Deiner Werke Pracht,
Um aller Heiligen und Weisen willen, die rühmen Deine Macht!
Der Brüder mild mit sanften Händen, die jene, die sie haßten nur geliebt,
Und jenen, die da fluchten, Segen spenden, im Leid geübt.
Die dankbar Dich mit hohem Sinn verehrten und unverwandt,
Lag schwer mitunter auch auf den Bekehrten, Herr, Deine Hand.
(Übersetzt von Max Lahrs)

Keine Meditation kann ohne das Schweigen vollzogen werden. So lehrte der Heilige Franz seine Jünger das Schweigen: „Im Namen des Herrn, gehet je zu zweien Eures Weges, in Demut und edler Zucht, vor allem in strengem Stillschweigen von Morgen bis zur Terz, indem Ihr von Herzen betet. Müßige und unnütze Worte soll es bei Euch nicht geben; denn, seid Ihr auch unterwegs, so soll Euer Wandel so demütig und zuchtvoll sein, als wäret Ihr in der Einsiedelei oder in der Zelle. Wo wir auch gehen und wandeln, haben wir immer unsere Zelle bei uns: Bruder Leib ist unsere Zelle, und die Seele ist der Eremit, der in der Zelle wohnt, um betrachtend und betend Zwiesprache mit Gott zu halten. Wenn also die Seele in ihrer Zelle nicht der Stille pflegt, so nützt die äußere, von Hand errichtete Zelle nichts."

Eine wunderbare Geschichte wird von der Begegnung des französischen Königs, Ludwig des Heiligen, mit dem Bruder Egidio erzählt. Auf der Fahrt durch Perugia gelegentlich eines Kreuzzugs wollte der König, ohne sich zu erkennen zu geben, den Bruder Egidio, von dessen Heiligkeit er viel gehört hatte, aufsuchen. „Der

Pförtner ging hin und sagte Bruder Egidio, es sei ein Fremdling an der Pforte, der nach ihm frage. Aber der erkannte sogleich durch Erleuchtung des Heiligen Geistes, wer es sei. Und wie trunken vor Freude trat er aus seiner Zelle und lief eiligst zur Pforte. Da fielen sich beide in die Arme, und nach Begrüßung mit heiligem Kusse, als wären sie schon seit langem Freunde, warfen sie sich gegenseitig voreinander nieder und gaben sich Zeichen herzlicher Liebe — aber keiner von ihnen sprach ein Wort, sondern sie verharrten auf solche Weise in tiefem Schweigen, um sich dann wieder voneinander zu verabschieden.

Als die Brüder hernach erfuhren, wer der Besucher war, überschütteten sie Bruder Egidio mit Vorwürfen, daß er so blöde gewesen sei, dem großen Könige kein Wort zu sagen. Bruder Egidio antwortete: »Wundert Euch nicht, daß weder ich ihm, noch er mir ein Wörtlein sagen konnte! Denn kaum daß wir uns umarmten, erschloß mir das Licht des göttlichen Schauens sein Herz und ihm das meine. Und im Spiegel des Ewigen schauten wir alles!«"

Von der Einsamkeit heißt es: „Er hatte die Erfahrung gemacht, daß der Heilige Geist sich dem betenden Menschen um so intimer mitteilt, je mehr er sich innerlich von den Geräuschen der Weltdinge fernhält. Deshalb suchte er gerne einsame Orte auf und ging zur Nachtzeit in die Einsamkeit oder in verlassene Kirchen, um da zu beten."

Immer wieder mahnt der Heilige Franz zur Freude und es wird berichtet, daß er trotz Entbehrungen und schwerster Schmerzen und Leiden seine Fröhlichkeit niemals verlor: „Der Teufel kann einem Knecht Christi gegenüber nichts ausrichten, wenn in diesem die heilige Fröhlichkeit des Geistes herrscht. Wenn ein Knecht Gottes, wie es vorkommen kann, in seinem Gemüte über etwas verwirrt würde, so muß er sogleich sich ins Gebet begeben. Und so lange sollte er vor dem Antlitz des erhabenen Vaters verweilen, bis er wieder die vorige Freude hat, von der so viel für das Heil abhängt." Darum war dem Heiligen stets daran gelegen, ein heiteres Herz zu haben und jene Salbung des Geistes zu bewahren, die vom Öl der Freude gespendet wird.

Fast von allen Brüdern des Heiligen Franz wird berichtet, daß sie der Gnade der „Unio mystica" teilhaftig wurden, jeder in anderer Weise: „Einer von ihnen, Bruder Egidio, ward bis zum dritten Himmel entrückt. Bruder Filippo Longo wurde vom Engel mit einer glühenden Kohle an den Lippen berührt, gleich Isaias.

Einer redete mit Gott wie ein Freund mit dem Freund, das war Bruder Silvestro, der jungfräulich Reine. Wieder einer schwebte gleich dem Adler zum Lichtreich der göttlichen Weisheit: Bruder Bernardo, der in seiner großen Demut die tiefsten Stellen der Schrift zu deuten wußte. Ein anderer ward vom Herrn geheiligt und, wie von Mutterleib an gesegnet, im Himmel kanonisiert, noch während er auf der Erde weilte, das war Bruder Rufino. Und so strahlte ein jeder in seinem besonderen Gnadenvorzug."

Bruder Giovanni erlebte im Zustande der Meditation die Erscheinung Christi: „Wunderbare Strahlen des Lichts sah Bruder Giovanni hervorbrechen aus dem Heiligen Herzen Christi; licht ward der ganze Wald um ihn, und licht sein Leib wie die Seele innen von der göttlichen Herrlichkeit ... Der Wohlgeruch, den Giovanni spürte, blieb durch viele Tage in seiner Seele haften."

Bis zu den heutigen Tagen ist Franziskus der liebenswürdigste, demütigste und liebendste Heilige geblieben. Milder Glanz strahlt von ihm bis zu uns aus. Immer wird er uns im höchsten Maße das Vorbild eines christlichen Menschen bleiben. Was ihn uns besonders aktuell macht, ist, daß er in eine Zeit der Blüte der Verweltlichung, der Sattheit, der Genuß- und Besitzessucht geboren wurde und daß er mit seiner und seiner Brüder Sein und Wirken offenbart hat, daß Glück, Freude, Heiterkeit nicht im Besitz und Genuß, sondern im geistigen Bereich zu suchen sind.

*

Am 30. September 1224 schloß der größte Heilige der christlichen Kirche, Franz von Assisi, die leiblichen Augen, die schon im physischen Gewande Gott gesehen hatten. Sechsunddreißig Jahre hernach wurde in Hochheim bei Gotha der deutsche Mystiker, Meister Eckehart, geboren, Wenn Franziskus ein hingebender, übersprudelnder, sich verströmender Heiliger nach dem Rang des Bhakti Yogi war, so war Meister Eckehart ein König im Reich des Gedankens, ein nach innen gekehrter Mystiker, der in beredter Predigt, in lehrendem Wort und in der Schrift seine höchst persönlichen Erfahrungen von Gebet und Meditation verkündete. In seiner von der Scholastik geprägten Form des Denkens und Wahrnehmens ist er fast als ein Vorläufer der Reformation anzusehen. Tatsächlich haben seine Aussagen die Väter der Reformation, vor allem Luther, stark beeindruckt und beeinflußt. Armut, Gehorsam, Demut, Gebet und Meditation, Schweigen, Einsamkeit und schließlich die „Geburt Gottes in der Menschenseele", wie er die „Unio mystica" nennt, sind der Kernpunkt seiner Lehre.

Von der Askese sagt er: „Wer von der Welt am wenigsten besitzt, der besitzt von ihr am meisten", und: „Niemandem gehört die Welt so zu eigen, als wer die ganze Welt aufgegeben hat."

Von der Askese der Einsamkeit und Verinnerlichung spricht er als von der „Abgeschiedenheit": „Bringt die Liebe mich dahin, um Gottes Willen alles zu erdulden, so bringt die Abgeschiedenheit mich dahin, nur noch für Gott empfänglich zu sein. Dies aber ist das Höhere. Denn im Leiden hat der Mensch immer noch ein Absehen auf die Kreatur, durch die er leidet; hingegen steht die Abgeschiedenheit aller Kreaturen ledig.

Daß aber Abgeschiedenheit nur noch für Gott empfänglich sei, beweise ich damit: Was aufgenommen werden soll, das muß irgendwo hinein aufgenommen werden. Nun steht Abgeschiedenheit dem bloßen Nichts so nahe, daß es nichts gibt, was fein genug wäre, um in ihr Raum zu finden, außer Gott; der ist so einfach und so fein, daß er in den abgeschiedenen Herzen wohl Raum findet.

Auch Demut preisen die Meister vor vielen anderen Tugenden. Ich aber stelle die Abgeschiedenheit über alle Demut. Und zwar deshalb: Demut kann bestehen ohne Abgeschiedenheit, aber vollkommene Abgeschiedenheit nicht ohne vollkommene Demut. Denn diese geht hinaus auf Vernichtung unseres selbst. Nun streift die Abgeschiedenheit so nahe an das Nichts, daß es zwischen vollkommener Abgeschiedenheit und dem Nichts keinen Unterschied gibt. Daher kann es vollkommene Abgeschiedenheit gar nicht geben ohne Demut."

In der Einsamkeit und Verinnerlichung muß der Meditierende sich leer machen können: „Laß es Dir gesagt sein: leer sein alles Erschaffenen, heißt Gottes voll sein; und erfüllt sein von dem Erschaffenen, heißt Gottes leer sein.

Wahre Abgeschiedenheit bedeutet, daß der Geist so unbeweglich steht in allem, was ihm widerfährt, es sei Liebes oder Leides, Ehre oder Schande, wie ein breiter Berg unbeweglich steht in einem kleinen Winde. Diese unbewegliche Abgeschiedenheit macht am meisten den Menschen gottähnlich. Denn, daß Gott Gott ist, das beruht auf Seiner unbeweglichen Abgeschiedenheit: aus der fließt Seine Lauterkeit, Seine Einfachheit und Seine Unwandelbarkeit."

„In einem Herzen, wo noch dieses und jenes Raum hat, da findet sich auch leicht etwas, das Gott am vollen Wirken hindert.

Soll das Herz vollkommene Bereitschaft haben, so muß es beruhen auf einem reichen Nichts — in diesem liegt zugleich das höchste Vermögen, das es geben kann."

„Wenn ich auf einer weißen Tafel schreibe, so mag etwas noch so Schönes darauf geschrieben stehen, es beirrt mich doch; will ich gut schreiben, so muß ich tilgen, was schon darauf steht, und nie eignet sie sich so gut dazu, als wenn gar nichts auf ihr steht. Ebenso, soll Gott in mein Herz schreiben in vollendeter Weise, so muß alles, was dieses und jenes heißt, aus dem Herzen fort. Wie es ja bei dem abgeschiedenen Herzen der Fall ist."

Von der Freude sagt er: „Je mehr der Mensch darauf aus ist, für das Einfließen Gottes empfänglich zu werden, desto seliger ist er: wer es darin zur höchsten Bereitschaft bringt, der steht auch in der höchsten Seligkeit."

Und von der Liebe: „Mit der Liebe überwindest Du ihn am vollkommensten, mit der Liebe belädst Du ihn am schwersten. Darum lauert Gott uns mit nichts anderem so sehr auf wie mit der Liebe. Denn mit der Liebe ist es recht wie mit der Angel des Fisches. Der Fischer kann sich des Fisches nur bemächtigen, wenn er ihn an der Angel hat: hat er zugeschnappt, dann ist er dem Fischer verfallen; wie er sich auch dreht und zappelt, der Fischer hält ihn ganz sicher. Ebenso sagte ich von der Liebe: wer von ihr gefangen wird, der trägt das allerstärkste Band — und doch eine süße Bürde. Er vermag auch freudig alles zu ertragen und zu erdulden, was an ihn kommt und Gott über ihn verhängt. Wer diesen Weg gefunden hat, der suche keinen anderen! Wer an dieser Angel haftet, der ist so ganz gefangen: Fuß und Hand, Mund und Augen und das Herz und alles, was am Menschen ist, das muß alles Gottes eigen sein."

Aus dieser Liebe entspringt eine Entpersönlichung, eine labende Vereinfachung; die Basis des Individuums wird groß und allgemein, er findet sich, wie im „Tat twam asi" in allen Kreaturen, im Weltall wieder: „Wer in der reinen Natur, von allem Trennenden frei, dastehen soll, der muß sich aller Personen entschlagen haben, so, daß er dem Menschen, der jenseits des Meeres ist und den er nie mit Augen gesehen hat, alles Gute genau so gönne wie dem, der bei ihm und sein vertrauter Freund ist. Solange du vollends deiner eigenen Person mehr Gutes gönnst als jenem Menschen, den du nie gesehen, so bist du ganz verkehrt, und nie hast du noch auch nicht den kleinsten Augenblick in diesen einfältigen Grund hineingelugt. Du hast vielleicht in einem blassen Gedankengebilde die Wahrheit geschaut wie in einem Gleichnis, aber das Beste hast du nie besessen ... In allen Kreaturen ist Gott uns gleich nahe. Der weise Mann sagt: Gott hat seine Netze und Stricke auf alle Kreaturen ausgebreitet, so daß man Ihn in einer jeden finden kann — wenn man es nur wahrhaben will!"

Ehe der Meditierende der Begnadung der „Unio mystica" oder der „Gottesgeburt in der Seele" teilhaftig wird, muß er es lernen, seine Sinne, wie die Schildkröte ihren Kopf und Füße, einzuziehen und selbst ganz „innen" zu werden: „Je mehr du imstande bist, alle Kräfte einzuziehen und aller Dinge und ihrer Bilder, die du je in dich aufgenommen, zu vergessen, je mehr du also der Kreatur vergessest, um so näher bist du Dem, und um so empfänglicher. Möchtest du doch aller Dinge auf einmal unwissend werden, ja, möchtest du geraten in ein Unwissen deines eigenen Wesens! Gott wirkt ohne Mittel und ohne Bild. Je freier du von Bildern bist, um so empfänglicher bist du für Sein Einwirken, und je mehr nach innen gekehrt und vergessener, um so näher bist du Ihm ... Deshalb ruft ein Meister der Seele zu: zieh dich heraus aus der Unruhe äußerer Betriebsamkeit! und weiter: flieh und verbirg dich vor dem Getümmel der Betätigung draußen sowie der Gedanken im Inneren, da sie nur Unfrieden schaffen!"

Pratyahara ist: „Wenn der Mensch ein inneres Werk vollbringen soll, so muß er alle seine Kräfte einziehen, gleichsam in einen Winkel seiner Seele, und sich vor allen Bildern und Gestalten verbergen, und da mag er dann wirken. In ein Vergessen, ein Nichtwissen muß er hier kommen! Stille und Schweigen muß sein, wo dieses Wort vernommen werden soll: man kann zu ihm nicht besser kommen als mit Stillesein und Schweigen; da mag man es hören, da versteht man es recht: in dem Unwissen! Da man nichts mehr weiß, da weiset und offenbart es sich!"

Die letzte Reinigung und Vorbereitung aber ist: „Wer nun das schauende Leben besitzen soll, der muß im Heiligen Geiste von heißester Liebe entbrannt sein. — Man muß ferner ein unbekümmert Herz haben. — Und wenn man sich dazu bereitet, da muß man haben eine ungehinderte einsame Stätte. — Der Leib ferner soll gerastet sein von leiblichem Werk, nicht nur die Hände, sondern auch die Zunge und alle fünf Sinne: im Schweigen mag der Mensch am ehesten seine Lauterkeit wahren."

All diese Stufen führen zum letzten Ziel, dem „Ergreifen Gottes": „Mitten in den Dingen muß der Mensch Gott ergreifen und sein Herz gewöhnen, ihn allzeit als einen gegenwärtigen zu besitzen im Gemüt, in der Gesinnung und im Willen.

Dieser Mensch sucht nicht die Ruhe: denn ihn stört keine Unruhe. Dieser Mensch steht gut bei Gott angeschrieben, weil er alle Dinge göttlich nimmt, besser als sie an sich sind.

Solches kann der Mensch nicht lernen durch Weltflucht: indem er vor den Dingen flieht und sich in die Einsamkeit kehrt von der Außenwelt fort. Sondern er muß eine innerliche Einsamkeit lernen, wo und bei wem es auch sei: er muß lernen durch die Dinge hindurchzubrechen, muß seinen Gott darinnen ergreifen und fähig werden, ihn sich in seinem Inneren wirksam vorzubilden, als der nun eine Bestimmtheit unseres eigenen Wesens geworden."

*

Schöpfte der Heilige Franziskus seine Kraft aus dem unerschöpflich strömenden Born der brüderlichen und kreatürlichen Liebe, Meister Eckehart aus der einsamen geistigen Askese, so erstand in dem Heiligen Ignatius von Loyola ein vollendeter Meister, ein konsequenter Systematiker der emotional-visuellen Meditation. Die „Schule der Meditation" der anderen Heiligen war kein bewußtes Lehrsystem; es war die uralte, bereits lange vor dem Christentum gepflegte, traditionelle Form der Wegbereitung zur Selbstvervollkommnung und zur Gottesgeburt in der Seele vermittels der Askese, der Stille, der Einsamkeit, der Selbstentleerung und Einziehung der Sinne, der Konzentration, des Gebets und der schauenden Versenkung.

Ignatius von Loyola (1491—1566) war es vorbehalten, innerhalb des katholischen Christentums auf dem Wege seiner „geistlichen Übungen" eine bis ins letzte durchgearbeitete Schule der Meditation, eine Konzentration von geistigen Kräften und Leistungen der Person zu erzielen, wie sie in entsprechender Qualität nur von den Yogaschulen Indiens und den Meistern des Zen in Japan geformt werden. Seine geistlichen Übungen, die streng unter der Aufsicht und Führung von Meditations-Meistern durchgeführt werden, schaffen eine Elite des Geistes, wie sie in der Geschichte des Abendlandes beispiellos dasteht.

Zunächst ist Inigo de Loyola ein weltlicher Edelmann und Offizier, mutig, gespannt, ehrgeizig, lebhaften Geistes. Mit dreißig Jahren erleidet er eine schwere Verwundung, die ihn für viele Monate an das Krankenlager heftet. Er möchte in der Langeweile weltliche

Romane lesen, doch fallen ihm die Heiligenlegende und das „Leben Christi“ in die Hand. Statt der Liebesabenteuer erlebt er die Abenteuer des Geistes, der himmlischen Liebe der Askese, der Selbstaufopferung und die ganze menschliche Größe der Heiligen. Der weltliche Edelmann und Offizier entscheidet sich, ein Kämpfer Gottes zu werden. 1522 entsagt er in dem erhabenen Kloster Montserrat in den Pyrenäen dem weltlichen Leben. Dort liest er das 1500 von Abt Garcia de Cisneros verfaßte Buch „Ejercitatorio de la vida espiritual“ (Übungen für das geistige Leben), das ihn stark beeindruckt. In Manresa schreibt er seine „geistlichen Exerzitien“ nieder. Ganz unähnlich den bisher bekannten Meditationsübungen sind seine Exerzitien streng methodisch aufgebaut, wie ein Lehrplan, der nur Abweichungen im Individuellen und im Zeitmaß zuläßt. Sie unterscheiden sich auch von der Mystik der östlichen und westlichen Heiligen und Mystiker durch ihre Straffheit und die gezielte Erziehung zur willentlichen Erzeugung von gedachten, gefühlten, emotional und optisch erzeugten Erlebnissen. Im Gegensatz zu den bisherigen christlichen und indischen Meditationen und Erlebnissen, die auf das Statische, das Passive, das Hinzielen zur und Verweilen in der Tiefenperson gerichtet sind, gehen die geistlichen Übungen des Heiligen Ignatius, wie dies seit der Renaissance für den abendländischen Menschen typisch ist, auf die exzessive Aktivierung der Funktionen des Willens, der Vorstellungskraft und des Intellekts aus. Der nach dieser Methode Meditierende gleitet nicht in das geheimnisvolle Licht Gottes hinein, er ergreift Gott aktiv und hält ihn fest. Mehr noch, durch die Konsequenz und die stete Wiederholung der Übungen kann er den Zustand der Ekstase willentlich erzeugen. Die geistlichen Übungen sind streng nach dem katholischen Dogma ausgerichtet und gebunden an die drei Phasen des Lebens Christi. Sie sind in vier gleiche Teile aufgegliedert: erstens in die Betrachtung über die eigenen Sünden; zweitens in die Betrachtung über das Leben unseres Herrn Jesu Christi bis zum Palmsonntag; drittens über das Leiden und den Tod Jesu Christi, und viertens über die Auferstehung und Himmelfahrt Jesu Christi.

Die drei Betrachtungen über das Leben, Leiden und Auferstehen unseres Herrn entsprechen den drei Gebetsmeditationen des Rosenkranzes, des Freudenreichen, des Schmerzensreichen und des Glorreichen. Sie sind also schon aus alter Zeit vorgebildet gewesen.

Ignatius von Loyola stand an der Scheidestelle zweier Zeiten, Lebensformen und Weltanschauungen. Mit seinem Temperament und seiner Phantasie wurzelte er noch tief in der inbrünstigen Mystik des Mittelalters, mit der Ratio stand er bereits unter den ersten Vorkämpfern des beginnenden Rationalismus und Intellektualismus. Kennzeichnend für ihn aber ist, daß er eines der schönsten und wärmsten Gebete des Mittelalters, das „Anima Christi“, innig liebte und immer wieder betete. Mit seiner Gottnähe, die in Anschauung und Gefühl nicht nur die Person Christi, sondern seine Gestalt, seine Wundmale, sein Blut, sein Leiden in den Erlebensbereich mit hineinbezieht, flüchtet sich der Gläubige in psychophysischer Substanz in den leiblichen und geistigen Leib Christi. Er wird gleichsam von Christus ganz umhüllt; hier tritt das Bild des himmlischen Bräutigams, des Geliebten, wie die Mystiker den Herrn nannten, noch deutlich in Erscheinung. Hier ist noch, wie in der Ostkirche, die ganze Nähe, die Wärme und Unmittelbarkeit des religiösen Erlebnisses spürbar, das in der späteren Zeit spiritualisiert, abstrahiert und entbildet wird. Auch dem heutigen, entbildeten, bild- und emotionsarmen Menschen kommt aus diesem Gebet ein Hauch der Vertrautheit und Innerlichkeit entgegen:

Anima Christi, sanctifica me.	Seele Christi, heilige mich.
Corpus Christi, salva me.	Leib Christi, erlöse mich.
Sanguis Christi, inebria me.	Blut Christi, tränke mich.
Aqua lateris Christi, lava me.	Wasser der Seite Christi, wasche mich.
Passio Christi, conforta me.	Leiden Christi, stärke mich.
O bone Jesu, exaudi me.	O guter Jesus, erhöre mich.
Intra tua vulnera absconde me.	Verbirg in deine Wunden mich.
Ne permittas me separari a te.	Von dir laß nimmer scheiden mich.
Ab hoste maligno defende me.	Von dem bösen Feind beschütze mich.
In hora mortis meae voca me.	In meiner Todesstunde rufe mich.
Et jube me venire ad te.	Und laß zu dir dann kommen mich.
Ut cum sanctis tuis laudem te.	Damit mit deinen Heiligen dich
In saecula saeculorum. Amen.	Ich loben möge ewiglich. Amen.

Zur Veranschaulichung der geistlichen Übungen seien einige Kapitel zitiert: „Unter dem Namen der geistlichen Übungen versteht man jede Art der Gewissenserforschung, der Betrachtung, der Beschauung, des mündlichen sowohl als inneren Gebets und anderer geistlichen Tätigkeiten. Denn gleichwie Wandeln, Gehen, Laufen körperliche Übungen sind, so werden auch jegliche Bemühungen, durch welche die Seele vorbereitet und willig gemacht wird, alle ungeordneten Gemütsbewegungen von sich zu entfernen und, nachdem sie dieselben entfernt, den Willen Gottes hinsichtlich der Anordnung ihres Lebens, zur Erwirkung ihres ewigen Heils zu suchen und zu finden, »geistliche Übungen« genannt.

Da wir in allen nachfolgenden geistlichen Übungen sowohl den Verstand in Tätigkeit setzen, wenn wir nachdenken, als den Willen, wenn wir uns den Gemütsbewegungen hingeben, so ist wohl zu beachten, daß bei den Tätigkeiten des Willens, wenn wir mündlich oder bloß geistig mit unserem Herrn oder mit seinen Heiligen in Unterredung treten, von unserer Seite eine größere Ehrfurcht gefordert wird, als wenn wir beim Denken und Verstehen von der Tätigkeit unseres Verstandes Gebrauch machen. Denn nicht das Übermaß an Wissen sättigt und befriedigt die Seele, sondern das innere Fühlen und Kosten der Wahrheiten.

Wenn auch für die nachstehenden Übungen vier Wochen angenommen werden, welche den vier Teilen, in welche die geistlichen Übungen eingeteilt sind, entsprechen, so darf dies doch nicht so verstanden werden, als ob jede Woche notwendig sieben oder acht Tage enthalten müßte. Denn, da es geschehen kann, daß in der ersten Woche einige langsamer als andere in der Erlangung dessen sind, was sie suchen — nämlich in der Erlangung der Reue, des Schmerzes, der Tränen über ihre Sünden —, da auch einige sich fleißiger als andere zeigen, da ferner einige mehr als andere von verschiedenen Geistern bewegt oder versucht werden, so ist es notwendig, daß die erste Woche bisweilen abgekürzt, bisweilen dagegen verlängert werde. Dasselbe soll auch bei allen übrigen Wochen geschehen, indem man die einer jeden Woche eigene Frucht je nach dem zugrunde liegenden Gegenstande zu gewinnen sucht. Indessen pflegen die geistlichen Übungen insgesamt in beiläufig dreißig Tagen vollendet zu werden.

Für den, der die geistlichen Übungen empfängt, ist es von sehr großem Nutzen, wenn er mit großmütigem und opferwilligem Sinne gegen seinen Schöpfer und Herrn in dieselben eintritt, indem er all sein Wollen und seine ganze Freiheit ihm darbringt, damit seine göttliche Majestät ganz nach ihrem heiligsten Willen verfüge — sowohl über ihn, als über alles, was er besitzt . . .

Wenn der, welcher die geistlichen Übungen leitet, gewahr wird, daß den, der sie empfängt, Trostlosigkeiten und Versuchungen plagen, so soll er sich gegen ihn nicht hart und rauh benehmen, sondern mild und sanft, indem er ihm für die Zukunft Mut und Kraft einzuflößen sucht ... und durch Mahnen und Raten dahin wirkt, daß derselbe für zukünftige Tröstung sich bereite und empfänglich mache ...

Für den, der die geistlichen Übungen empfängt, ist es nützlich, daß er in der ersten Woche nichts von dem weiß, was er in der zweiten Woche zu tun hat, sondern daß er in der ersten Woche so tätig auf die Erlangung dessen, was er sucht, hinarbeitet, als ob er in der zweiten Woche nichts Gutes mehr zu finden hoffte.

Wer die geistlichen Übungen erteilt, muß den, der sie empfängt, recht eindringlich mahnen, daß, da er in jeder der fünf Übungen oder Betrachtungen, welche täglich abzuhalten sind, eine Stunde lang verharren soll, er dieses auch immer zu tun sich bemühe, damit die Seele sich vollkommen beruhigt fühle bei dem Bewußtsein, daß sie eine ganze Stunde lang in jener Übung verharrt und eher mehr als weniger Zeit darauf verwendet habe ...

Die besondere Gewissenserforschung hat jeden Tag zu geschehen. Sie erstreckt sich auf drei Zeiten und besteht in einer täglich zweimal vorzunehmenden Selbstprüfung.

Morgens, sogleich wenn man vom Schlafe sich erhebt, muß man sich vornehmen, sich sorgfältig vor jeder besonderen Sünde oder vor jedem besonderen Fehler zu hüten, von welchem man sich freimachen und sich hüten will.

Nachmittags, und das gleiche gilt für den Abend, muß der Mensch Gott unseren Herrn um das bitten, was er verlangt: um die Gnade nämlich, daß er sich erinnere, wie oft er in jenen besonderen Fehler oder Sünde gefallen sei, und daß er sich in Zukunft bessere. Danach mache er die erste Gewissenserforschung und durchgehe in Gedanken die einzelnen Stunden und die verschiedenen Zeiten, anfangend von der Stunde des Aufstehens bis zur Stunde der gegenwärtigen Gewissenserforschung. Zuletzt erwecke er von neuem den Vorsatz, sich bis zur zweiten Gewissenserforschung zu bessern."

Ignatius empfiehlt, sich eine Art Gewissenskalender anzulegen. Jeder Tag wird auf zwei Linien geführt. Bei der nachmittäglichen Gewissenserforschung werden auf die erste Linie soviele Punkte aufgetragen, als Verfehlungen, sündige Gedanken und Regungen sowie Handlungen vorgelegen haben. Abends geschieht die zweite

Eintragung auf die zweite Linie. So geht es Tag für Tag. Die Tage werden miteinander verglichen, ob die Reue und das gute Vornehmen einen Nutzen gehabt hat oder nicht. Das ergibt auf die Dauer eine ausgezeichnete Disziplin der gewissenhaften Selbsterforschung und Meisterung seiner ungeordneten Triebe und Affekte.

Über die Art und Weise der Gewissenserforschung sagt Ignatius:

„Erstens: Sage Gott, unserem Herrn, Dank für die empfangenen Wohltaten.

Zweitens: Bitte um die Gnade, die Sünden zu erkennen und von denselben frei zu werden.

Drittens: Fordere Rechenschaft von deiner Seele, anfangend von der Stunde des Aufstehens. Denke zuerst nach über die Gedanken, dann über die Worte und endlich über die Werke.

Viertens: Bitte Gott unseren Herrn um Verzeihung wegen deiner Fehler oder Sünden.

Fünftens: Mache den Vorsatz, mit der Gnade Gottes dich zu bessern."

Die Übungen gehen mit einem Vorbereitungsgebet einher. Dann soll sich der Meditierende in eine Schau versenken. Er soll den Gegenstand seiner Meditation sich so plastisch wie nur möglich vorstellen, sei es die Gestalt und das Antlitz Christi, oder er solle sich den Ort, an dem Christus in der jeweiligen Betrachtung weilt, mit allen Einzelheiten in seiner Phantasie vorstellen. Bei der Betrachtung von abstrakten Dingen, wie es die Sünde ist, solle der Meditierende sich das ganze Elend, das durch sein sündhaftes Verhalten entsteht, und die grausigen Strafen und Peinigungen der Hölle so bildhaft als möglich vorstellen. Sünde für Sünde, angefangen mit dem Abfall der Engel von Gott und mit der ersten Sünde von Adam und Eva, dann fortschreitend mit den Todsünden, den einfachen Sünden und den Unterlassungssünden, soll man jeden Gegenstand einzeln durchdenken und darüber meditieren.

Ist das Vorstellungsbild gelungen, so mag sich der Meditierende mit dem Objekt der Meditation unterreden: „Ich soll mir Christum unseren Herrn gegenwärtig und am Kreuze hängend vorstellen und mit ihm gleichsam eine Unterredung beginnen, indem ich an ihn die Frage stelle, wie er, der doch der Herr und Schöpfer ist, so weit sich herabließ, daß er sich zum Menschen machte und vom ewigen Leben zum zeitlichen Tode herniedersteigen wollte, und zwar, um für meine Sünden zu sterben. Ein ähnliches Gespräch soll ich mit mir selber anstellen und auf mich selbst den Blick werfen und mich fragen, was ich für Christus tue, was ich für Christus tun soll. Und indem ich den Herrn so sehe und so ans Kreuz geheftet ihn betrachte, will ich in jenen Gedanken und Gefühlen, welche sich mir darbieten, mich ergehen.

In der Unterredung spricht man so recht eigentlich, wie ein Freund zum Freunde oder ein Diener zu seinem Herrn spricht, indem man bald um irgend eine Gnade bittet, oder sich selbst wegen einer begangenen Schuld anklagt, oder seine Angelegenheiten mitteilt, und in diesen Dingen um den himmlischen Rat fleht. Am Ende bete man das Vaterunser."

In der „zweiten Übung" (Absatz 60) klingt das Erlebnis der Unio mystica, das „All-eins-sein" stark an: „... der fünfte Punkt ist ein staunender Ausruf, verbunden mit einer gewaltigen Gefühlsregung, indem ich die ganze Reihe der Geschöpfe durchgehe und dabei bedenke, wie sie mich doch leben ließen und im Leben bewahrten: wie die Engel, obwohl sie das Schwert der göttlichen Gerechtigkeit sind, mich ertrugen, mich beschützten und für mich beteten; wie die Heiligen beflissen waren, für mich Fürbitte einzulegen und zu flehen; wie der Himmel, die Sonne, der Mond, die Sterne, die Elemente, die Früchte, die Vögel, die Fische, die übrigen Tiere, wie sie alle mir dienten, und nicht vielmehr bewaffnet gegen mich aufgetreten sind; und wie die Erde sich nicht öffnete, um mich zu verschlingen, neue Höllen bildend, um mich in Ewigkeit darin zu peinigen. Zu schließen ist die Betrachtung mit einer Unterredung, in der ich mich an die göttliche Barmherzigkeit wende, wobei ich erwäge und zugleich Gott unserem Herrn dafür danke, daß er mir bis zu diesem Augenblick das Leben gegeben hat, und für die Zukunft die Besserung mit seiner Gnade mir ernst vornehme. Endlich bete man das Vaterunser."

Weiterhin wird die Einbildungskraft unter Hinzunahme aller Sinnesorgane in Hinblick auf die höllischen Qualen erweckt:

„Der erste Punkt besteht darin, daß ich mit den Augen der Einbildungskraft jene unermeßlichen Feuersgluten und die Seelen wie in feurigen Leibern eingeschlossen sehe.

Der zweite Punkt besteht darin, daß ich mit den Ohren der Einbildungskraft das Weinen, das Geheul, das Geschrei, die Lästerungen gegen Christus unseren Herrn und gegen alle Heiligen höre.

Der dritte Punkt besteht darin, daß ich mit dem Geruchssinne der Einbildungskraft den Rauch, den Schwefel, die Pfütze und die faulenden Dinge in der Hölle rieche. (Diese Stelle entspricht der

Unterweisung Buddhas, in der er lehrt, sich den Leichnam mit seiner Verwesung und seinem faulenden Geruch vorzustellen.)

Der vierte Punkt besteht darin, daß ich mit dem Geschmackssinne der Einbildungskraft die bitteren Dinge, die Tränen, die Traurigkeit, den Gewissenswurm in der Hölle koste.

Der fünfte Punkt besteht in der Berührung mit dem Tastsinne, der Einbildungskraft, wie nämlich jene Gluten die Seelen erfassen und brennen ..."

„Nach dem Schlafengehen, wenn ich schon zu schlummern beginnen will, habe ich während der Dauer eines Ave Maria nachzudenken, zu welcher Stunde und wozu ich aufstehen soll, wobei die Übung, welche ich vorzunehmen habe, kurz in Erinnerung zu bringen ist ... Zwei oder drei Schritte vor dem Platz entfernt, wo ich die Betrachtung oder Beschauung zu machen habe, will ich während der Zeit eines Vaterunsers mit nach oben gerichtetem Gemüte stehen bleiben und mir vorstellen, wie der Herr unser Gott auf mich seinen Blick heftet; dabei ist dann ein Gefühl der Ehrfurcht oder der Demütigung zu erwecken.

Die Betrachtung will ich beginnen — sei es knieend, oder auf die Erde hingeworfen, oder auf dem Boden ausgestreckt, oder bald stehend, bald sitzend" (er weist jedoch an, möglichst die gleiche Stellung während der Meditation zu bewahren, und sie nicht zu wechseln).

Zur Askese sagt Ignatius: „... in Bezug auf die Nahrung: Wenn wir nämlich das Überflüssige beiseite tun, so ist dies keine Buße, sondern ein Werk der Mäßigkeit; Buße ist es, wenn wir auch von dem geziemenden Maße etwas wegnehmen; und je mehr und mehr wir uns entziehen, desto größer und besser ist die Buße, sofern wir nur dadurch selbst keinen Schaden leiden und keine erhebliche Schwäche daraus folgt."

In dieser ersten Woche, in der konsequenten Askese, dem Gebet und der intensiven, in fünf Abschnitten des Tages erweckten Vorstellungs- und Einbildungskraft mit der Intention der Selbstreinigung und Erforschung sowie zielbewußten Formung des Charakters, ist der Meditierende, stets unter der Obhut eines milden, weisen und erfahrenen Meditationsmeisters, bereits für die weiteren Übungen vorgebildet. Mit genau den gleichen Methoden und Caesuren der Übungen wird er nun, unter minutiösesten, fast für jede Stunde beschriebenen Meditationsanweisungen für die drei weiteren Wochen versehen. Die zweite Woche führt Schritt für Schritt an

Hand des Evangeliums, bis einschließlich des Palmsonntags, den Meditierenden zu einem psychophysischen Erleben und Vergegenwärtigen des Lebens Christi. Die dritte Woche ist für die Leiden Christi vorgesehen, sie ist die schwerste und krisenhafteste, denn der Meditierende wird zum Erlebenden und Erleidenden und wird von der Gewalt des Leids, des Opfers, der Demütigung und Erniedrigung bis zur Selbstvernichtung überwältigt.

Nach dieser Krisis und Katharsis folgt die Betrachtung der Auferstehung und Himmelfahrt und der Begnadung durch den Heiligen Geist, also eine permanente, glorreiche und freudenreiche Unio mystica, eine wahre Gottesgeburt in der Seele des Meditanten.

Keine Meditation des Ostens spricht in dieser bis ins Einzelne durchgearbeiteten und mit Anweisungen versehenen Art den Meditierenden im Bezirk seines Intellekts, seiner Phantasie, seiner sinnenhaften Bildekräfte und seines Willens so stark an wie die des Ignatius von Loyola. Sie ist allerdings typisch westlich. Sie hat eine ungeheure Spannung, Wendigkeit, Vorstellungskraft, intellektuelle Beweglichkeit, Phantasie, Willensstärke, Durchhaltekraft im Bereich der Persönlichkeit zur Folge. Nicht umsonst entstand in dem Orden der Nachfolger Jesu, der Jesuiten, eine menschliche Elite, die beispiellos ist. Die trotz der Regel der Armut und Besitzlosigkeit, der Demut und des Gehorsams Individuen von höchster, gespanntester Potenz hervorbrachte. Der heilige Franz und seine Brüder verwischten trotz aller Individualität sich zu einer Entpersönlichung, wie es die russischen Pilger, wie es die Bhakti Yogis taten. Die Jünger Loyolas, die durch die feurige Schule der Meditation gegangen waren, bilden eine, wenn auch anonyme Gemeinschaft von höchst geprägten Individuen.

*

Es sind aber nicht nur die Heiligen der katholischen Kirche, die Meister der Meditation sind. Jeder gläubige Katholik steht ebenfalls in der Meditation. Allsonntäglich ist er gehalten, die heilige Messe zu besuchen, er nimmt teil an dem Vollzug der heiligen Geheimnisse. Aus den Sorgen des Alltags mit seinem Konkurrenzkampf, der Hast und den kleinen Gehässigkeiten wird er in das Reich des Heiligen Geistes emporgetragen. In der Beichte muß er eine Rückschau auf sein Denken und Handeln und Verhalten vollziehen und muß mit sich und seinen Mitmenschen ins Reine kommen; er muß also in seinem Inneren einen gründlichen Hausputz halten und die kleinen und großen Dinge darin wieder zum Glänzen bringen.

Haß, Mißgunst, Mißtrauen, Neid, Verstimmung, Heftigkeit, Selbstbemitleidung, Unmäßigkeit müssen zunichte gemacht werden. Der Gläubige muß den Vorsatz in sich erwecken, nicht mehr in diese Fehler zu verfallen. (Die menschliche Natur wird ihn natürlich wieder und wieder in die gleichen Fehler hineinmanövrieren; aber er wird auf dem Wege der geistlichen Übung den Kampf gegen sie mit immer neuer Zuversicht aufnehmen. Wie Rabbi Levi Jizschak von Berditschew zu Gott sprach: „... so bekennen wir an jedem Versöhnungstag unsre Schuld und unsre Umkehr und fahren fort zu sündigen, und Du fährst fort zu vergeben.")

Nur gereinigt darf der Christ zum Abendmahlstisch Christi treten. Erschauernd und ehrfürchtig läßt er sich von dem Leib und Blut des Heilands durchströmen; er nennt es die heilige Kommunion, die Gemeinschaft — die engste Gemeinschaft mit Gott. Der orthodoxe Christ nennt das Abendmahl „die Teilnahme an den heiligen Geheimnissen (Mysterien)". Es ist für ihn weder ein Sinnbild noch eine Erinnerung an das vergangene Ereignis, es ist die Wirklichkeit des Durchströmt-Werdens mit der leiblich-geistigen Substanz Gottes. Sein sündhaftes und mit Triebhaftigkeit beladenes Wesen wird durch das Opfer des Heilands in diesem Akt entsühnt.

Allwöchentliches Fasten und die großen Fasten von vierzig Tagen vor dem Fest der Auferstehung sind nicht nur Zeiten einer intensiven Besinnung, einer Meditation und des Gebets, sondern auch einer Askese, einer Einziehung der Triebe und Reinigung des Körpers durch Enthaltsamkeit von leiblichen Genüssen.

Eine im breiten Umfange geübte Meditation bilden die Exerzitien, sei es im Rahmen von regelmäßigen täglichen kirchlichen Andachten, sei es in der Stille und Abgeschlossenheit des Klosters. Welch erneuernde geistige Kräfte werden dem Betenden und Meditierenden zuteil!

Ähnlich wie im Hinduismus, im Buddhismus und im Islam spielt im östlichen wie im westlichen Katholizismus das Gebet des Rosenkranzes als Übung der Meditation eine große Rolle. Der Rosenkranz ist offenbar im frühen Mittelalter von den Kreuzrittern aus dem Orient ins Abendland eingeführt worden. Der Heilige Dominikus (1170—1221) gilt als sein wesentlicher Begründer im christlichen Abendlande. Der Name Rosenkranz stammt von dem Sanskritwort „Japa mala", das „Gebetskette" bedeutet. Allerdings heißt Japa auch die Rose, so kam die Bezeichnung Rosenkranz zustande. Der säkularisierte Mensch lacht über diese ihm albern erscheinende

Übung und nennt ein solches Gebet ein „Geplapper", weil er nicht mehr zu begreifen vermag, daß nicht nur ein intellektuell gesprochenes Gebet eine Wirkung zu haben vermag, sondern gerade die wiederholende, monotone Rezitation ein und desselben Gebets, und ebenso das monotone und rhythmische Gleiten der Finger über die Perlen des Rosenkranzes eine meditative Versenkung bewirkt, die mehr ist als ein intellektuelles Gebet, weil nicht nur die Gehirnperson, sondern alle Schichten der Tiefenperson an einem solchen Beten mitbeteiligt sind.

Romano Guardini sagt darüber: „Endlich gibt es noch eine dritte Art des Betens. Darin geht es jedenfalls um ein Verweilen vor Gott, um einen Dienst vor Seinem Angesicht, ein inneres Sich-finden und Ruhig-werden — jedoch so, daß das Wort gleichsam zum Strombett wird, in welchem das Gebet läuft, und zur Kraft, die es in Bewegung hält. Dann werden nicht immer neue Worte auftauchen, sondern die gleichen wiederkehren. Ja die Wiederholung wird geradezu die äußere Form des Gebets sein und den Zweck haben, dessen innere Bewegung immer ruhiger und voller werden zu lassen. Ein Gebet dieser Art ist etwa die Litanei mit ihren vielen, gleichgebauten Anrufungen und Bitten, in denen sich der Gedanke nur leise wandelt. Sie ist uralt; schon im frühesten Christentum findet sie sich. Eine ähnliche Art des Betens zeigt sich auch im Gebrauch der Psalmen, wenn zwischen die einzelnen Verse ein immer wiederkehrender Gebetsanruf, die »Antiphon«, eingefügt wird. Auch sie taucht schon in sehr früher Zeit auf. Zu dieser Art des Betens gehört auch der Rosenkranz."

„Der Rosenkranz trägt den Charakter des Weilens. In ihm ist die Geborgenheit einer stillen, heiligen, um den Betenden sich zusammenschließenden Welt ... Der Rosenkranz ist kein Weg, sondern ein Raum, und er hat kein Ziel, sondern eine Tiefe. In ihm zu weilen tut gut ... Der Mensch braucht einen Raum heiliger Stille, den der Hauch Gottes durchweht, und wo ihm die großen Gestalten des Glaubens begegnen. Dieser Raum ist im Grunde die Unzugänglichkeit Gottes selber, die sich in Christus dem Menschen öffnet. Alles Beten beginnt damit, daß der Mensch still wird, seine verstreuten Gedanken zusammenholt, seiner Schuld in Reue inne wird und sein Gemüt auf Gott richtet. Tut er das, dann öffnet sich ihm der heilige Raum; nicht nur als Bereich seelischer Stille und geistiger Sammlung, sondern als etwas, das von Gott kommt.

Die Meditation an Hand des Rosenkranzes ist, da sie sich im privaten Bereich des Gläubigen und Betenden vollzieht, das Schönste, was uns die katholische Kirche bietet. Sie ist nicht nur eine Meditation schlechthin; sie gliedert sich auf in verschiedene Stufen, die die Lebensgeschichte Jesu begleiten.

Der katholische Rosenkranz besteht aus 58 Perlen und einem kleinen Kreuz oder Medaillon. Bei der Berührung des Kreuzes wird das Glaubensbekenntnis hergesagt. Dann wird bei der Berührung der nächsten großen Perle das Vaterunser gebetet. Es folgen darauf dreimal die Lobpreisungen der Jungfrau Maria: »Gegrüßet seist Du Maria, voll der Gnaden, gebenedeit bist Du unter den Weibern und gebenedeit ist die Frucht Deines Leibes, Jesus.« Es folgen nun fünfmal zehn kleine Perlen, bei deren Berührung zehnmal die Muttergottes angefleht wird: »Heilige Maria, Mutter Gottes, bitte für uns Sünder, jetzt und in der Stunde unseres Todes. Amen.« In diesem wiederholten, mantramischen Gebet besinnt sich der Betende auf die Stunde seines Todes. Das bedeutet, daß er die Wirklichkeit des Sterbens und die stete Vorbereitung auf den Tod in sein Bewußtsein und in den Erlebnisbereich hereinnimmt. Zwischen den jeweiligen zehn Gesätzen wird bei der Berührung der größeren Perle die Ehrung der heiligen Dreifaltigkeit: »Ehre sei dem Vater und dem Sohne und dem Heiligen Geiste« und dann das Gebet des Herrn, das Vaterunser, gebetet.

Das ist der Kreislauf der Meditation des Rosenkranzes. Die Meditation wendet sich an Gott Vater, an Christus und den Heiligen Geist. Die meditative, fortdauernde Anrufung gilt aber der Allerbarmerin, der Gottesmutter.

Jedem der drei Ave Maria im Eingang des Rosenkranzgebets wird die Bitte um die Erweckung der drei Tugenden — des Glaubens, der Hoffnung und der Liebe hinzugefügt. Es heißt dann:

1: ... der in uns den Glauben mehre.
2: ... der in uns die Hoffnung stärke.
3: ... der in uns die Liebe entzünde.

Doch ist die Meditation des Rosenkranzes mehrschichtig. Der Betende nimmt sich die Zeit für drei Rosenkranz-Gebete. Wobei jeder dieser Meditationskreise, ähnlich wie die geistlichen Übungen des heiligen Ignatius von Loyola, auf das Leben Jesu gerichtet ist.

Es folgen die drei Rosenkranzzyklen, die das Leben Jesu begleiten: »Der Freudenreiche«, der von der Verkündung Mariä bis zum Palmsonntag, »der Schmerzensreiche«, der die Passionszeit, und »der Glorreiche«, der die Auferstehung bis zur Himmelfahrt umfaßt. Jedes der fünf Gesätze innerhalb der drei Meditationszyklen hat noch einen eigenen Meditationsbereich.

So teilt sich der »Freudenreiche« in folgende fünf Meditationen oder Geheimnisse:

1: ... den Du o Jungfrau vom Heiligen Geist empfangen hast.
2: ... den Du o Jungfrau zu Elisabeth getragen hast.
3: ... den Du o Jungfrau geboren hast.
4: ... den Du o Jungfrau, im Tempel aufgeopfert hast.
5: ... den Du o Jungfrau im Tempel aufgefunden hast.

Der »Schmerzensreiche« hat folgende Stationen:

1: ... der für uns Blut geschwitzt hat.
2: ... der für uns ist gegeißelt worden.
3: ... der für uns ist mit Dornen gekrönt worden.
4: ... der für uns das schwere Kreuz auf sich genommen hat.
5: ... der für uns ist gekreuzigt worden.

Das sind die Geheimnisse des »Glorreichen« Rosenkranzes:

1: ... der von den Toten auferstanden ist.
2: ... der in den Himmel aufgefahren ist.
3: ... der uns den Heiligen Geist gesandt hat.
4: ... der Dich o Jungfrau in den Himmel aufgenommen hat.
5: ... der Dich o Jungfrau im Himmel gekrönt hat.

So schließt sich der dreifache Meditationskreis, der in der untersten Schicht eine reine Mantram-(Wort-)Meditation, im oberen Kreis eine Versenkung in das heilige Geschehnis des Evangeliums darstellt."

DIE REFORMATION — IM ANFANG WAR DAS WORT

Im Laufe der Jahrhunderte wechselte die abendländische und die morgenländische christliche Kirche ihr Gewand. Aus den einfachsten Riten der Urkirche entwickelte sich ein reiches und prunkvolles Ritual. Der Reichtum und die Macht der zum Staatsgebilde erhobenen (oder erniedrigten) Kirche führte in den Kreisen des hohen und mittleren Klerus zum Mißbrauch der Macht und zu übertriebener Zuneigung zu weltlichem Genuß. Die christlichen Postulate der Armut, der Demut, der Liebe und des Gehorsams wurden vielerorts mit Füßen getreten.

Religiös tiefer veranlagte Menschen, die die Bibel und die frohe Botschaft lasen, waren bestürzt über die offen zutage tretende Diskrepanz zwischen der reinen Lehre Christi und ihren späteren Auslegungen sowie den neu entstandenen Bräuchen.

Bereits im achten Jahrhundert wurde von kirchlicher Seite 726 und 746 zu Konstantinopel die Bilderverehrung verboten. Die Ikonen wurden gewaltsam und gegen den Willen des Volkes, das sie als heilig verehrte, aus Kirchen und Wohnungen entfernt und vernichtet. Ungezählte herrlichste Anbetungs- und Kunstobjekte gingen in jener Zeit des Bildersturms verloren. Die Bilderverehrung galt als heidnisch, ist sie doch erst im zweiten Jahrhundert bei einer gnostischen christlichen Sekte entstanden. Erst im vierten Jahrhundert bürgerte sie sich in Ost und West ein. Nach mehr als hundertzwanzigjährigem erbittertem Kampf wurde unter dem Einfluß der Kaiserin Theodora 843 auf der Synode von Konstantinopel die Bilderverehrung wieder eingeführt. Diesen Tag feiert die östliche Christenheit als „Tag der Orthodoxie". So groß war das Bedürfnis der Gläubigen nach dem heiligen Bild, nach dem Meditationsobjekt!

Im zwölften Jahrhundert erwachte im Abendlande die Ratio. Der Mensch gab sich nicht mehr nur gläubig der geistlichen oder weltlichen Autorität hin; er begann mit eigenen Gedanken, mit Kritik und Vernunft in das bisher verschlossene Gebäude des Kosmos einzudringen. Das Zeitalter des Humanismus und der Renaissance brach an. Ihr erster ausgeprägter Vertreter, der erste moderne Mensch mag wohl der Franziskanermönch, der Doctor mirabilis, *Roger Bacon* (1214—1294) gewesen sein. Er widmete sich physikalischen, astronomischen und mathematischen Studien. Er ahnte die Entwicklung der Technik voraus. Freimütig empörte er sich über die Verweltlichung und Genußsucht des Klerus, eiferte gegen den blinden Autoritätsglauben und forderte Aufklärung und Bildung für das Volk, damit es die Bibel lesen könne; denn darin sei alle Weisheit und seien alle Gebote des religiösen und sittlichen Lebens enthalten. Für seine „Irrlehren“ mußte er fast zwanzig Jahre seines Lebens im Bann und in dunkeln Kerkern der Klöster verbringen. Seine Schriften wurden verdammt und verboten.

Zu Anfang des dreizehnten Jahrhunderts beginnt in Lyon ein reicher Kaufmann *Petrus de Valdès* das Evangelium zu lesen und entbrennt zu der reinen Lehre der frohen Botschaft. Er wird von den Worten Jesu an den reichen Jüngling übermannt: „Willst du vollkommen sein, so gehe hin, verkaufe, was du hast, und gib es den Armen, so wirst du einen Schatz im Himmel haben; und komm und folge mir nach!“ (Mathias 19, 21). Er verkaufte sein Hab und Gut, verteilte es unter die Armen und Kranken und begann auf den Straßen zu predigen. Er übersetzte Teile des Evangeliums und die Psalmen aus dem Lateinischen ins Französische und verbreitete die Schriften unter dem Volk. Er fand immer mehr Anhänger, die sich dem Gebot der Armut, des Gehorsams, der Demut und der tätigen Liebe unterordneten. Von den kirchlichen Würden anerkannten er und seine Nachfolger nur den Bischof, den Priester und den Diakon, nicht aber den Papst; von den sieben Sakramenten der katholischen Kirche nur drei — die Taufe, das Abendmahl und die Beichte. Eid und Todesstrafe wurden abgelehnt. In Südfrankreich verbreitete sich seine Bewegung in kurzer Zeit. Sie lebten in freiwilliger Armut, in Keuschheit, sie trieben keinen Handel, sie logen, betrogen und schworen nicht. Sie übten Gebet, Meditation und stündliche Gewissenserforschung. Sie wurden von der Kirche als Ketzer verdammt, von der Inquisition verfolgt und ausgerottet. Bei der Lutherschen Reformation gingen sie, die die evangelische Lehre schon präformiert hatten, in dieser auf.

Auch der heilige Franz von Assisi war ein Reformator, doch war er im Schoße der Kirche verblieben. Petrus de Valdès hatte gleichfalls nicht die Absicht, aus der Kirche auszutreten, er wollte sie nur reinigen, wie es Meister Eckehart, Wiclif und Luther ebenfalls beabsichtigten.

Meister Eckehart († 1327), den man als Vorläufer der Reformationsbewegung ansehen kann, wurde wegen seiner Lehre und „aufklärerischen" Gesinnung von der Kirche beargwöhnt und entging nur knapp der Verfolgung.

Im vierzehnten Jahrhundert entfesselte in England *John Wiclif* (1324—1384) eine Reformbewegung. Als Geistlicher und Pfarrer zu Lutterworth begann er seine Tätigkeit im Bestreben, die Christen zu der reinen apostolischen Lehre zurückzuführen. In seinem systematischen Lehrwerk „Summa Theologiae" spricht er der Kirche jede Berechtigung zur weltlichen Herrschaft ab. Die Kirche soll arm sein, wie in den Tagen der Apostel. Die Bibel, insbesondere das Neue Testament sind die alleinige Norm des Glaubens. Es gibt nur eine allgemeine Kirche, deren Haupt Christus ist. Der Papst darf sich nicht anmaßen, Haupt der Kirche zu sein. Das Heil der Menschen beruht auf Gottes Gnade in der Vorherbestimmung, nicht auf der Verbindung mit der amtlichen Kirche und durch Vermittlung der Hierarchie. Es gibt ein allgemeines Priestertum der Gläubigen. Die Bibel muß Gemeingut aller Gläubigen werden, deshalb soll sie in die Volkssprachen übersetzt werden. Er stellt wieder das Ideal der Armut, der Besitzlosigkeit und der seelisch-geistigen Freiheit von Besitz auf. Er verwirft die Transsubstantiation von Brot und Wein und sieht sie, wie die ersten Christen, als eine *geistige* Verbindung mit Christus an. Die Bibel ist die einzige Norm des Glaubens. Bilderverehrung, Reliquiendienst, Wallfahrten, Totenmessen, Zölibat und Ohrenbeichte sind späte Erzeugnisse der Kirche, die in der Bibel nicht verankert sind und daher ausgemerzt werden sollten.

Die Kirche verfolgte ihn, doch blieb er bis zu seinem Tode (am 28. Dezember 1384 wurde er, während er die Messe las, vom Schlaganfall getroffen) Pfarrer von Lutterworth. Seine Anhängerschaft war so groß, daß ein Zeitgenosse behauptete, jeder zweite Mensch auf der britischen Insel sei ein Wiclifianer.

Im Böhmen übernahm *Johannes Hus* (am 6. Juli 1415 zu Konstanz verbrannt), die Lehre Wiclifs. Auch er predigte, daß die Bibel das alleinige Gebot sei, er führte das Abendmahl in beiderlei Gestalt wieder ein. Die Hussiten nahmen den Kelch in ihre Fahne auf. Der Klerus sollte zu apostolischer Armut und Gesittung zurückgeführt werden. Ein großer Teil der slavischen Böhmen und der Adel schlossen sich seiner Lehre an. Sie bemühten sich, in urchristlicher, brüderlicher, liebender und helfender Gemeinschaft zu leben, sie nannten sich „Fratres legis Christi" — Brüder des Gesetzes Christi oder Böhmische Brüder. Nach ungeheuren Verfolgungen und Vertreibungen gelang es den Überlebenden, sich in Preußen, in Nieski, in Rixdorf, in Nowawes, in Bernau, in Herrnhut, in Neuwied und in Amerika anzusiedeln. Ein großer Teil von ihnen ging in der Reformation auf. Unter dem pietistischen Einfluß des *Grafen Zinzendorf* (1700—1760) gewann die Herrnhuter Brüdergemeinde neue religiöse Impulse.

Am 31. Oktober 1517 schlägt der Augustinermönch und Mönchspriester Doktor *Martin Luther* (1483—1546) die 95 Thesen an die Türen der Wittenberger Kirche an und läutet damit die Stunde der Reformation in Deutschland ein. Aus eigenem Erleben und seelischen Krisen, die zum Bruch mit vielen katholischen Dogmen führten, kommt er zu ähnlichen Gedanken und religiösen Erfahrungen und Erlebnissen wie vor ihm Petrus de Valdès, Wiclif und Hus. Die Abhandlungen von Hus waren ihm bekannt. Er anerkennt nicht mehr das Papsttum als eine von Christus eingesetzte Institution. Die Bibel ist ihm alleiniges Gesetz und Lehre der Christen. Er schafft den Meßkanon ab und führt das Abendmahl in beiderlei Gestalt ein. Die Fürbitte bei der Muttergottes und den Heiligen sowie die Bilderverehrung wurden eingestellt. Von den sieben Sakramenten bleiben nur drei: Taufe, Abendmahl und Buße. Er verkündet das allgemeine Priestertum, dessen Aufgabe die Predigt und Seelsorge als die eines „Amtmanns" in der Christenheit ist. Das Bußsakrament wird durch eine „Verinnerlichung" ersetzt. Er sagt: „Da unser Herr und Meister Jesus Christus spricht: tut Buße, will er, daß das ganze Leben seiner Gläubigen eine stete, ständige Buße sei." Statt der guten Werke postuliert er die Gnade, aus der der Christ allein lebe und die Erlösung empfange. Das Wort des Apostels Paulus an die Römer (1, 17): „In Ihm wird die Wahrheit Gottes offenbar, von Glaube zu Glaube, wie geschrieben steht: »der Gerechte wird durch den Glauben leben«", hat Luther zu der These von der Gnade und vom Glauben veranlaßt. In seinem Brief an den frommen Leser sagt er: „Da fing ich an, die Gerechtigkeit Gottes zu begreifen, kraft deren der Gerechte aus Gottes Gnade selig wird, nämlich durch den Glauben: daß die Gerechtigkeit Gottes, die durch das Evangelium offenbart werde, in dem passiven Sinne zu verstehen ist, daß Gott in seiner Barmherzigkeit uns durch den Glauben rechtfertigt, wie geschrieben steht: »Der Gerechte lebt aus Glauben.« Nun fühlte ich mich wie neugeboren und glaubte, durch weit geöffnete Tore in das Paradies eingetreten zu sein. Ich ging dann die Heilige Schrift durch, soweit ich sie im Gedächtnis hatte, und fand in anderen Wendungen den entsprechenden Sinn: so ist das »Werk Gottes« dasjenige, was Gott in uns wirkt, die »Stärke Gottes« das, wodurch er uns stark macht, die »Weisheit Gottes«, durch die er uns weise macht, und so ist auch die »Kraft Gottes«, das »Heil Gottes«, die »Ehre Gottes« aufzufassen. Je lebhafter ich also bisher das Wort von der »Gerechtigkeit Gottes« gehaßt hatte, um so liebevoller mußte ich nun diese gnadenreiche Vorstellung umfassen, und so hat mir jener Ausspruch des Apostels in der Tat die Pforten des Himmels erschlossen. Nachher las ich Augustinus Schrift ‚Über den Geist und den Buchstaben', wo ich wider Erwarten fand, daß auch dieser die Gerechtigkeit Gottes auffaßt als diejenige, die Gott uns beilegt, indem er uns rechtfertigt."

Über die Armut und das „Nicht haften am Besitz" sagte er: „Ein wahrer Christ soll überhaupt gar nichts Eigenes haben, soll sich so völlig aller Dinge entäußert haben, daß er in Ehre und Schmach immer der gleiche bleibt, in dem Bewußtsein: die ihm erwiesene Ehre sei nicht ihm, sondern Christus erwiesen worden, dessen Gerechtigkeit und Gnadengaben in ihm leuchten, und die ihm angetane Schmach sei ihm und Christus angetan. Aber zu dieser Art der Vollkommenheit bedarf es, abgesehen von der geistlichen Gnade, vieler Erfahrung ... Darum muß man sich in dem allem so in Demut halten, gleich als besäße man bisher noch gar nichts, und auf das nackte Erbarmen Gottes warten, der einen als gerecht und weise ansieht."

Über das allgemeine Priestertum schreibt er in dem Traktat „An den christlichen Adel deutscher Nation von des christlichen Standes Besserung" (1520): „Denn alle Christen sind wahrhaft geistlichen Standes, und ist unter ihnen kein Unterschied denn des Amtes halben allein, wie Paulus (1. Kor. 12) sagt, daß wir allesamt *ein* Körper sind, doch ein jeglich Glied sein eigen Werk hat, womit es den anderen dienet. Demnach so werden wir allesamt durch die Taufe zu Priestern geweiht, so Sankt Peter (1. Petr. 2) sagt: »Ihr seid ein königliches Priestertum und ein priesterliches Königreich«, und die Offenbarung: »Du hast uns gemacht durch dein Blut zu Priestern und Königen.« Daher kommt's, daß in der Not ein jeglicher taufen und absolvieren kann, was nicht möglich wäre, wenn wir nicht alle Priester wären."

Von der Messe schreibt er in „Von der babylonischen Gefangenschaft der Kirche" (1520): „Vor allen Dingen ist zu schaffen, daß alles dasjenige beiseite gesetzt werde, welches zu der ernsten und schlichten Stiftung dieses Sakraments aus menschlicher Andacht und Eifer dazugetan ist, als da sind die Meßgewänder, Zierate, Gesänge, Gebet, Orgeln, Lichter und die ganze Pracht der sichtbaren Dinge, wir allein zu der reinen Stiftung Christi unsere Augen und Gemüt kehren und uns nichts anderes vorsetzen, denn das Wort Christi, wodurch er das Sakrament eingesetzt, vollbracht und uns anbefohlen. Denn in demselben Worte und sonst in gar keinem anderen steht die Kraft, Natur und das ganze Wesen der Messe. Die Worte, womit Christus dieses Sakrament eingesetzt hat, sind die: »Da sie aber aßen, nahm Jesus das Brot und gab es seinen Jüngern und sprach: ‚Nehmet und esset; das ist mein Leib, der für euch gegeben wird'; und er nahm den Kelch und gab ihnen den und sprach: ‚Trinket alle daraus; das ist der Kelch, das neue Testament in meinem Blut, das für euch und für viele vergossen wird zur Vergebung der Sünden. Solches tut zu meinem Gedächtnis'.« Die Messe nun, je näher und gleichförmiger sie ist der allerersten Messe, die Christus nach dem Nachtmahl gehalten hat, desto christlicher ist sie. Aber die Messe Chrisıi ist gar einfach gewesen ohne alle Pracht mit Kleidern, Gebärden, Gesängen und anderen Zeremonien. Wenn sie da als ein Opfer hätte sollen aufgeopfert werden, so hätte sie Christus nicht vollkommen gestiftet und eingesetzt."

Über die Verinnerlichung schreibt Luther in „Von der Freiheit eines Christenmenschen" (1520): „Es wäre wohl also, wenn du allein ein innerlicher Mensch wärest und ganz geistlich und innerlich geworden, welches nicht geschieht bis am jüngsten Tag. Es ist und bleibt auf Erden nur ein Anheben und Zunehmen, welches wird in jener Welt vollbracht."

Über die Anbetung und Anrufung der Heiligen spricht er in der Augsburgischen Konfession: „Durch Schrift mag man nicht beweisen, daß man die Heiligen anrufen oder Hilfe bei ihnen suchen soll, denn es ist allein ein einiger Versöhner und Mittler gesetzt zwischen Gott und den Menschen, Jesus Christus, welcher ist der einige Heiland, der einige oberste Priester, Gnadenstuhl und Fürsprecher vor Gott."

*

Es ist das Verdienst Luthers und seiner Zeitgenossen Melanchton, Calvin, Zwingli, sowie seiner Vorgänger Petrus de Valdès, Wiclif und Hus, daß sie dem christlichen Volk die Lehre des Evangeliums nahegebracht haben. Fast jeder dieser heldenhaften Reformatoren, die unter Gefahr von Leib und Leben ihre Überzeugung verteidigten, hat selbst Übersetzungen der Bibel und besonders des Neuen Testaments hergestellt. Die Bemühungen, zu der Einfachheit und zu der Askese der frühen Christen zurückzukehren, entsprachen dem erwachenden Intellekt, der schärferen Kritik, der erschütterten Autoritätsgläubigkeit und der aufkeimenden Individuation des Menschen der Renaissance. Im überschießenden Schwung des erblühenden Intellekts wirft er uralte magisch-mythische Gebräuche, Rituale, Weihrauch, Symbolik von Bild, Zahl und Gebärde, Ohrenbeichte, Heiligenbild, Heiligenverehrung, den erhabenen Mutterkult, festgelegte Fastenzeiten, die Opfermesse von sich. Er will allein und ohne Vermittlung zu seinem Gott sprechen. Die mythische Welt wird ihm leer, weil er ihren verborgenen und bergenden Sinn nicht mehr begreift und ihn mit seinem auf das nur Beweisbare gerichteten Verstand, der Ratio, nicht fassen kann. Das wissende und liebende Herz, das an dem Begreifen des Mythos zuvorderst beteiligt ist, spricht nicht mehr mit.

So ist dem Menschen der Reformation eine Kirche ohne Bilder, ohne Gekreuzigten, allein mit den Balken des Kreuzes, ohne bunte, feierliche Priestergewänder, ohne Weihrauch der rechte Ort zu Gebet und Meditation. Noch mehr wird sein eigenes Kämmerlein zum Zufluchtsort des Betenden, Meditierenden und sein Gewissen Erforschenden. Nach Luthers Wort: „Also ist weit ein anderes das Gebet denn die Messe: mein Gebet kann ich erstrecken, auf wieviel ich will."

Nicht die Bildbetrachtung — das Wort Gottes steht für den Gläubigen im Zentrum. Täglich liest er in der Bibel und vergleicht ihre Gebote und Geschehnisse mit seinem Leben, seinem Verhalten und seinen Taten; doch weiß er, daß es im wesentlichsten um den Glauben geht, den er in sich lebendig zu machen hat.

Trotzdem sind die Praktiken des Gebets, der Verinnerlichung und der Meditation nicht verloren gegangen, sie haben nur ihren Ort gewechselt. So spricht der protestantische Mystiker *Jakob Böhme* aus Görlitz (1575—1624) von der Entselbstung des Selbst: „Alles eigene Suchen und Forschen in der Selbheit ist ein vergeben Ding. Der eigene Wille ergreift nichts von Gott, denn er ist nicht in Gott, sondern außer Gott in seiner Selbheit; aber der gelassene Wille ergreift's, denn nicht er tut es, sondern der Geist, in dem er stille stehet, dessen Werkzeug er ist; der offenbaret sich in göttlicher Helle in ihm, so er will."

Über die Gelassenheit läßt er ein Gespräch zwischen dem Jünger und dem Meister folgen, nach der Art der Gespräche des Buddha oder des heiligen Franziskus mit ihren Jüngern.

„Der Jünger sprach: »Was ist das, da der Mensch in sich selber nicht wohnet?«

Der Meister sprach: »Das ist die zu Grund gelassene Seele, da die Seele ihres eigenen Willens erstirbet und selber nicht mehr will, ohne was Gott will: da wohnet sie. Denn so viel der eigene Wille ihm selber tot ist, so viel hat sie die Stätte eingenommen. Da zuvorhin eigener Wille saß, da ist nichts, und wo nichts ist, da ist Gottes Liebe allein wirksam.... Aber das Gemüt umwenden und die Selbheit zerbrechen, muß ein strenger unnachlässiger Ernst sein und ein solcher Vorsatz, daß, ob sollte der Leib und Seele darum zerspringen, der Wille dennoch wollte beständig bleiben und nicht wieder in die Selbheit eingehen. Es muß gerungen sein, bis das finstere, harte, verschlossene Zentrum zerspringt.«"

Von der Stille und dem Schweigen als Weg zum Erlebnis Gottes im Selbst läßt er den Schüler mit dem Meister sprechen.

„Der Jünger sprach zum Meister: »Wie mag ich kommen zu dem übersinnlichen Leben, daß ich Gott sehe und höre reden?«

Der Meister sprach: »Wenn du dich magst einen Augenblick in das schwingen, da keine Kreatur wohnet, so hörest du, was Gott redet.«

Der Jünger sprach: »Ist das nahe oder ferne?«

Der Meister sprach: »Es ist in dir, und so du magst eine Stunde schweigen von allem deinem Wollen und Sinnen, so wirst du unaussprechliche Worte Gottes hören.«

Der Jünger sprach: »Wie mag ich hören, so ich von Sinnen und Wollen stille stehe?«

Der Meister sprach: »Wenn du von Sinnen und Wollen deiner Selbheit stille stehst, so wird in dir das ewige Hören, Sehen und Sprechen offenbar, und höret und siehet Gott durch dich. Dein eigen Hören, Wollen und Sehen verhindert dich, daß du Gott nicht sehest noch hörest.«

Der Jünger sprach: »Womit soll ich Gott hören und sehen, so er über Natur und Kreatur ist?«

Der Meister sprach: »Wenn du stille schweigest, so bist du das, was Gott vor Natur und Kreatur war, daraus er deine Natur und Kreatur machte; so hörest und siehest du es mit dem, womit Gott in dir sah und hörte, ehe dein eigen Wollen, Sehen und Hören anfing.«

Der Jünger sprach: »Was hält mich denn auf, daß ich nicht dahin kommen kann?«

Der Meister sprach: »Daß du wider das strebst, daraus du kommen bist. Mit deinem eigenen Wollen brichst du dich von Gottes Willen ab, und mit deinem Sehen siehst du nur in dein Wollen. Und dein Wollen verstopfet dir das Gehör mit Eigensinnlichkeit irdischer, natürlicher Dinge und führet dich in einen Grund ein und überschattet dich mit dem, was du willst, auf das du nicht magst zu dem Übernatürlichen, Übersinnlichen kommen.«"

Dasselbe sagt der Begründer des Chassidismus, Rabbi Israel Baalschemtow: „Wehe, die Welt ist voller gewaltiger Lichter und Geheimnisse, und der Mensch verstellt sie sich mit seiner kleinen Hand!"

Wie die Weisheit des Tao mutet uns der Satz Jakob Böhmes an: „Es ist in allen Kreaturen ein guter und ein böser Wille und Quell, in Menschen, Tieren, Vögeln, Fischen, sowohl auch in allem, was da ist, in Gold, in Silber, Zinn, Kupfer, Eisen, Stahl, Kraut, Laub und Gras sowohl in der Erde, in Steinen, im Wasser und in allem, was man erforschen kann. Es ist nichts in der Natur, da nicht Gutes und Böses inne ist; es wallet und lebet alles in diesem zweifachen Trieb, es sei, was es wolle."

Tiefste Weisheit und weitherzigste religiöse Toleranz leuchtet aus seinem Bekenntnis: „Wie die Eigenschaft jedes Reiches ist, also ist auch die Zunge und Sprache und Sitten, wie geschrieben stehet: Welch ein Volk das ist, einen solchen Gott hat das auch. — Nicht daß mehr als ein Gott sei, allein man verstehet darunter die göttliche Offenbarung, wie sich Gott also nach aller Völker Eigenschaft und seiner Offenbarung im geformten Worte allen Völkern ergiebet, daß ein jedes Volk dasselbige einige Wort nach seiner Eigenschaft führet."

*

Ungezählte Gebet-, Gesangbücher und Hauspostillen aus der Zeit Luthers bis in unsere Tage reichen dem Gläubigen nicht nur Worte und Texte des Gebets dar, sondern geben ihm auch minutiöse Anweisungen zur Meditation, zur Gewissenserforschung und begleiten ihn durch alle Tätigkeiten und Situationen des Lebens. So verfaßte *J. Treviranus* um 1700 eine „Evangelische Hertz- und Kernpostilla, worinnen einem jeden bußfertigen und unbußfertigen Menschen der evangelischen Texte Erläuterung und anbey Lehre, Vermahnung zur Besserung, Gewissensprüfung und kräfftigen Seelentrost in einem Gespräche der Seelen mit Jesu durchs ganze Jahr vorgestellet wird".

In seinem „Nürnbergischen Geist- und Lehrreichen neu vermehrten Handbuch", verfaßt von *Domenicus Beern,* Diakon und Senior der Pfarrkirche zu St. Lorenz in Nürnberg (1707), schreibt dieser im Artikel „Gebet um die Gnade recht zu beten": „Ach du lieber himmlischer Vater! Ich bekenne und klage dir von Grund meines Herzens, daß ich nicht so oft und andächtig gebetet, als ich zu tun schuldig gewesen bin. Ach verzeihe mir diese schwere Sünde, und gib mir die Gnade und Kraft, forthin inniglich und andächtig zu beten; auch wenn ich zu dir schreie, wollest du als mein Vater mich als dein Kind gnädiglich erhören; wenn ich vor deinem Throne anklopfe, wollest du mir auftun; wenn ich dich von Herzen suche, wollest du dich gnädig finden lassen! O Herr Jesu Christe! der du mich gelehrt hast, wie ich beten soll, und die Worte mir selber in den Mund gelegt hast, gib mir auch die Gnade, daß ich solch Gebet in solcher Herzensandacht sprechen möge! . . ."

In dem „Gebet um ein gutes Gewissen" sagt er: „Du allerweisester Gott! Du hast mir einen stetigen und unfehlbaren Zeugen in mein Herz gesetzt, nämlich mein eigen Gewissen, welches Böses und Gutes merkt und behält, und mit dem Bösen Leid, mit dem Guten Freude erwecket. Ach, gib mir durch deinen Heiligen Geist christliche Behutsamkeit, daß ich nichts Böses begehe, noch meinem Gewissen Ursach gebe, mich durch Vorhaltung wissentlich begangener Sünden zu verunreinigen; sondern, daß ich also lebe, damit ich wie dein frommer Knecht Hiob in allerlei menschlichen Widerwertigkeiten sagen könne: Mein Gewissen beißt mich nicht meines ganzen Lebens halber; vor dir aber nichts destoweniger ich mich allezeit für einen Sünder erkenne. Weil unser keiner weiß, wie oft er fehlet, und wir auch viel verborgene unerkannte Sünden an uns haben, und erbarme dich mein, um meines großen Erlösers Jesu Christi willen. Amen. Amen."

Der „Passions-Kompas" und das „Geistliche Hertz-Ührlein" lehrt uns die Stundenmeditation. Jede Stunde, die schlägt, soll der Gläubige sich betend besinnen und sich jeweils ein anderes Ereignis aus der Geschichte Jesu bildhaft vor Augen stellen. So wird empfohlen, bei ein Uhr an Jesus, der die Kelter tritt — aus dieser strömt sein Blut und besprengt die umherstehenden Sünder der alten, der neuen und der künftigen Zeit, sie damit erlösend — zu denken. Um zwei Uhr solle man über die beiden Schächer am Kreuz und ihr verschiedenes Verhalten gegenüber dem Heiland meditieren. Man solle sich hüten, im Leben in die Rolle des unbußfertigen Schächers zu fallen. Bei drei Uhr bewege man in seinem Herzen die Drei Worte Jesu im Garten Gethsemane: „Lasset diese gehen". Um vier Uhr erinnere man sich, daß Jesus an den beiden Händen und beiden Füßen an das Kreuz genagelt worden ist. Um fünf Uhr stelle man sich die fünf Wunden des Heilands vor. Um sechs Uhr solle man von der schrecklichen Finsternis, die am Karfreitag ausbrach, ergriffen werden. Um sieben Uhr denke man an die sieben Worte, die Christus am Kreuze gesprochen hat. Um acht Uhr gedenke man der Demütigung Christi im Hause des Pilatus. Um die neunte Stunde rief Jesus: „Mein Gott, mein Gott, warum hast du mich verlassen!" Um zehn Uhr meditiere man über den am Kreuz hängenden Gottessohn. Um elf Uhr gedenke man des Verräters Judas, der die Zahl der Apostel gemindert hat. Um zwölf Uhr stelle man sich die Feier des Heiligen Abendmahles vor.

Hier geschieht in der stündlichen Anschauung nichts anderes in beweglicherem Sinne, als bei der Meditationsanweisung, die uns der heilige Ignatius von Loyola in seinen geistlichen Übungen gibt. Von Stunde zu Stunde wird das Meditationsobjekt in Bild- und Erlebnisinhalt gewechselt.

Ein wunderbar tiefes psychologisches Verständnis spricht zu uns aus den Kapiteln über die „Tägliche Gewissensprüfung". Auf dem Titelblatt ist ein Putto inmitten einer Landschaft gezeigt, der eine Waage in der Hand hält.

„Laßt uns forschen und suchen unser Wesen! Also hat der heilige Prophet Jeremias zur Zeit der babylonischen Gefangenschaft das jüdische Volk angeredet. Dieser Erinnerung gemäß sollen wir eine fleißige Gewissensprüfung zur Beruhigung desselben anstellen. Dazu will ich dir, lieber Christ, in diesem Büchlein eine nötige und nützliche Anweisung geben.

Du sollst nun bedenken, wer solche Gewissensprüfung anstellen soll. Pythagoras, der Heide, hat seinen Schülern befohlen, daß sie alle Tage zu abend fleißig bedenken sollen, was sie den Tag über gehört, geredet und getan. Das hat gar fleißig praktiziert Seneca, der alle Abend, wenn er sich zu Bett geleget, sich erinnerte und sein Herz prüfte, was er den Tag über gelernt und Gutes getan, wieviel er sich gebessert oder worinnen er geirrt und gefehlt, da er dann das Böse bereut und abgestellt, im Guten aber fortgefahren und demselbigen nachgesetzt. So nun die ehrbaren Heiden sich dessen beflissen, so wäre es dir, o Mensch, als einem Christen eine große Schand, wenn du die gleiche Gewissensprüfung unterließest.

Bist du alt: bedenke, ob du den Jüngeren mit guten Exempeln vorgeleuchtet, daß also deine grauen Haare dir eine Kron der Ehre sein mögen.

Bist du jung: ob du die Alten geehret, die Lüste der Jugend geflohen, dich vor unverschämten Herzen gehütet und den Müßiggang vermeidet ...

Bist du gesund: ob du Gott für deine Gesundheit auch fleißig gedankt, und ob du nicht dieselbe vielfältig zu groben Sünden gemißbrauchet?

Bist du krank: ob du nicht viel ein Ärgeres mit deinen Sünden verdienet?

Bist du reich: ob du durch rechtmäßige Mittel zum Reichtum gekommen und deinen armen notleidenden Nächsten williglich beigesprungen bist?

Bist du arm: ob du dich nicht selbst in die Armut gebracht. Ob du sie mit Geduld ertragen und nicht gegen Gott gemurret. Ob du danach getrachtet habest, weil du leiblich arm bist, daß du an deiner Seele reich werden mögest?"

Es wird weiter der Vorgesetzte, der Untergebene, der Ehemann, das Eheweib, das Kind, der Lehrer, das Gesinde zur Gewissenserforschung ermahnt. Auf den Einwand, man habe nicht ausreichend Zeit, sagt der Autor: „Ei, warum wolltest du denn diese Gewissensprüfung, als das Allernötigste, nicht allen anderen Geschäften vorziehn? Du siehst ja auch, wie die Kaufleute auf den Märkten zu Abend einen Überschlag machen, ob sie Gewinn oder Verlust gehabt. Warum wolltest denn du nicht dergleichen tun?"

Die Reformation legt auf das an bestimmte Zeiten gebundene Fasten keinen Wert. „Willst du nun ein Gott wohlgefälliges Fasten anstellen, so halte zuförderst ein geistliches Fasten, welches geschieht, wenn du dich von wirklichen Sünden enthältst. Denn gleichwie in dem leiblichen Fasten der Mensch ihm an Speis und Trank abbricht; also weil die Sünden die schädlichen Leckerbißlein sein, so der höllische Giftkoch, der Teufel zubereitet und uns vorsetzt, sollst du dieselben fliehen und meiden. Von diesen geistlichen Fasten spricht gar schön der heilige Bernhardus: willst du, spricht er, recht löblich fasten, so muß nicht allein Maul und Magen von gewöhnlicher Speis sich enthalten, sondern alles, was in und an dir ist, das muß fasten, deine Ohren müssen sich enthalten aller leichtfertigen Zoten und Possen, deine Augen aller frechen Geilheit, deine Zunge muß sich enthalten alles Fluchens und Schmähens und Lästerns, deine Hände müssen sich enthalten aller Untreue und Dieberei, dein Herz muß sich enthalten aller unreinen Gedanken, deine Füße müssen sich enthalten aller verdächtigen Gänge, dein Leib muß sich enthalten aller ärgerlichen Gebärden. Und damit ichs kurz zusammenfaß: fülle den Magen deines Herzens, deiner Reden, deines Lebens und Gewissens nicht mit unchristlichen Bubenstücken!"

Wie der Zen-Meister seinen Schüler anweist, immer in der Gegenwart zu leben, diese allein jeweils zu erleben und jedes Tun durch die ihm gebührende Aufmerksamkeit und durch das Verweilen im Tun zu heiligen, so gibt der Autor des Geist- und Lehrreichen Handbuchs die Anweisung, jedes, auch das geringste Tun durch Betrachtung und Meditation zu heiligen. „Wenn du dich im Bett aufrichtest, seufze: du allerliebster Herr Jesu! daß, wie ich mich jetzt mit dem Leibe aufrichte, also ich mich auch mit meiner Seele und Gemüt von den irdischen Gedanken zu dem himmlischen mit herzlichem Verlangen aufrichte, und mich sehne nach dem, das droben ist!" — „Wenn du die Kleider anlegest, seufze: meine Kleider sind ein augenscheinlicher Beweis, daß ich ein armer Sünder bin, nackend und bloß und vor dir nicht bestehen kann!" — „Wenn du dich kämmst, seufze: ach Herr, verleihe, daß, so oft ich mit meinen Haaren umgehe, ich mich erinnere meiner Bosheit, daß meiner Sünden mehr als Haar auf meinem Kopfe sein ..." (Das erinnert an das alte chinesische Sprichwort: du kämmst jeden Morgen und Abend dein Haar, und wie oft reinigst du dein Herz?) — „Sooft du die Stund schlagen hörst, so danke zuforderst deinem lieben Gott für die Gnad, die er dir in der vergangenen Stund erwiesen ..." — „Wenn du wieder heim kommst: o du gütiger Gott, ich hab dich herzlich gebeten, daß du mich auf meinen Wegen hegen und schützen, führen und segnen und wiederum unverletzt nach Hause und zu den lieben Meinigen bringen wollest, dessen du mich gnädiglich gewähret hast ..." — „Wenn du die Bäume ansiehst, erinnere dich dabei einmal deiner Gebühr und Schuldigkeit; wie ein Baum immer fort und fort wächst, bis er vollkommen wird;

also sollst du auch zuschauen, daß du von Tag zu Tag im Glauben zunimmst und wachsest. Wie ein Baum seine Äste ausbreitet und Schatten von sich gibt, also sollst du deine Arme gegen deinen Nächsten ausbreiten und ihm dienen . . ." — „Wenn du die Bäume voller Frucht hangen siehst, so erinnere dich dabei der großen Güte deines Gottes, und gedenke, wie Herr Lutherus, welcher, als ihm auf eine Zeit schöne Pomeranzen verehrt wurden, darüber geseufzt und gesagt: ach! gibt Gott so schöne Frucht in diesem Leben, was wird er wohl seinen Gläubigen in jener Welt vorbehalten haben!" . . . . .

Das 1735 bei Carl Siegmund Henning zu Wittenberg erschienene Buch: „Würdiger Tisch-Gast bei der Gnadentafel Jesu Christi" von *Ephraim Praetorius* gibt dem Andächtigen Anweisungen zum Gebet und zur Gewissenserforschung besonders vor der Teilnahme am heiligen Abendmahl. Er läßt jedoch jedem im Beten seine individuelle Freiheit: „Ein wahres erleuchtetes Kind Gottes findet ohne Zweifel das allerbeste Gebetsbuch schon bei sich selbst, nämlich in seinem eigenen gläubigen und erneuerten Herzen, in welchem Jesus mit seinem Geiste wohnt. Und das beste Gebet ist dasjenige, welches ohne vorgeschriebene Formel, aus dem Herzen frei zu Gott hervordringet, und da die Brunst und Not die Worte in den Mund legt, nachdem die Umstände beschaffen sind. Ja es kann ein Gott gefälliges Gebet verrichtet werden auch gar ohne alle Worte, nämlich mit inbrünstigem und doch stillem Geschrei der Seelen, mit Seufzen, mit Verlangen, mit Sehnen und Ächzen des Herzen . . . Hat aber jemand den Geist der Gnade und des Gebets so überflüssig, daß er außer einem Gebetbuch mit eigenen Worten weiß mit Gott zu reden und zu handeln, der ist an die Gebetsformeln nicht gebunden; er tue nach der Gabe, die er von Gott empfangen hat. Er mache aber fromme Seelen in ihrer Einfalt nicht irre."

Über die Gewissenserforschung sagt er: „Nachdem du nun dies wohl bedacht hast, so schütte darauf dein Herz mit Beten für Gott aus. Bekenne und klage ihm aufrichtig dein Elend und deine Sünden, vornehmlich diejenigen Sünden, die dir sonderlich auf dem Herzen liegen, und bitte Christum demütig um Gnade. — Hierbei ist dies mein wohlmeinender Rat: daß du in dein Kämmerlein gehst oder sonst einen abgesonderten Ort dir aussuchst, da niemand dich in der Andacht stört oder verhöhnt. Wirf dich selbst vor dem allsehenden Gott auf deine Knie nieder, oder gar auf dein Angesicht, und zwar alle Tage etwa dreimal, nämlich morgens, mittags und abends, und flehe zu deinem Gott. Doch ist es fein und billig, daß du hernach auch mit den Deinigen zugleich, die mit dir zu Gottes Tisch gehen wollen, deine Betandacht anstellst, und einmütig zu Gott rufest. Bei dem allen besinne dich auch gar fleißig, ob du mit jemand in Feindschaft, Haß und Widerwillen stehest. Und zwar untersuche die Sache ganz genau, aufrichtig und ohne betrügliche Eigenliebe, ja sei darinnen lieber zu streng, als zu gelinde gegen dich selbst."

*

Im achtzehnten Jahrhundert erfuhr die reformierte Kirche, die vielerorts zum Rationalismus neigte, neue Impulse in seelischer Hinsicht durch das Wirken des Grafen *Nikolaus Ludwig von Zinzendorf* (1700—1760), der auf seinem sächsischen Gut, das er später Herrnhut nannte, eine neue religiöse Gemeinde gründete. Er nahm die verfolgten böhmischen Brüder und andere bedrängte religiöse Sekten auf. Seiner überragenden Persönlichkeit und seiner ehrlichen religiösen Bindung an Christus gelang es, die unterschiedlichen Gruppen zu einer fest gefügten „Brüdergemeinde" zusammenzuschmelzen. Sie erkannten nur die Bibel als bindend an und verwarfen alle Offenbarungen. Sie verwirklichten die Gebote Christi in sozialer Gleichheit, Brüderlichkeit, in uneingeschränkter Liebe zueinander, in Demut und im Dienst am Nächsten.

Höhepunkt des religiösen Erlebens ist für sie die Teilnahme am heiligen Abendmahle, das in biblischer Weise gefeiert wird. In der Gemeinschaft, die vor dem Mahl ihr Gewissen erforscht und die Mitglieder sich gegenseitig um die Vergebung für ihre Verfehlungen und Übertretungen bitten läßt, wird das Brot gebrochen und ausgeteilt. Das geschieht mit einer Glaubenskraft und Freude und im Erlebnis der geistigen Gegenwart Christi, daß den Gläubigen aus diesen wöchentlichen Heiligungen ungeahnte Kräfte zuströmen. Sie reden sich alle mit Bruder und Schwester an und sagen Du zueinander. Sie kennen keine gesellschaftlichen Unterschiede. Sie tragen gleichförmige Tracht. Weiß, die Farbe der Freude und der Verklärung, ist das Gewand ihrer Prediger und Bischöfe. Ihr ganzes Dasein ist durchwoben von der Kraft und dem Geiste aus der Sündenvergebung und der Auferstehung Christi. In diesem Glauben sind sie ohne Angst, heiter und harmonisch. Berühmt und in der gesamten evangelischen Christenheit geliebt sind ihre *Losungen*, die sie jedes Jahr neu herausgeben und die aus dem Evangelium und dem Alten Testament für jeden Tag Tröstung und Kraft für das Dasein spenden. Im evangelischen Raum repräsentiert die Brüdergemeinde die Religion, das Gebet und die Meditation des Herzens. Die ganze Glut Zinzendorfscher Gesinnung spiegelt sich in seinem Kirchenlied: „Herz und Herz vereint zusammen sucht in Gottes Herzen Ruh. Lasset Eure Liebesflammen lodern auf den Heiland zu! Er das Haupt, wir seine Glieder, er das Licht und wir der Schein, er der Meister, wir die Brüder, er ist unser, wir sind sein!"

*

In der Gegenwart gehen innerhalb der evangelischen Kirche von der Michaelsbruderschaft, der Johannesbruderschaft, vom Alpirsbacher und vom Berneuchener Kreis Erneuerungs- und Vertiefungsbestrebungen für das tägliche religiöse Leben, das Gebet, die Meditation und die Liturgie aus, die die Seele und ihren endothymen Grund mit einschließen, ohne die kein echtes religiöses Erleben möglich ist. Wie in alter Zeit gibt es heute zahlreiche geistliche Anleitungen zum Gebet, zur Meditation und zum rechten Verhalten im Leben. Im allgemeinen evangelischen Gebetbuch (Berlin 1954) heißt es über die Gebetsgemeinschaft: „Wie alles gemeinsame Beten geordnet sein muß, so bedarf auch die Gebetsgemeinschaft einer Weisung. Der Rat, der hier gegeben wird, knüpft an eine altchristliche Übung des gemeinsamen Betens an. Ein Diakon forderte die Gläubigen zum Gebet auf, indem er das Anliegen ankündigte, für das die Versammelten beten sollten. Nach der Aufforderung des Diakons knieten alle nieder und beteten in der Stille. Nach einiger Zeit erhob sich der Leiter der Versammlung, wandte sich zur Gemeinde mit den Worten: »Lasset uns beten«, worauf alle aufstanden, und schloß sodann die stillen Gebete der Gemeinde durch ein zusammenfassendes Gebet ab. In ältester Zeit wurde die Gebetsstille unterbrochen von freien Gebeten einzelner Gemeindemitglieder, denen es gegeben wurde, mit Worten auszusprechen, was die anderen in der Stille erflehten."

Der „Anleitung zu Meditation und Gebet" wird ein Wort Kierkegaards vorangestellt: „Der archimedische Punkt außerhalb der Welt ist das Kämmerlein, wo ein wahrer Beter in aller Aufrichtigkeit betet — wo er die Welt aus den Angeln hebt. Ja, es ist unglaublich, was ein solcher Beter, wenn er seine Türe schließt, drinnen nicht alles vermag."

In der Anleitung heißt es: „So sehr uns danach verlangen mag und soll, täglich im Bruderkreis zu beten, so unentbehrlich bleibt uns das Gebet im Kämmerlein. Beides ist unserem geistlichen Leben gleich notwendig. Einerseits ist es einfach so, daß uns Gottes Ruf zumeist in der Gemeinschaft der andächtig Hörenden und Betenden trifft, daß er uns aus unserer Einsamkeit erlöst und den Menschen auf eine ganz neue Weise verbindet.

Andererseits führt uns der göttliche Ruf in die Einsamkeit, wie sie auch unser Herr zuzeiten gesucht hat ... Drei Dinge sind es, zu denen wir allein hinfinden müssen: die Schriftbetrachtung, das Gebet und die Fürbitte. Täglich sollten wir die Zeit dafür der Unrast unseres Lebens abringen. Nichts aber ist schwieriger, als in solcher Zeit eben diese Unrast wirklich hinter sich zu lassen, als stille zu werden, andächtig und gesammelt. Denn es bleibt dabei: »Das Wort kommt nicht zu den Lärmenden, sondern zu den Schweigenden«."

Bischof Dr. Wilhelm Stählin sagt in der „Regel des geistlichen Lebens": „Ich weiß, daß mein Leben fester Zeiten der Ruhe, des Schweigens, der Sammlung bedarf. Ich will treu darin sein, mein Leben in solcher Ordnung zu führen ... Ich will mich durch nichts abhalten lassen, täglich nach festem Plan in der Heiligen Schrift zu lesen ... Ich bin ernstlich bemüht, mein ganzes Leben in Haus und Beruf und alles, was ich rede und tue, unter die Verantwortung vor Gott zu stellen, Unordnung und Unrecht zu meiden und allen denen, die meiner Hilfe bedürfen, um Christi willen zu dienen."

Über die Stille und das Schweigen sagt er: „Du bedarfst der Ruhe, weil du dem Lärm verhaftet bist. Du bedarfst des Schweigens, weil um dich und in dir viele Stimmen durcheinander schwirren. Du bedarfst der Sammlung, weil du zerstreut, zerfahren und in dir zerspalten bist. Mit alldem hast du Teil an der Not unzähliger Menschen und weißt doch, daß es zugleich deine ganz persönliche Not und Schuld ist, die du um des Heils deiner Seele und um des Heils der Welt willen überwinden mußt ... Eine Ordnung des geistlichen Lebens ist darum nicht Flucht aus der Welt. Wer nur an sein eigenes Seelenheil denkt, hat schon alles durch das Gift seiner Selbstsucht verdorben. Nur wer in Liebe die Verantwortung für die Aufgabe der Weltgestaltung auf sich nimmt, kann rechte Ordnung gewinnen ... Du wirst merken, daß es eines entschlossenen Willens, eines letzten Ernstes, einer immer neuen Buße, einer steten Treue bedarf, um diese Zeiten der Ruhe, des Schweigens, der Sammlung wirklich zu halten."

Über das Gebet sagt er: „Es ist nicht wichtig, ob du selbst bei deinem Beten starke Gemütsbewegungen erfährst und in deinem Herzen der Nähe Gottes inne wirst; wenn du einfältig die Ordnung deiner Seelenkräfte statt der Unordnung, die Reinigung deines Herzens statt alles Bösen, Niedrigen und Zweideutigen, die Stärkung deines Willens statt aller bequemen Schwäche suchst, so werden Gottes Engel dein Bittgebet ebenso wie dein Lob und deine Anbetung zu dem Thron Gottes hinauftragen, auch wenn dein Blick nicht bis zu diesem Thron zu dringen vermag."

„Unser Gebet ist ein stellvertretender Dienst an der Welt und an allen Menschen. Im Gebet verbinden wir uns mit den Kräften der göttlichen Welt, und diese Verbindung ist ein reales Geschehen von unabsehbarer Tragweite. Hier werden Kräfte entbunden, die in das Weltganze hineinwirken; es werden Ereignisse in Gang gebracht, durch die der Weltlauf verändert werden kann ... Übe besondere Zucht in deinen Worten. Übe dich im Schweigen, nicht um stumm zu bleiben, wo du reden sollst, sondern um des rechten Wortes willen, das nur aus dem Schweigen geboren wird. Meide unnützes Gerede, das niemandem frommt, Klatsch jeglicher Art soll bei dir weder angenommen noch weitergetragen werden. In jedem Gespräch bedenke, daß deine Worte weit über den gegenwärtigen Augenblick hinaus wirken können. Schweige, bis deine Rede ganz aus der Wahrheit und ganz aus der Liebe kommt, dann sprich!"

Vom geistlichen Gesang, den die Inder im Sankirtan und alle religiösen Völker als einen Ausdruck des Gebets und der Meditation pflegen, sagt Dr. Stählin in „Hilfe im Alltag": „Wenn der Mensch zum echten Singen kommt, dann geschieht es dadurch, daß es in ihm anfängt zu singen. Es singt in mir! So wie es rauscht und donnert, aufschwebt und abebbt in den Wellen des Meeres, die für sich nichts sind, und doch der unendlichen Bewegung, dem unaufhörlichen Fließen und Vergehen dienen ... Das Singen ist ein ständiges »Untertönen« meines ganzen Wesens. Wenn ich einen Ton aus mir herausgehen lasse, so ist ja wirklich ein Stück von mir selbst draußen im Raum. »Singen ist die Sprache der Liebe«, sagt der heilige Augustinus. Je mehr mein Wesen in göttliche Liebe gewandelt wird, um so selbstverständlicher wird mir die Apostelmahnung: »Singet Gott in Euren Herzen«. ... Und wo gibt es Augenblicke im Leben, wo es nicht in mir singen könnte oder dürfte? Darf ich des Morgens beim Anziehen nicht das Te Deum singen? Das geschieht gar nicht laut; vielleicht sogar so leise, daß ich es mit meinen groben äußeren Ohren nicht höre. Das Singen braucht nicht einmal unterbrochen zu werden, wenn ich zur Straßenbahn laufe, oder unter lauter unbekannten Menschen sitze. Muß ich denn wirklich, sobald ich fahre, die Zeitung oder die Illustrierte zur Hand nehmen?! So singst du leise vor dich hin. Und schließlich merkst du, daß du nicht einmal mehr wirkliche Töne zu singen brauchst, und es doch ganz vernehmlich in dir singt. Da ordnet sich der Wochenspruch in eine seltsame Melodie ein, wie die Kinder sie singen, so einfach! Solange wir nicht den Weg finden, der Kopf und Herz miteinander verbindet, statt sie als Gegensätze sich bekämpfen zu lassen, werden wir auch kein Verständnis für die kindlichgläubige Innigkeit des Psalmensingens aufbringen können."

Von der Meditationsübung des Schweigens sagt er: „Es gibt ein Schweigen, das zur sittlichen Kultur des Menschen gehört und eine Äußerung der Selbstzucht, mehr noch, der Selbstüberwindung ist: Schweigen können in Geduld, in Liebe, in verzeihender, hilfsbereiter Güte; Schweigen in Ehrfurcht vor dem Schicksal eines Mitmenschen; Schweigen in der Selbstbescheidung dessen, der seine Grenzen kennt und diese Grenzen bejaht, weil er das unreife Wesen und die Eitelkeit hinter sich gelassen hat. Zuletzt hat solches Schweigenkönnen die Voraussetzung, daß ein Mensch den unruhigen und angstvollen Kampf um die Selbstbehauptung nicht mehr kämpfen muß, weil er geborgen ist in Gott. In solchem Schweigen offenbart sich der Friede des Herzens. — Aber hier soll noch von einem anderen Schweigen die Rede sein, von dem Schweigen der Andacht."

Er spricht weiter von der Gefährdung des abendländischen Menschen durch die Technik, durch den Lärm, die Unrast, die Sucht nach Zerstreuung, Veräußerlichung und die daraus resultierende Unruhe und Lebensangst: „Wir müssen es lernen, unserem Tag wieder die Augenblicke des Schweigens, der andachtsvollen Stille, einer innersten Beruhigung und Sammlung zu schenken ... Am nächsten liegt uns, besonders dem protestantisch erzogenen Menschen, wohl das Mittel der Musik. Singe dir ein Lied ins Herz hinein, eine einzelne Strophe, bewege sie in deinem Herzen, bis sie dich ganz erfüllt, bis dein Wesen in dieser Figur webt und atmet ... Den gleichen Dienst vermag ein Wort zu tun, eine Zeile echter Dichtung ... wiederhole sie wieder und wieder, bis du in solchen Worten ganz gesammelt bist. Aber ebenso wie das lauschende Ohr kann dir das schauende Auge die Brücke zum Schweigen bauen. Sammle dich ganz in dem Blick, der ein Blatt, den Kelch einer Blume, ein reines Ornament, ein heiliges Zeichen anschaut. Und du wirst erfahren, wie dieser Weg an jenes Tor führt, wo das große gestillte Schweigen der Seele anhebt, das Atmen und Ruhen der Andacht, das ehrfürchtig demütige Stillsein der Seele.

Die besten Stunden für solche Übungen sind der frühe Morgen und der Beginn des Abends. Man sollte einen Raum besitzen, der dem Schweigen, der Andacht, dem Gebet vorbehalten ist. Der Raum wird dir nach einiger Zeit helfen, still zu werden und zu schweigen, wenn er gefüllt ist von dem Atem der Andacht und dem Geiste des Gebets. Oft wird eine ganz einfache Hilfe leiblicher Art ruhiges, gleichmäßiges Atmen sein, ein Atmen, das den ganzen Körper mit seinem Rhythmus durchdringt ... Aber bei anhaltender Übung wirst du es lernen, mitten in der Unruhe und den Geschäften des Tages einen Augenblick ans Fenster zu treten und einzutauchen in lösendes, Frieden spendendes Schweigen. Du wirst es lernen, in einem Atemzug der tiefsten Stille Kraft zu schöpfen für den Dienst der Liebe an dem Menschen, der dir begegnet und auf dich, auf deine gesammelte Gegenwart wartet."

Karl Bernhard Ritter sagt in seinem Buch „Über die Meditation als Mittel der Menschenbildung": „Wir haben die Wirklichkeit des Leibseins religiös ernst zu nehmen, haben es ernst zu nehmen, daß der Mensch Leib ist und nicht nur einen Leib als profanes Werkzeug, als ein Draußen hat, und entdecken dabei, daß wir mit solcher Erkenntnis zu vergessenen oder bis dahin unzugänglichen Aussagen der Bibel einen neuen Zugang gewinnen. Wir sehen die Aufgabe, die Leibhaftigkeit des menschlichen Daseins in das religiöse Geschehen einzubeziehen." Er weist darauf hin, daß Luther, Calvin, Johann Gerhard die Praktiken der Meditation noch kannten und befolgten, daß sie aber im Protestantismus im Laufe der zunehmenden Rationalisierung verloren gegangen sind. Er bekennt, daß uns die Menschen des Ostens wegen des Mangels an kontemplativer Haltung und Fähigkeit als Barbaren ansehen. „Zeigt uns nicht die tägliche Beobachtung der Gegenwart, wie ungeheuerlich primitiv in allem Seelischen der abendländische Mensch ist, wie widerstandslos er seiner Vitalität, seinen bloßen Triebkräften verfällt? Demgegenüber kennt der Osten in der Tat aus uralter Tradition eine genaue Beobachtung der typischen Wunschkomplexe der menschlichen Seele und besitzt nicht nur eine durchgebildete religiöse Psychologie, sondern auch ein System der Seelenführung und Gestaltung mit ethischer Abzweckung von hoher Weisheit ... Medi-

Meditierender

tation, und in weiterem Sinne überhaupt alle geistliche Übung, ist eine Form innerster Tätigkeit, in der der Mensch äußerlich passiv wird; denn nur, wenn der nach außen gewendete Tätigkeitsdrang stillgelegt wird, kommt es zu der angestrebten Aktivität des innersten Menschen, seiner zentralen Schichten. Darin liegt die besondere Bedeutung begründet, die die geistliche Übung für den abendländischen Menschen der Gegenwart hat.

... Entscheidend für den christlichen Charakter einer Meditation im Unterschiede etwa von den Meditationsübungen des Zen-Buddhismus im Osten ist nicht die psychologische Form des Geschehens als solche, sondern der »Gegenstand«, dem die Meditation sich zuwendet. Dadurch wird ihr religiöser Charakter bestimmt und entschieden. Es erweist sich aber, daß die Grundinhalte der christlichen Verkündigung sich nur der meditativen Haltung erschließen. Alle religiösen Gehalte, um die es im Christentum geht, kann der Mensch sich nur schenken lassen. Dann, wenn wir in uns eingehen lassen Brot und Wein, was uns durch Christus von Gott gegenwärtig wird, wird uns aufgehen, daß uns im Christentum nicht eine Ideologie dargeboten, daß hier nicht bloße Lehren vorgetragen werden, sondern uns an einer Wirklichkeit Anteil gewährt wird."

Begreifend und aufleuchtend vernehmen wir das Wort des Apostels Paulus an die Korinther (4): „Wir haben aber solchen Schatz in irdenen Gefässen, auf daß die überschwengliche Kraft sei Gottes und nicht von uns."

DAS INNERE LICHT
DIE QUÄKER

Wenn es die Quäker nicht gäbe, könnte man im heutigen Abendlande an den Menschen und an der Menschheit verzweifeln. Nimmt man gleich welche Zeitungen, die Spiegelbilder des Alltags und des politischen Lebens, zur Hand, so wird einem eindrucksvoll das Dasein und sein Schöpfer, der Mensch, mit seiner abgrundtiefen Fehlerhaftigkeit vor Augen geführt. Hader der Parteien, Wettrüsten, Haß, Unversöhnlichkeit, Diffamierung des Andersgläubigen, Unversöhnlichkeit der Konfessionen innerhalb des Christentums, Verderbtheit und Bestechlichkeit der Obrigkeit und der oberen Zehntausend, seelische Verkommenheit der Massen, Streben nach Besitz und Lust unter allen Umständen, Verfall der Verantwortlichkeit und der mitmenschlichen Beziehungen, Abfall vom Glauben, Verlust der Bindungen zur Religion, zur Tradition, geistige Indifferenz beherrschen das Bild der Gegenwart.

Mitten aus dieser ungerichteten und emotional verarmten Masse im Abendlande ragt eine kleine Gruppe von kaum 200 000 Menschen, vorwiegend in den Vereinigten Staaten Amerikas und in England, heraus, die seit dreihundert Jahren von dem leuchtenden Feuer des frühen Christentums ihre geistige Nahrung erhält. Eine Gruppe, die ebenso als urchristliche Gemeinde wie als modernste und sehnlichst erhoffte Gesellschaftsform eines geistig erneuerten Abendlandes angesehen werden kann. Ihre Geschichte ist eine einzige Konzentration von geistigem Heldentum, Heldentum des Opfers, der Menschenliebe, der Aufrichtigkeit, des Dienstes für andere, der Toleranz und des Kampfesmuts. Wo es auch in den letzten dreihundert Jahren soziale Reformen gab, sie sind, man kann es fast uneingeschränkt sagen, von den Quäkern ausgegangen. Es begann mit der Postulation der Menschenrechte, die von *William Penn* bei der Gründung von Pennsylvanien eingeführt wurden. Die Befreiung der Menschheit von der Sklaverei, für die *John Woolman* sich einsetzte, die Reform der Gefängnisse, für die *Elizabeth Fry* kämpfte, die soziale Fürsorge, die Fürsorge für die Industriearbeiter, der Kampf gegen Diktatur und Diffamierung von Menschen, der Kampf gegen den Krieg, der Kampf um die Ehrfurcht vor dem Menschen und nicht zuletzt der Kampf um den Daseinsschutz des Tieres, oder der Kampf um die Gleichberechtigung der Frau, sie sind alle von den Quäkern zu einer Zeit initiiert worden, als das Abendland noch nicht in der Lage war, alle diese Forderungen geistig zu begreifen, geschweige denn zu verdauen.

Wenn ein wahrhaft suchender Abendländer heute die Frage stellen würde, eine Herzensfrage: „Wo finde ich heute Menschen, die ganz ohne Falsch, ohne Vorurteile, ohne Haß, ohne Hochmut, ohne Geiz, liebend, dienend, tolerant, uneingeengt durch irgendwelche politischen oder kirchlichen oder weltanschaulichen Dogmen sind?" — man könnte ihm sagen: „Geh zu den Quäkern." Und er wird von ihnen nicht enttäuscht werden.

In einer Zeit des kirchlich-religiösen Verfalls und einer verzweifelten Suche nach neuen religiösen Formen, als es im Abendlande neben der katholischen Kirche die Lutheraner, die Calvinisten, die Zwinglianer, die Wiclifiten, die anglikanische Kirche, die Presbyterianer, die Independenten, die Seekers, die Episkopalianer, die Baptisten, die Socinianer, die Brownisten, die Arminianer, die Männer von der fünften Monarchie, die Familisten, die Muggletonianer, die Ranters und manche andere gab, kam dem Schuster *George Fox* im Jahre 1646 die geistige Erleuchtung. Er brach mit allen Traditionen der Kirche, mit ihren Riten, Bräuchen, Dogmen, Lehren, Legenden, Verehrungen, Symbolen, Priestertum, und wandte sich „von Mensch zu Gott" allein der Lehre Christi zu. Er wanderte von Ort zu Ort und predigte seine Lehre. Er und seine Jünger wurden verhaftet und für Jahre in stinkende Gefängnisse und Verließe geworfen, weil sie beschuldigt wurden, Revolutionäre — was sie auch waren — zu sein. Sie sprachen alle Mitmenschen ohne Unterschied des Rangs mit Du an, sie nahmen weder vor der Obrigkeit noch vor dem König den Hut ab, sie verabscheuten die Priester der Kirchen als bezahlte Gottesdiener und behaupteten, daß nur der von Gott reden dürfe, der von Gott inspiriert sei. Sie weigerten sich am Krieg teilzunehmen und Waffen gegen die Mitmenschen zu erheben. Sie leisteten unter keinen Drohungen einen Eid. Sie gingen in keine Kirche und hielten ihre Gottesdienste im

Freien oder in Versammlungshallen schweigend ab. Die Anhänger George Fox' waren von seinen Lehren so begeistert, daß sie die Forderungen einer solchen Lebenserneuerung bedingungslos erfüllten. Es gab Zeiten im siebzehnten Jahrhundert, da 12 000 Quäker in Gefängnissen schmachteten, hunderte von ihnen starben, ohne ein Wort des Hasses und der Verwünschung; es war eine Bereitschaft zum Martertode da wie bei den frühen Christen, und sie vollzog sich in derselben unpathetischen Nüchternheit. Wenn die Eltern von den stillen Andachten auf den Straßen hinwegverhaftet wurden, kamen ihre unmündigen Kinder und standen stellvertretend für sie in der schweigenden Andacht. Ähnliches ist seit der Zeit des Urchristentums nur durch den großen Befreier und Erneuerer Indiens, Mahatma Gandhi, verwirklicht worden.

Diese Lehre ist in den dreihundert Jahren ihres Bestehens bis heute nicht verdorben, nicht in neuen Dogmen erstarrt oder formalistisch geworden. Heute wie damals strahlt das „innere Licht" durch die Menschen, die sich freiwillig zu dieser Lehre bekennen. Keine Lehre, keine Kirche und keine politische Partei im Abendlande hat es fertig gebracht, Charaktere von solcher Reinheit, Menschlichkeit und inneren Freiheit und Großzügigkeit zu formen wie diese kleine Gruppe.

Der Quäker hat eine ganz spezifische Beziehung zu Gott, eine direkte Beziehung. Kein Dogma, kein Priester steht dazwischen, er ist Gottes Kind, und als solches sieht er alle seine Mitmenschen ohne Unterschied der Stände und der Rassen an, ebenso erkennt er Gott in aller Kreatur. Christus ist ihm der Sohn Gottes, sein großer Bruder, sein Lehrer und höchstes und erhabenstes Vorbild. Gott strahlt sein Licht über alle Kreatur; doch ist es der Sinn des Menschen, dieses in ihn eingestrahlte Licht zum Leuchten zu bringen, er ist gleichsam das Wachslicht, das durch das Feuer des Geistes angezündet werden muß. Dieses Anzünden und Erhalten des Leuchtens kann durch eine nimmer nachlassende praktische Meditation, ein Nie-sich-Entfernen von Gott und seinen Geboten erzielt werden.

Nichts Unmögliches wird von ihnen verlangt. Die Quäker nennen sich nicht eine Kirche, sie wollen auch keine sein, sie nennen sich eine Gesellschaft: „religiöse Gesellschaft der Freunde" — Freunde des Menschen, Freunde Gottes, Freunde der Tiere, Freunde der Kreatur ist damit gemeint. Das erste Prinzip ist ein Religiöses — das „Gotteskind-sein", sich in dieser bedingungslosen Kindschaft, in dem Geborgensein und Vertrautsein fühlen, gleich welche Schicksalsschläge geschehen mögen. Aus diesem Erlebnis fühlt sich der „Freund" als Bruder aller Menschen und Tiere. Wie kann er dann jemandem Böses wünschen oder zufügen?! Er muß zu seinem Glauben mutig und aufrecht stehen, aber er versucht nicht, andere dazu zu bekehren oder den Glauben anderer, sei er christlich oder nicht, verächtlich zu machen. Es ist immer der gleiche Gott und der gleiche Mensch, der glaubt. Er soll gegen jeden, auch gegen den, der ihn haßt, freundlich und liebend sein. Er soll den Menschen immer mehr achten als sich selbst und soll ihm immer Gutes erweisen. Er soll absolut ehrlich sein, keine unnützen Worte sprechen, niemand verleugnen, keine Unwahrheit sprechen; er soll einfach leben, keine Bedürfnisse in sich erzeugen und allen Überfluß an Ärmere abgeben. Er soll nie über andere urteilen. Nicht menschliche noch kirchliche Gesetze sind für ihn maßgebend als allein Gott und sein eigenes Herz, das ein Spiegel Gottes ist. Bevor er über irgend jemand urteilt, fragt er sich, wie würde Gott in seiner unendlichen Barmherzigkeit über diesen urteilen, da Er sein Gnadenlicht auch über jenen ergießt, und dann wird er gütig und verzeihend in seinem Herzen.

Das „Innere Licht" ist das Herz der Lehre; die nie ermüdende, gelassene Selbstdisziplin ist ihr Gerüst, ihr Leib. In der leuchtenden Aufrichtigkeit und Gesetzesarmut ihres Seins erinnern sie an die Indianer alter Zeiten oder an die Zen-Buddhisten in ihrer illusionslosen Mystik. Es ist wie bei den Urchristen — erlebte und getätigte Religion des Alltags, das lebendige Bewußtsein: „Wo ich auch bin, ich bin, und Gott ist gegenwärtig an jedem Ort und zu jeder Zeit, ich kann mich von ihm weder entfernen noch losbinden." Dieses Erlebnis Seiner Allgegenwart und Nähe und Liebe gibt das Öl ab für das leuchtende Licht.

Aus dieser Gesinnung und Gesittung wird das Leben zu einem Zustand der praktischen Meditation; alles Tun, Denken, Verhalten, jede Beziehung werden unter der Partnerschaft Gottes erlebt und getätigt, auf allem Sein liegt der, allerdings unpathetische Heiligenschein einer begnadeten Gesinnung. Der Quäker glaubt sich nicht von der Gnade Gottes, der er teilhaftig werden kann oder nicht, abhängig; er *weiß* sich in dieser Gnade, da Gott nicht anders sein kann als gnädig. Diese Überzeugung macht ihn innerlich froh, gütig und gelassen. Er weiß sich von Gott geführt, es gibt für ihn keinen Zufall, es sei denn, daß ihm gerade diese oder jene

Begegnung, ein Erlebnis, eine Kränkung, ein Unfall, eine Freude zufällt, auf die er, wie auf eine Frage Gottes, wie ein Schüler vor seinem Lehrer, antworten muß — so fügt sich das Sein zu einer Sinnerfüllung. Da aber jede Frage überlegt und richtig beantwortet werden muß, geht der Quäker an keinem Erlebnis leichtsinnig oder unachtsam vorbei.

*

Wenn man fragt, wie ist die geistige und die Lebensordnung der Quäker, so sei gesagt, daß sie kein Dogma und keine geschriebenen Gesetze besitzen. Im kirchlichen Sein haben sie keine Taufe, keine Firmung, kein Sakrament der Ehe, kein Priestertum.

Sie leben sehr intensiv in der Gemeinschaft der Freunde und treffen sich regelmäßig zu den schweigenden Andachten. Sie sitzen in sich gekehrt beieinander und meditieren. Das Schweigen ist keine leere Stille, es ist eine wirkliche schwingende heilige Hesyché, eine schweigende Reglosigkeit. Sie beten nicht mit vorgeschriebenen Gebeten, ihr Beten ist nicht auf Erlangung von Besitz oder persönlichem Vorteil gerichtet. Wenn sie beten, beten sie um die innere Erleuchtung, um die Mehrung des inneren Lichts und der Kräfte der Liebe. Manchmal hält einer, der sich von Gott dazu berufen weiß, eine geistliche Ansprache. Da in ihnen allen das Gefühl der Menschenachtung und der Verantwortlichkeit auf das intensivste sensibilisiert ist, kommt es nicht vor, daß ein Schwätzer oder Eitler oder Ehrgeiziger es wagen würde, redend vor die Gesellschaft zu treten.

Bei anderen Versammlungen, die aber alle mit der schweigenden Andacht beginnen, werden die aktuellen Fragen der Gesellschaft und die persönlichen sowie die sozialen und politischen Probleme besprochen. Alles geschieht in größter Ruhe, Gelassenheit und Würde; niemand erhitzt sich, niemand widerspricht heftig, alle lauschen und überlegen, ehe sie antworten. Es gibt keine Stimmabgaben, denn dadurch würde die Meinung einer Minderheit unterdrückt. Entweder kommen alle zu einer Meinung oder es geben einige freundlich bei. Kommt man zu keiner Einigung, so wird eine schweigende Andacht eingelegt, es kommt zu vertiefter Überlegung des Problems. Wenn dann noch keine Einigung herrscht, wird das Thema vertagt. Niemand wird versuchen, einen anderen zu überreden.

Auf der Jahresversammlung der Freunde, bei der sie in großen

Mengen zusammenkommen, werden alle wichtigen Fragen und die Aktionsplanung für das nächste Jahr besprochen.

Es gibt keine Zeremonie der Hochzeit. Ein Paar, das den Ehebund schließen will, meldet es der Gesellschaft. Vor der Versammlung der Freunde bekunden sie ihren Willen; es wird ein Ehekontrakt angefertigt, den alle Anwesenden unterschreiben. Dann feiern sie das Fest der Hochzeit mit den Freunden zuhause.

Ähnliches gilt von den Totenfeiern. Die Gemeinde versammelt sich zur Stillen Andacht, einer der nächsten Freunde spricht über den Verstorbenen. Die Friedhöfe der Quäker sind weite Wiesen, auf denen kleine niedere Grabsteine mit dem Namen des Verstorbenen ein wenig aus der Erde hervorragen.

Mehrmals täglich ist es der Quäker gewohnt, sich schweigend für kürzere oder längere Zeit zurückzuziehen, um zu beten und nachzudenken; er prüft sein Gewissen, seine Gedanken, seine Pläne, sein Verhalten. Von den gemeinsamen schweigenden Andachten sagt *Robert Barclay:* „Wenn ich zu den schweigenden Versammlungen der Gottesfreunde kam, fühlte ich die geheime Kraft in ihnen, die mein Herz berührte, und als ich mich selbst dem hingab, fühlte ich, wie das Böse in mir schwächer wurde und das Gute in mir emporstieg."

Der Quäker ist ein freier Mensch und er ist frei von Angst, denn er lebt nicht in der Welt der Lüge und des Betrugs, er ist ein Liebender. Er ist gelassen und niemals in Hast. „Freunde, seid nicht hastig — sagte Georg Fox — denn jener, der an das innere Licht glaubt, bedarf keiner Hast." Der Nichthastige ist geduldig, geduldig zum Zuhören, zum Tragen und Dulden.

Wichtigstes Prinzip ist Bescheidenheit, Einfachheit im Wohnen, Kleiden und Essen. Nichts wird zum Selbstzweck; alles, wessen der Mensch bedarf, soll ihm gewährt werden, nichts darf aber zur Sucht werden. Es gibt unter den Quäkern keine Protzer, keine Trinker und Fresser, noch Prasser, noch Eitle. Der Mensch solle nie gegenüber anderen auffallen. Eine gemäßigte Askese ohne jede Selbstkasteiung ist die tragende Sitte. Niemals schwört der Quäker; es ist selbstverständlich, daß er die Wahrheit sagt, denn er lügt nicht einmal in den üblichen Kleinigkeiten. Er hat den Mut zur Wahrheit, auch wenn er sich selbst dabei schaden müßte.

In der Erziehung wie im Familienleben wird nach streng demokratischen Gesetzen vorgegangen. Ehe im Abendlande die Frage nach der Gleichberechtigung der Frau lebendig wurde, wurde sie bereits im siebzehnten Jahrhundert von den Quäkern vollzogen. Sie kennen keine sozialen Unterschiede zwischen Mann und Frau; in der Familie und in der Gesellschaft haben sie gleiche Rechte. Auch das Kind wird als ein denkender und handelnder Mensch betrachtet, man erzieht es mit Milde, Stille und mit dem guten Beispiel. Seine Meinung wird erforscht, und die Eltern antworten nie mit Aggression und Ungeduld oder Heftigkeit auf Unarten des Kindes.

Ihre Friedfertigkeit erstreckt sich nicht nur auf das familiäre und gesellschaftliche Leben. Sie lehnen jeden Krieg als unchristlich ab und sie weigern sich, in das Menschentöten einbezogen zu werden. Sie nehmen lieber Gefängnis und Todesstrafe auf sich, als sich zu den Waffen pressen zu lassen. Im Ersten Weltkrieg haben allein in England 5596 Quäker wegen Kriegsdienstverweigerung bis April 1919 in Gefängnissen gesessen. In Amerika waren es nur dreizehn. Aber während die christliche Menschheit sich gegenseitig mit den grauenvollsten Waffen vernichtete und zerfleischte und die Sieger nach dem Krieg über die Besiegten harte Gerichte abhielten, waren es die Quäker, die als erste Soldaten des Christentums, des Friedens und der Liebe in die verwüsteten Gebiete eindrangen und mit den Waffen der Liebe den Hungernden, den Verwaisten, den Heimatvertriebenen, den rassisch Diskriminierten, den Obdachlosen brüderlich ihre helfende Hand reichten. Diese kleine Gruppe in der Welt leistete ein Hilfswerk von ungeahnten Ausmaßen; jeder setzte seine ganze Persönlichkeit und seinen Besitz ein. Vor ihrem guten Willen wich sogar nationalistische Überheblichkeit und Mißtrauen und parteipolitische Engstirnigkeit.

*

Auch sie haben ihre Heiligen, ihre großen Helden, ihre Dulder und Märtyrer. Doch, da sie außer Gott und Christus nichts oder alles als heilig oder geheiligt erachten und da sie völlig real und unpathetisch sind, werden die größten unter ihren Freunden nicht anders als die Kleinsten verehrt.

Da ist ihr Begründer, *George Fox* (1624—1691), dem 1646 die große Erleuchtung kam und der von Ort zu Ort in England und Amerika wanderte und den Menschen von dem inneren Licht predigte. Immer wieder wurde er wegen Rebellion, Insubordination und Beleidigung der Priesterschaft, die er ablehnte, ins Gefängnis geworfen; aber weder Hunger, noch Kälte, noch Dunkelheit, noch Krankheiten brachen diesen konzentrierten Geist. Während er in den Gefängnissen schmachtete, hielt seine Frau und Jüngerin *Margret Fell,* die Witwe eines Parlamentsmitglieds und Friedensrichters auf Swarthmore Hall, alle Fäden in ihrer Hand; sie beherbergte die Verwaisten und die Familien von Inhaftierten und übermittelte Nachrichten hin und her. Swarthmore Hall wurde durch die großartige und aufopfernde Frau zu dem frühesten Zentrum des Quäkertums.

Rufus Jones, ein Jünger von Fox, schreibt: „Gegründet wurde eine Religion, die auf der direkten Erfahrung von Gottes Gnade und verzeihender Liebe beruht. Keine Religion von frommen Schaustellungen oder feierlichem Fasten oder düsteren Mienen, oder schmerzhaftem Suchen nach dem göttlichen Gesetz. Es ist eine Religion, die mit der triumphierenden Gewißheit der göttlichen Vergebung, der göttlichen Nachfolgschaft und der immerwährenden göttlichen Erleuchtung beginnt und endet."

Freund und Fortsetzer der Arbeit George Fox' war der große Staatsmann *William Penn* (1644—1718). Sohn eines der höchsten Beamten der Krone, des Großadmirals, ging er als Student zu den Quäkern über. Er durchwanderte, ähnlich wie seine anderen Glaubensgenossen, predigend sein Vaterland, wurde wiederholt verhaftet und eingekerkert; kaum war er draußen, nahm er sein Apostelamt wieder auf. Der König schuldete seinem Vater eine ansehnliche Summe. Penn wagte, um die großartige Idee einer völlig neuartigen Staatsbildung zu verwirklichen, den König zu bitten, ihm in Amerika große Ländereien als Äquivalent zu geben. Er bekam den Bezirk, der jetzt als Pennsylvanien nach ihm benannt ist. Die Freunde, die im Mutterland verfolgt und auch in Amerika von den in England ebenfalls verfolgten Puritanern verjagt und ausgewiesen wurden, konnten nun nach Pennsylvanien auswandern und dort siedeln. Penn wurde Gouverneur dieses Gebietes. Er schuf ein neuartiges Statut im Geiste der Freunde. Es wurden friedliche Verträge zwischen den Siedlern und den Indianern geschlossen, die von beiden Seiten nicht gebrochen wurden. Penn verbot, den Indianern Spirituosen zu verkaufen oder sie ihnen einzutauschen. Es durften ihnen nur für sie nützliche Dinge abgegeben werden. Die Indianer erhielten, zum ersten Mal in der Geschichte Amerikas, die gleichen Rechte wie die Weißen; auch die Gerichte des Landes wurden von Weißen wie von Indianern paritätisch besetzt, eine für die damalige Zeit und Gesinnung ungeheure Tat! Es wurde absolute Glaubensfreiheit proklamiert. Es gab keine Todesstrafe; statt der Gefängnisstrafe wurden die Rechtsbrecher erzogen. Ein demokratisches Schulsystem für alle Kinder wurde errichtet. Sklaverei wurde verboten. Die Verfassung bestimmte, daß jeder Knabe neben seiner intellektuellen Erziehung ein Handwerk erlernen mußte. Die Verfassung Pennsylvaniens diente später als Muster für die Verfassung der Vereinigten Staaten, und bei der Französischen Revolution zur Postulation der Menschenrechte. Pennsylvanien war das heilige Experiment der Quäker. Es konnte auf die Dauer nicht vollständig geraten, da durch die Proklamation der Glaubensfreiheit ungezählte Angehörige von bedrängten und verfolgten Sekten sich dort ansiedelten, so daß die Freunde in ihrem Land schließlich in der Minderheit waren. Da die Regierung eine streng demokratische war, wurden sie gegen ihre Überzeugung gezwungen, wesensfremde Erlasse und Bestimmungen anzunehmen, so etwa die Bewaffnung und Beschützung ihrer Landesgrenzen.

William Penn ist der erste, der die Idee eines Völkerbunds konzipierte. Er veröffentlichte eine Schrift: „Versuch, den Frieden von Europa für Gegenwart und Zukunft zu schützen", in dem alle modernen Gedanken bereits in aktuellster Form vorhanden sind. Politik der Gewaltlosigkeit ist das Motto dieser Konzeption.

Der erste Vorkämpfer für eine Befreiung der Neger aus der Sklaverei war der Quäker *John Woolman* (1720—1772). Die afrikanischen Neger waren Schwarze und Nichtchristen, ob sie überhaupt Menschen waren, war zweifelhaft. Jedenfalls ist es erstaunlich, daß es keinem Christen gleich welcher Konfession aufgefallen war, daß Sklaverei sich mit der Lehre des Christentums in keinem Falle vereinen läßt. Es mußten erst die Freunde mit ihrem sensibilisierten christlichen und brüderlichen Gewissen kommen, um daran Anstoß zu nehmen. John Woolman war ein unbedeutender Schreiber in einer kleinen amerikanischen Stadt. Unter anderem hatte er die Kaufverträge über Ankauf und Verkauf von Negersklaven zu fertigen. Das vereinte sich nicht mit seinem Gewissen. Er gab den Beruf als Schreiber auf und begann im Lande umherzureisen. Er sprach bei den Plantagenbesitzern vor, er predigte nicht, er forderte nicht; mit leiser und freundlicher Stimme sprach er von der Unvereinbarkeit, Christ zu sein und Sklaven zu besitzen. Er erwartete keinen Umsturz und keine plötzliche Reaktion, aber er wirkte unentwegt. Er ging nicht auf Diskussionen ein, lächelnd und leise sagte er nur: „Das ist ein Unrecht." Solche Lehren zünden nicht, sie schwelen langsam unter dem Herzen, bis sie das Gewissen entzünden. So dauerte es noch dreißig Jahre nach seinem Tode, bis die Gesellschaft der Freunde feierlich erklärte, daß die Sklaverei aufgehoben sei und kein Freund Sklaven halten dürfe.

Wenn heute unsere Rechtsbrecher nicht für jedes kleine Delikt geköpft und gehängt werden und nicht lebenslänglich in stinkenden Verließen verfaulen müssen, verdanken sie es nicht zuletzt einer zarten Frau, der Quäkerin *Elisabeth Fry* (1781—1845). Durch Zufall bekam sie Einblick in ein Frauengefängnis. Sie wurde von der Verwahrlosung, dem Elend und Dreck, der moralischen Verkommenheit der Insassen, der Brutalität der Wärter zutiefst erschüttert. Von diesem Augenblick an widmete sich die junge Ehefrau und Mutter von mehreren Kindern der Reform des Gefängniswesens. Gegen die öffentliche Meinung mit ihrem Rachebedürfnis erreichte sie durch unablässige Belehrung und Überzeugung, daß die Gefängnisräume gesäubert wurden, daß nicht so viele Menschen in einen Raum gesperrt wurden, daß eine Fürsorge für die Frauen errichtet wurde, daß sie arbeiten durften. Sie selbst übernahm die Seelsorge, sie reiste umher und besuchte die Gefangenen, sprach mit ihnen über ihre Sorgen und Nöte. Sie proklamierte Erziehung statt Strafe, Fürsorge für die Eingekerkerten und für die aus der Haft Entlassenen, gesundheitliche und seelische Hygiene für die Häftlinge. Sie bereiste den europäischen Kontinent und besuchte dort die Gefängnisse. Mit Milde und unerschütterlicher Überzeugungskraft kämpfte sie um ihr christliches Werk. In Deutschland, Rußland, den Niederlanden, Frankreich fanden ihre Ideen begeisterte Aufnahme. König Wilhelm IV. von Preußen war ihr Bewunderer. *Wichern* wurde durch sie angeregt, Männer zur Gefangenenpflege auszubilden.

Kein Gebiet des Alltagslebens gibt es, auf dem die Quäker durch ihre lebendige Unvoreingenommenheit, Unmittelbarkeit und natürlichen Drang zum Helfen nicht Großes und Neuartiges geleistet hätten, sei es Erziehung, Erwachsenenbildung, soziale Fürsorge, Nachbarschaftsarbeit, Fürsorge für die Alten.

Auf dem Gebiete der Industrie haben drei der berühmtesten Schokoladenfirmen Englands und der Vereinigten Staaten, die *Fry*, *Rowntree* und *Cadbury*, Mustergültiges geleistet. Sie haben ihre Fabriken auf das Land verlagert und für ihre Arbeiter und Angestellten in schöner Landschaft herrliche Siedlungsanwesen errichtet. Die Mitarbeiterschaft dieser drei voneinander unabhängigen

Firmen lebt mit ihren Arbeitgebern, die Quäker sind untereinander wie eine große Familie. Lange vor dem Versuch der Lösung sozialer Probleme auf dem Wege der Politik haben mutige und christliche Freunde auch auf diesem Gebiet eine einfache und unpathetische Lösung gefunden.

*

Keine christliche Konfession und keine religiöse oder weltanschauliche oder politische Gruppe hat den Menschen zu einer solchen Reinheit, Ehrlichkeit, Aufrichtigkeit, Friedfertigkeit, Toleranz, Güte, mitmenschlichem Verstehen, Helfen, Dienen und Disziplinieren der eigenen Triebe geformt. Diese Menschen, die eine höchst individuelle, einfache, undogmatische, aber tiefste und persönlichste Bindung zu Gott haben, haben ein christliches Idealbild des Menschen ohne innere Kämpfe, ohne Anfechtungen und Neurosen verwirklicht, weil sie sich einem liebenden, verstehenden und verzeihenden Gott zuwandten. Der Quäker vereinigt in sich den Weisen und den Heiligen, wie er nur kurze Zeit im Urchristentum lebendig war. Aber er trägt die Heiligkeit wie ein Alltagskleid, ohne Heiligenschein, und die Weisheit wie ein heiteres Kind, spielend und ohne aufgesetzte Würde.

Was er uns lehrt, ist, daß der Mensch durch milde Gesinnung und Gesittung, durch Vergeistigung und unermüdliche, aber ungezwungene Selbstdisziplin sich zu einem solch reinen Gefäß des Geistes gestalten kann.

ABSCHIED VOM LESER

Es ist wohl das Schicksal des Menschen, daß er sich selbst als Mittelpunkt der Welt erlebt. In weiteren Kreisen, mehr oder minder entfernt von diesem Mittelpunkt, gruppiert sich die Familie, die Sippe, die Gefreundschaft, die Arbeitskameraden, der Häuserblock, das Dorf, die Heimatstadt, sein Landbezirk, sein Vaterland, seine Kirche, seine Sprache, seine politische Meinung, seine Weltanschauung. Jenseits dieser magischen, egozentrischen Kreise beginnt die Fremde, das Böse, das Dämonische, das Feindliche, das Unheimliche, das Schmutzige.

Mit innerem Widerwillen wenden wir uns ab von dem Andersdenkenden, dem Angehörigen einer anderen Rasse, ja anderer Gesellschaftsklassen, anderer religiöser oder politischer Bekenntnisse. Solange wir nicht lernen, diesen uns eingeborenen, primitivsten Schichten unseres Seins entstammenden Egozentrismus zu überwinden, wird jeder von uns weiter eine Keimzelle der Kriege, der gegenseitigen Vernichtung, des Hasses und der Unduldsamkeit bilden, und wir sollten uns nicht wundern, daß die „Welt“ schlecht bleibt. Sie ist so gut und so schlecht, wie jeder einzelne von uns.

Worum es in dieser kleinen Welt, die durch die Errungenschaften der Technik immer kleiner wird, geht, ist, daß wir endlich mit mehr Ehrfurcht und mehr gegenseitigem Verständnis einander in der Nähe und in der Fremde begegnen und daß wir den Anderen, nicht nur den Menschen, auch jegliche Kreatur und jedes Ding, achten und lieben lernen als ein Geschöpf Gottes.

Mit Schaudern und Entsetzen lesen wir von den grauenhaften Hexenverbrennungen, durch die die Kirche sich der unliebsamen Elemente entledigte. Aber hier und jetzt, unter unseren Augen, rechts und links von uns und aus unserer Mitte werden Völker, als unliebsam gekennzeichnet, zu Massen in Gasöfen verbrannt, erschossen, vernichtet, werden Geisteskranke und politisch Andersdenkende liquidiert, werden Kriegsgefangene für Jahrzehnte unter furchtbaren Lebensumständen interniert, werden Menschen auf Nimmerwiedersehen verschleppt, werden schwächere Völker überfallen.

Eine spätere, klarere und Gott nähere Menschheit wird unsere Zeit als den Höhepunkt der Menschenverachtung ansehen.

Es gibt nur *ein* Heilmittel gegen den Krebsschaden der Entfremdung der Menschheit von Gott, vom Mitmenschen, von der Kreatur: den Sprung aus dem Zauberkreis des Egoismus in den Kreis, den uns der Abt Dorotheus beschreibt (Seite 144), in dessen Mitte Gott ist und von dessen Peripherie der Gott suchende Mensch in Tuchfühlung mit Mensch und Kreatur sich liebend, dienend und demütig zu Ihm hin bewegt. Aus jener Nähe, die der Gott Begegnende zu Gott und zu den Kreaturen erlebt, gibt es dann keine Unterschiede, nicht die der Rasse, noch des Volkes, noch der Sprache, noch der Religion, noch der Weltanschauung.

Das, was der Indianer in seiner Hinneigung zum „Großen Geist“ ausdrückt: „Laßt uns Verwandte von allen Kreaturen und allen Dingen sein!“, wird dann Wirklichkeit für uns alle.

LITERATUR

ZUM VORWORT

Victor Gollancz, A Year of Grace. Gollancz Edition 1950
Angelus Silesius, Cherubinischer Wandersmann. Dieterichsche Verlagsbuchhandlung
Gustav Mensching, Das lebendige Wort. Holle-Verlag 1952
Konrad Haemmerling, Die fünf Weltreligionen. Hammer-Verlag 1947
Aldous Huxley, Die ewige Philosophie. Steinberg-Verlag, Zürich 1949
Die großen nicht christlichen Religionen. Kröner-Verlag, Stuttgart 1954
K. Graf Dürckheim, Durchbruch zum Wesen. Niehans Verlag, Zürich
G. Schmalz, Östliche Weisheit und westliche Psychotherapie. Hippokrates-Verlag
Angelus Silesius, Von Gott und des Menschen Wesen. Hyperion-Verlag

CHINA

Liu tsin sen, China und Japan im Spiegel der Geschichte. Zürich 1944
Dschuang dsi, Das Buch vom südlichen Blütenland. E. Diederichs Verlag
Lao tse, Das Buch vom Sinn und Leben. Eugen Diederichs Verlag
F. E. A. Krause, Ju-Tao-Fo. Die religiösen und philosophischen Systeme Ostasiens. München 1924
Yüan-kuang, I Ging. Praxis chinesischer Weissagung. O. W. Barth Verlag 1951
R. Wilhelm, I Ging. Buch der Wandlungen. Eugen DiederichsVerlag 1924
R. Wilhelm, Kung fu tse. Gespräche. Eugen Diederichs Verlag 1924
F. X. Biallas, Kunfuzius und sein Kult. Peking-Leipzig
Lao tse, Lin Yutang. Fischer-Bücherei 1955
Arthur Waley, Lebensweisheit im alten China. M. v. Schroeder Verlag
So spricht Konfuzius. O. W. Barth Verlag 1954
Lao tse, Tao te king. Werner Zimmermann Verlag, Thielle 1949
Lao tse, Tao te king. O. W. Barth Verlag 1956

BUDDHISMUS

Kurt Schmidt, Buddhistische Heilige. Weller Verlag, Konstanz 1947
Edward Conze, Der Buddhismus. Wesen und Entwicklung. Urban-Bücher
H. v. Glasenapp, Buddhistische Mysterien. Spemann Verlag, Stgt. 1940
Buddhistisches Brevier. Denkübungen aus dem Pali-Kanon. Weller Verlag
Kurt Schmidt, Buddhas Lehre. Weller Verlag, Konstanz
H. W. Stromeyer, Der Buddhismus in Indien und im Fernen Osten. Zürich 1936
Kurt Schmidt, Worte des Erwachten. O. W. Barth Verlag
Friedrich Heiler, Die buddhistische Versenkung. Ernst Reinhardt Verlag
Walter Mangelsdorf, Erlebnis Indien. Vieweg-Verlag 1950
Nyanaponica, Satipatthana. Christiani Verlag, Konstanz
So spricht Buddha. O. W. Barth Verlag 1953
The teachings of the compassionate Buddha. New American Library 1955

JAPAN

Ogata Sohaku, A guide to Zen practices. 1934
W. J. Gabb, Beyond the Intellect. Tales of Tokuzan. 1944

Kakuzo Okakura, Das Buch vom Tee. Insel-Bücherei 1950
D. T. Suzuki, Die große Befreiung. Weller Verlag, Konstanz 1947
K. Graf Dürckheim, Im Zeichen der großen Erfahrung. O. W. Barth Verl.
K. Graf Dürckheim, Japan und die Kultur der Stille. O. W. Barth Verlag
D. T. Suzuki, Philosophy — East and West. 1944
D. T. Suzuki, Zen und die Kultur Japans. Dtsche Verlagsanst., Stgt. 1941
Christmas Humphreys, Zen Buddhismus. O. W. Barth Verlag 1951
Eugen Herrigel, Zen in der Kunst des Bogenschießens. O. W. Barth Verlag
Zen Buddhism and its relation to art. Arthur Waley 1922

YOGA-LEHRE

Bhagavadgita. Des Erhabenen Gesang. Eug. Diederichs Verlag
Walter Eidlitz, Bhakta. Claassen Verlag, Hamburg 1951
Werner Bohm, Chakras. O. W. Barth Verlag 1953
Swami Omkarananda, Dawn of divine life. Rishikesh 1955
Romain Rolland, Das Leben des Ramakrishna. Rotapfel-Verlag, Zürich
Raja von Aundh, Das Sonnengebet. Günther Verlag, Stgt. 1952
Joh. Hohlenberg, Der atmende Gott. W. Krüger Verlag, Hamburg 1954
H. H. v. Feltheim-Ostrau, Der Atem Indiens. Claassen Verlag, Hamburg
Rudolf Kassner, Der indische Gedanke. Leipzig 1921
F. K. Endres, Die großen Religionen Asiens. Rascher-Verlag, Zürich 1947
Paul Deussen, Die nachvedische Philosophie der Inder. Leipzig 1931
H. v. Glasenapp, Die Philosophie der Inder. Kröner Verlag, Stgt. 1949
C. Kerneiz, Lehre und Praxis des Hatha Yoga. O. W. Barth Verlag 1952
Swami Vivekananda, Inana Yoga. Rascher-Verlag, Zürich 1940
Jean Herbert, Indischer Mythos als geistige Realität. O. W. Barth Verlag
Hermann Beckh, Indische Weisheit und Christentum. Urachhaus, Stgt.
Radhakrishnan, Indian Philosophy. London 1911
Mahatma Gandhi, Jung Indien. Rotapfel-Verlag, Zürich 1924
Christmas Humphreys, Karma und Wiedergeburt. Rascher-Verlag, Zürich.
Swami Vivekananda, Karma Yoga, Bhakti Yoga. Rascher-Verlag, Zürich
Swami Akhilananda, Mental health and Hindu Psychology. London 1911
Paramhansa Yogananda, Autobiographie eines Yogi. O. W. Barth Verlag
So spricht Ramakrishna. O. W. Barth Verlag 1953
Herbert Kühn, Tat und Versenkung. Kirchheim-Verlag, Mainz 1948
Swami Sivananda, Ten Upanishads. Calcutta 1956
Swami Sivananda, Tantra Yoga, Nada Yoga, Kriya Yoga. Rishikesh 1955
Swami Sivananda, Übungen zu Konzentration und Meditation. O. W. Barth Verlag
Aldous Huxley, Vedanta and the Western World. London
Paramhansa Yogananda, Whispers from eternity. Selfrealisation, Los Angeles
Romain Rolland, Worte des Ramakrishna. Rotapfel-Verlag, Zürich 1924
Paul Brunton, Yogis. Krüger Verlag, Hamburg
C. Kerneiz, Yoga für den Westen. O. W. Barth Verlag
Swami Sivananda, Yoga vedanta sutras. Rishikesh 1955
Swami Sivananda, Yoga Asanas. Madras 1955

CHASSIDEN

Martin Buber, Das Problem des Menschen. L. Schneider Verlag, Heidelberg 1950
— Des Baalschemtow Unterweisung im Umgang mit Gott. Schocken-Verl.
— Die chassidischen Bücher. Manesse-Verlag
— Die chassidische Botschaft. L. Schneider Verlag, Heidelberg

— Die Legende des Baalschem. Schocken-Verlag 1932
— Gog und Magog. L. Schneider Verlag, Heidelberg 1950
Dr. A. Simon, The hasidic message for our times. Divine Life Journal III 56

DER ISLAM

Christ as described in the Quran. Jaqueen, Karachi. Apr. 1955
J. Richter, Der Islam als Religion. Leipzig 1927
Emmanuel Kellerhals, Der Islam. Basel 1945
Maulani Sadr ed Din, Der Koran. Moslem-Verlag, Berlin 1939
Maulana Sadr ed Din, Einleitung in den heiligen Koran. Moslem-Verlag
H. Kazemzadeh Iranshär, Leben und Sprüche der Sufi-Meister. Berlin 1934
So spricht der Koran. O. W. Barth-Verlag 1953
The meaning of the glorious Quran. New American Library 1955
The Namaz. Jaqueen, Karachi. Apr. 1955
S. M. Sabih, The Quran. Jaqueen, Karachi. Apr. 1955
Fritz Meyer, Vom Wesen der islamischen Mystik. Basel 1943
Titus Burckhardt, Vom Sufitum. O. W. Barth Verlag

INDIANER

Ohyesa (Charles Eastman), Die Seele des Indianers. Insel-Bücherei

CHRISTLICHE OSTKIRCHE

Viller Rahner, Aszese und Mystik der Väterzeit. Frbg. 1936
Karl Eller, Aufstieg zum Licht. Rufer-Verlag, Gütersloh 1955
F. Dostojewski, Aus den Aufzeichnungen des Starez Sossima. Insel-Bücher
Hugo Ball, Byzantinisches Christentum. München 1923
Alexei Hackel, Das altrussische Heiligenbild. Nijmegen 1936
Das altrussische Mönchtum. Östliches Christentum, Nr. 11. Würzb. 1940
Karl Eller, Der heilige Berg Athos. O. W. Barth Verlag 1954
P. Reinhold, Der heilige Berg. Begegnung mit dem christlichen Osten. München 1940
Fritz Nemitz, Die Kunst Rußlands. Berlin 1940
Felix Haase, Die religiöse Psyche des russischen Volkes. Leipzig 1921
Erzählungen eines russischen Pilgers. Herder-Verlag, Freiburg 1951
K. Onasch, Geist und Geschichte der russischen Ostkirche. Evang. Verlag, Berlin
Alpatow Brunow, Geschichte der altrussischen Malerei. Augsburg 1932
Friedr. Wolters, Lobgesänge und Psalmen des 1.—5. Jahrh. Berlin 1923
J. Tyciak, Östliches Christentum. München 1934
Friedr. Heiler, Urkirche und Ostkirche. Ernst Reinhardt Verlag, München 1937
Leo Tolstoi, Volkserzählungen. Dtsche Buchvertr. u. Verlagsges., Berlin

KATHOLIZISMUS

Augustinus, Bekenntnisse. Fischer-Bücherei 1955
F. M. Moschner, Christliches Gebetsleben. Herder-Verlag, Freiburg
Romano Guardini, Der Rosenkranz unserer lieben Frau. Werkbund-Verlag, Würzburg
— Besinnung vor der Feier der heiligen Messe. Werkbund-Verlag, Wzbg.

Eckehart, Von der Stille. Hyperion-Verlag, Freiburg
L. Ruland, Ein armseliger Mensch, ein Heiliger. Frankfurt/Main 1947
Franz von Assisi, Legenden und Laude. Hrsg. v. O. Karrer. Manesse-Verlag, Zürich 1945
G. W. Rudolphi, Heilige Kirche, Kirche der Heiligen. Knecht-Verlag, Frankfurt/M., 1949
Ignatius von Loyola, Geistliche Übungen. Hrsg. v. Raitz v. Frentz, S. J. Herder-Verlag, Freiburg
Ignatius von Loyola, Geistliche Übungen. Hyperion-Verlag, München
Legenden des heiligen Franz von Assisi. Hyperion-Verlag, München
Joh. B. Lotz, Meditation. Knecht-Verlag, Frankfurt/M. 1954
Meister Eckehart, Reden der Unterweisung. Insel-Bücherei
Sheldon Cheney, Vom mystischen Leben. Limes-Verlag, Wiesbaden 1949
So spricht Augustinus. O. W. Barth Verlag 1956

REFORMATION

Allgemeines evangelisches Gebetbuch. Evang. Verlag, Berlin
Carl Happich, Anleitung zur Meditation. Rother-Verlag, Darmstadt
Beicht-Spiegel. Christl. Zeitschriftenverlag Ernst E. Fisch
Dr. Ewalt Kliemke, Jakob Böhme. O. W. Barth Verlag
Wilh. Stählin, Das Gebetsjahr. Kassel 1926—1949
Wilh. Löhe, Das Kirchenbuch. Neuendettelsau 1928
Wilh. Stählin, Die Regel des geistlichen Lebens. Kassel.
Evangelisches Gesangbuch.
J. Treverus, Evangelische Hertz- und Kern-Postille. J. M. Rüdiger, Berlin 1700
Wilh. Stählin, Hilfe im Alltag. Stauda-Verlag, Kassel
Helmuth Gollwitzer, Martin Luther. Fischer-Bücherei
M. Dominico Beern, Nürnbergisches geist- und lehrreiches neu vermehrtes Handbuch. J. A. Entders sel. Sohn, Nürnberg 1707
Wilh. Löhe, Samenkörner des Gebets. Neuendettelsau
C. B. Ritter, Über die Meditation als Mittel der Menschenbildung. Kassel
Ephraim Praetorius, Würdiger Tisch-Gast bey der Gnaden-Tafel Jesu Christi. Carl Siegmund Henning, Wittenberg, 1735

QUÄKER

Julie Schlosser, Das innere Licht. Furche-Verlag 1925
Elbert Russell, The history of Quakerism. New York 1943
The Quakers as pioneers in social work. New York 1931
W. W. Comfort, The Quaker way of life. Philadelphia 1945
C. E. Pickett, For more than bread. Boston 1953
The Quakers in peace and war. London 1923
Julie Schlosser, Freundschaft mit einem englischen Quaker. Furche 1956
A. G. Gardiner, George Cadbury. Basel
R. C. Wilson, Quaker relief. London 1952